Frigg und Nanna

Göttermutter und Jenseitsgöttin

Band 21 der Reihe „Die Götter der Germanen"

Bücher von Harry Eilenstein:

- Astrologie (496 S.)
- Photo-Astrologie (428 S.)
- Horoskop und Seele (120 S.)
- Tarot (104 S.)
- Handbuch für Zauberlehrlinge (408 S.)
- Physik und Magie (184 S.)
- Der Lebenskraftkörper (230 S.)
- Die Chakren (100 S.)
- Meditation (140 S.)
- Drachenfeuer (124 S.)
- Krafttiere – Tiergöttinnen – Tiertänze (112 S.)
- Schwitzhütten (524 S.)
- Totempfähle (440 S.)
- Muttergöttin und Schamanen (168 S.)
- Göbekli Tepe (472 S.)
- Hathor und Re:
    - Band 1: Götter und Mythen im Alten Ägypten (432 S.)
    - Band 2: Die altägyptische Religion – Ursprünge, Kult und Magie (396 S.)
- Isis (508 S.)
- Die Entwicklung der indogermanischen Religionen (700 S.)
- Wurzeln und Zweige der indogermanischen Religion (224 S.)
- Der Kessel von Gundestrup (220 S.)
- Cernunnos (690 S.)
- Christus (60 S.)
- Odin (300 S.)
- Die Götter der Germanen (Band 1 – 80)
- Dakini (80 S.)
- Kursus der praktischen Kabbala (150 S.)
- Eltern der Erde (450 S.)
- Blüten des Lebensbaumes:
    - Band 1: Die Struktur des kabbalistischen Lebensbaumes (370 S.)
    - Band 2: Der kabbalistische Lebensbaum als Forschungshilfsmittel (580 S.)
    - Band 3: Der kabbalistische Lebensbaum als spirituelle Landkarte (520 S.)
- Über die Freude (100 S.)
- Das Geheimnis des inneren Friedens (252 S.)
- Von innerer Fülle zu äußerem Gedeihen (52 S.)
- Das Beziehungsmandala (52 S.)
- Die Symbolik der Krankheiten (76 S.)
- König Athelstan (104 S.)

Kontakt: www.HarryEilenstein.de / Harry.Eilenstein@web.de

Impressum: Copyright: 2011 by Harry Eilenstein – Alle Rechte, insbesondere auch das der Übersetzung, vorbehalten. Kein Teil des Buches darf ohne schriftliche Genehmigung des Autors und des Verlages (nicht als Fotokopie, Mikrofilm, auf elektronischen Datenträgern oder im Internet) reproduziert, übersetzt, gespeichert oder verbreitet werden.

Herstellung und Verlag: BoD - Books on Demand, Norderstedt

ISBN: 9783743165175

Die Themen der einzelnen Bände der Reihe „Die Götter der Germanen"

1. Die Entwicklung der germanischen Religion
2. Lexikon der germanischen Religion

3. Der ursprüngliche Göttervater Tyr
4. Tyr in der Unterwelt: der Schmied Wieland
5. Tyr in der Unterwelt: der Riesenkönig   Teil 1
6. Tyr in der Unterwelt: der Riesenkönig   Teil 2
7. Tyr in der Unterwelt: der Zwergenkönig
8. Der Himmelswächter Heimdall
9. Der Sommergott Baldur
10. Der Meeresgott: Ägir, Hler und Njörd
11. Der Eibengott Ullr
12. Die Zwillingsgötter Alcis
13. Der neue Göttervater Odin   Teil 1
14. Der neue Göttervater Odin   Teil 2
15. Der Fruchtbarkeitsgott Freyr
16. Der Chaos-Gott Loki
17. Der Donnergott Thor
18. Der Priestergott Hönir
19. Die Göttersöhne
20. Die unbekannteren Götter
21. Die Göttermutter Frigg
22. Die Liebesgöttin: Freya und Menglöd
23. Die Erdgöttinnen
24. Die Korngöttin Sif
25. Die Apfel-Göttin Idun
26. Die Hügelgrab-Jenseitsgöttin Hel
27. Die Meeres-Jenseitsgöttin Ran
28. Die unbekannteren Jenseitsgöttinnen
29. Die unbekannteren Göttinnen
30. Die Nornen
31. Die Walküren
32. Die Zwerge
33. Der Urriese Ymir
34. Die Riesen
35. Die Riesinnen
36. Mythologische Wesen
37. Mythologische Priester und Priesterinnen
38. Sigurd/Siegfried
39. Helden und Göttersöhne

40. Die Symbolik der Vögel und Insekten
41. Die Symbolik der Schlangen, Drachen und Ungeheuer
42. Die Symbolik der Herdentiere

43. Die Symbolik der Raubtiere
44. Die Symbolik der Wassertiere und sonstigen Tiere
45. Die Symbolik der Pflanzen
46. Die Symbolik der Farben
47. Die Symbolik der Zahlen
48. Die Symbolik von Sonne, Mond und Sternen
49. Das Jenseits
50. Seelenvogel, Utiseta und Einweihung
51. Wiederzeugung und Wiedergeburt
52. Elemente der Kosmologie
53. Der Weltenbaum
54. Die Symbolik der Himmelsrichtungen und der Jahreszeiten
55. Mythologische Motive

56. Der Tempel
57. Die Einrichtung des Tempels
58. Priesterin – Seherin – Zauberin – Hexe
59. Priester – Seher – Zauberer
60. Rituelle Kleidung und Schmuck
61. Skalden und Skaldinnen
62 Kriegerinnen und Ekstase-Krieger

63. Die Symbolik der Körperteile
64. Magie und Ritual
65. Gestaltwandlungen
66. Magische Waffen
67. Magische Werkzeuge und Gegenstände
68. Zaubersprüche
69. Göttermet
70. Zaubertränke
71. Träume, Omen und Orakel
72. Runen
73. Sozial-religiöse Rituale

74. Weisheiten und Sprichworte
75. Kenningar
76. Rätsel

77. Die vollständige Edda des Snorri Sturluson
78. Frühe Skaldenlieder
79. Mythologische Sagas

80. Hymnen an die germanischen Götter

Inhaltsverzeichnis

Frigg

- I Frigg in der germanischen Überlieferung — 8
  - *I 1. Der Name „Frigg"* — 8
  - *I 2. Die Sippe der Frigg* — 16
    - I 2. a) Gylfis Vision — 16
    - I 2. b) Skaldskaparmal — 17
    - I 2. c) Wafthrudnir-Lied — 17
    - I 2. d) Friggs Kinder — 18
    - I 2. e) Sonatorrek — 19
    - I 2. f) Der Stammbaum der Frigg — 19
  - *I 3. Frigg die Seherin* — 20
    - I 3. a) Skaldskaparmal — 20
    - I 3. b) Edda-Prolog — 20
    - I 3. c) Grimnir-Lied — 21
  - *I 4. Frigg die Wiedergeburts-Göttin* — 22
    - I 4. a) Skaldskaparmal — 22
    - I 4. b) Heimskringla — 23
    - I 4. c) Sonnenlied — 23
    - I 4. e) Brakteaten — 24
    - I 4. f) Frauenfigur von Revninge — 28
    - I 4. g) De origine et situ Germanorum liber („Germania") — 29
  - *I 5. Die Halle der Frigg* — 31
    - I 5. a) Gylfis Vision — 31
    - I 5. b) Fenja — 31
    - I 5. c) Beowulf-Epos — 31
  - *I 6. Die Dienerinnen der Frigg* — 41
    - I 6. a) Gylfis Vision — 41
    - I 6. b) Frigg und Gna — 41
    - I 6. c) Frigg und Hlin — 42
  - *I 7. Frigg die Geburtsgöttin* — 43
    - I 7. a) Oddruns Klage — 43
    - I 7. b) Völsungen-Saga — 44
  - *I 8. Frigg und Saga* — 47
    - I 8. a) Grimnir-Lied — 47
  - *I 9. Frigg und Baldur* — 48
    - I 9. a) Gylfis Vision — 48
    - I 9. b) Wegtam-Lied — 53
    - I 9. c) Ägirs Trinkgelage (Lokis Zankreden) — 54

- *I 10. Die drei Männer der Frigg* ... 56
  - I 10. a) Ynglinga-Saga ... 56
  - I 10. b) Gesta danorum ... 57
  - I 10. c) Hedin-Saga ... 58
- *I 11. Frigg gegen Odin* ... 60
  - I 11. a) Historia langobardorum ... 60
  - I 11. b) Origo gentis langobardorum ... 61
  - I 11. c) Gesta danorum ... 63
  - I 11. d) Grimnir-Lied ... 63
- *I 12. Frigg die Heilerin* ... 67
  - I 12. a) Merseburger Zaubersprüche ... 67
- *I 13. Der Tempel der Frigg* ... 68
  - I 13. a) Die Saga über Sturlaug den Mühen-Beladenen ... 68
- *I 14. Der Freitag* ... 68
  - I 14. a) Der Tag der Frigg ... 68
- *I 15. Planeten und Sternbilder der Frigg* ... 69
  - I 15. a) Friggs Stern ... 69
  - I 15. b) Friggs Rocken ... 69
- *I 16. Kräuter der Frigg* ... 70
  - I 16. a) Echtes Labkraut ... 70
- *I 17. Kenningar* ... 71
- *I 18. Jakob Grimm: Deutsche Mythologie* ... 72
- *I 19. Mit „Frigg" gebildete Ortsnamen* ... 73
- *I 20. Frigg und Freya* ... 75
  - I 20. a) Grotten-Lied ... 75
  - I 20. b) Vergleich der beiden Göttinnen ... 75
  - I 20. c) Jakob Grimm: Deutsche Mythologie ... 76
- *I 21. Frigg in Zaubersprüchen* ... 81
  - I 21. a) „Zauberspruch, um eine Frau zum Schweigen zu bringen" ... 81
  - I 21. b) „Ein weiterer Zauberspruch, um einen Dieb zu finden" ... 81
- *I 22. Zusammenfassung* ... 83
- II Frigg bei den Indogermanen ... 85
- III Das Aussehen der Göttin Frigg ... 87
- IV Die Biographie der Göttin Frigg ... 95
- V Zugang ... 100

VI	**Hymnen**	**101**
	- Anrufung der Göttin Frigg	101
	- Die Reise zur Quelle	109
	- Das Fest bei Ägir und Ran	114
	- Baldurs Träume	118
	- Der Rat der Asen	122
	- Baldurs Tod	125
	- Hermodrs Jenseitsreise	132
	- Lokis Gefangenschaft	138
	- Walis Rache	143
	- An Mimirs Quelle	146
	- Baldurs Rückkehr	158
VII	**Traumreise**	**161**
VIII	**Frigg heute**	**165**

Nanna

I Die Göttin Nanna in der germanischen Überlieferung		**166**
I 1.	*Der Name „Nanna"*	*166*
I 2.	*Die Sippe der Nanna*	*167*
I 2. a)	Skaldskaparmal	167
I 2. b)	Skaldskaparmal	167
I 2. c)	Skaldskaparmal	167
I 2. d)	Gylfis Vision	168
I 2. e)	Hyndla-Lied	168
I 3.	*Nanna in den Mythen*	*171*
I 3. a)	Odins Rabenzauber	171
I 3. b)	Gylfis Vision	171
I 3. c)	Gesta danorum	174
I 4.	*Nanna in den archäologischen Funden*	*185*
I 4. a)	Der Kamm von Setre	185
I 5.	*Der Name „Nanna" in Kenningarn*	*188*
I 5. a)	Thorsdrapa	188
I 5. b)	sonstige Kenningar	188
I 6.	*„Nanna" als Bestandteil von Frauennamen*	*189*
I 6. a)	Chronicon lethrense	189
I 6. b)	sonstige mit „Nanna" gebildete Frauennamen	190
I 7.	*Witwenverbrennung („Sati")*	*191*
I 7. a)	Der Reisebericht des Ibn Fadlan	191

I 8. Zusammenfassung	*196*
II Die Göttin Nanna in der indogermanischen Überlieferung	**197**
II 1. Die Göttin „Mutter" bei den Kelten	*199*
II 2. Die Göttin „Mutter" bei den Römern	*200*
II 3. Die Göttin „Mutter" bei den Kelto-Romanen	*200*
II 4. Die Göttin „Mutter" bei den Tocharern	*200*
II 5. Die Göttin „Mutter" bei den Tocharo-Romanen	*201*
II 6. Die Göttin „Mutter" bei den Germanen	*201*
II 7. Die Göttin „Mutter" bei den Germano-Romanen	*201*
II 8. Die Göttin „Mutter" bei den Slawen	*201*
II 9. Die Göttin „Mutter" bei den Balten	*202*
II 10. Die Göttin „Mutter" bei den Balto-Slawen	*202*
II 11. Die Göttin „Mutter" bei den West-Indogermanen	*202*
II 12. Die Göttin „Mutter" bei den Hethitern	*202*
II 13. Die Göttin „Mutter" bei den Süd-Indogermanen	*202*
II 14. Die Göttin „Mutter" bei den Persern	*203*
II 15. Die Göttin „Mutter" bei den Indern	*203*
II 16. Die Göttin „Mutter" bei den Indo-Persern	*203*
II 17. Die Göttin „Mutter" bei den Mitanni	*203*
II 18. Die Göttin „Mutter" bei den Indo-Mitanni	*203*
II 19. Die Göttin „Mutter" bei den Armeniern	*204*
II 20. Die Göttin „Mutter" bei den Armeno-Indern	*204*
II 21. Die Göttin „Mutter" bei den Skythen	*204*
II 22. Die Göttin „Mutter" bei den Skytho-Indern	*204*
II 23. Die Göttin „Mutter" bei den Griechen	*204*
II 24. Die Göttin „Mutter" bei den Thrakern	*205*
II 25. Die Göttin „Mutter" bei den Gräko-Thrakern	*205*
II 26. Die Göttin „Mutter" bei den Ost-Indogermanen	*205*
II 27. Die Göttin „Mutter" bei den Indogermanen	*205*
III Die Göttin Nanna in der übrigen Überlieferung	**207**
IV Das Aussehen der Göttin Nanna	**207**
V Die Biographie der Göttin Nanna	**207**
VI Traumreise	**208**
VII Hymnen	**209**
- Dank an Nanna	210
VIII Nanna heute	**210**
Themenverzeichnis	211

Frigg

I Frigg in der germanischen Überlieferung

Frigg ist als Frau des Göttervaters Odin die oberste Göttin der Germanen. Über ihre Mythen ist im Vergleich zu denen der Freya jedoch relativ wenig bekannt. Im Vergleich zu allen übrigen Göttinnen der Germanen sind die Überlieferungen zu Frigg und Freya jedoch mit großem Abstand am reichhaltigsten.

I 1. Der Name „Frigg"

Die Göttin, die in der isländischen Edda um 1220 n.Chr. „Frigg" genannt wird, erscheint in anderen Ländern und zu anderen Zeiten unter anderen Namensvarianten:

Der Name „Frigg"			
Name	*Ort*	*Sprache*	*Zeit*
Friggja	Schweden	schwedisch	ab ca. 1200 n.Chr.
Frigg	Island	altnordisch	1220 n.Chr.
Frea	Nord- und Mittelitalien	langobardisch	790 n.Chr.
Fri	Großbritannien	altsächsisch	ab 750 n.Chr.
Frîja	Niederlande, Deutschland, Schweiz, Österreich	althochdeutsch	750-1050 n.Chr.
Fricka (?)	Deutschland	althochdeutsch	750-1050 n.Chr.
Frīg	Großbritannien	altenglisch	450-1150 n.Chr.
Frijjo	Niederlande, Deutschland, Schweiz, Österreich	gemeingermanisch	vor 750 n.Chr.

Das „gg" in „Frigg" hat sich aus dem „jj" in „Frijjo" entwickelt.
Der Gott Freyr, der der Bruder und Gatte der Freya ist, ist von dem Hamburger Bischof Adam von Bremen um 1075 n.Chr. „Fricco" genannt worden.

Ein Teil der „g"-Buchstaben ist in der germanischen Sprache während der 1. germanischen Lautverschiebung (400-100 v.Chr.) und ein anderer Teil während der 2. germanischen Lautverschiebung (650-800 n.Chr.) zu einem „k" geworden.

Da dieses „k" in dem Latein des Adam von Bremen als ein „c" geschrieben worden ist, muß dem „Fricco" ein „Friggo" vorausgegangen sein. Dieses „Friggo" hat sich entweder in der Zeit von 400-100 v.Chr. oder von 650-800 n.Chr. in ein „k" verwandelt.

Der Göttername „Friggo" ist eine Parallelbildung zu „Frigg". Sowohl „Friggo" als auch „Frigg" scheinen aus „Freya" bzw. „Freyr" entstanden zu sein.

Die erste Lautverschiebung fand 300-600 Jahre nach dem Beginn der Eroberung von Niedersachsen durch die Germanen statt, die vor dieser Zeit noch in Dänemark, Holstein, Südschweden und Südnorwegen wohnten.

Die zweite Lautverschiebung fand nach dem Ende der Völkerwanderungszeit (375-568 n.Chr.) statt.

Beide Lautverschiebungen sind also zumindestens zum Teil auch durch die Begegnung mit anderen Sprachen verursacht worden.

Die beiden germanischen Lautverschiebungen	
1. Lautverschiebung	*2. Lautverschiebung*
indogermanisch => germanisch *400-100 v.Chr.*	*germanisch => Althochdeutsch* *650-800 n.Chr.*
b => p	p => ff => f p => pf
d => t	t => ss => w t => ts t => d
g => k	k => ch k => kch
p => b	b => p
k => g	g => k
t => th	th => d
	f => p f => b

Die beiden Namen „Freya" und „Freyr" haben sich aus der folgenden indogermanischen Wurzel heraus entwickelt:

Die Entwicklung der Namen „Freya" und „Freyr"	
Volk	*Begriff*
altägyptisch	*per* („Haus"); z.B. in *„per-aa"* für „Pharao" („Großes Haus")
indogermanisch	*per* (Lehnwort: „Haus")
	priheh („Hausmitbewohner(in), Verwandte(r), Geliebte(r)") => Frau
	prija („Liebe", vermutlich auch „Wiederzeugung")
	priheh („Göttin/Ahnin, Gott/Ahn") => Priapos, Freyr, Freya
	prehktos („Genitalien, Anus") => großer Penis des Freyr
	parikeh („Nebenfrau, Hure")

Aus dem altägyptischen Lehnwort „per" für „Haus" ist im Indogermanischen die Bezeichnung für „Hausmitbewohner(in), Verwandte(r), Geliebte(r)" geworden. Dieser Begriff scheint auch auf die Ahnen und die Wiederzeugung ausgeweitet worden zu sein, sodaß er auch für den Ahn nach dessen Wiederzeugung (Priapos und Freyr haben beide einen großen, erigierten Penis) sowie auf die Jenseitsgöttin als die Wiederzeugungs-Geliebte (Freya) ausgeweitet werden konnte.

Bereits im Indogermanischen finden sich Ansätze, das ursprüngliche „per" zu einem „prij…" oder einem „prehk…" weiterzuentwickeln.

Das indogermanische „prija" für „lieben" wurde im altnordischen zu einem „frijan" für „lieben". Hier ist das „p" in der 2. Lautverschiebung (650-800 n.Chr.) zu einem „f" geworden.

Das Altnordische „frijan" für „lieben" ist im Altenglischen ab ca. 400 n.Chr. durch die 2. Lautverschiebung zu „frigan" für „Liebe, Freund" geworden. Dies ist eine Parallele zu der Entwicklung des Namens „Freyja" zu „Frigg".

Auch im Altnordischen findet sich diese Umwandlung eines „j", das auch als „y" geschrieben worden ist, in ein „g" wie z.B. in „fraegd" für „Ruhm", das sich von „Freyr" für „Herr, Fürst, Gott Freyr" ableitet.

Leider läßt sich diese Verwandlung des „j" in ein „g" zunächst einmal zeitlich nicht sicher einordnen.

Es gab noch eine weitere Verwandlung des Namens „Freyr", bei der aus dem „j" bzw. „y" ein „d" geworden ist: „frod" für „Weisheit", „froedi" für „Zaubersprüche", „fridandi" für „gut", „frida" für „verehren", „frid" für „Schönheit" und der Name

„Frodi", mit dem in den Sagas der König bezeichnet wird, zu dem der ehemalige Gott Freyr umgedeutet worden ist.

Aus diesen etwas ausführlicheren Betrachtungen ergibt sich, daß der Göttinnen-Name „Frigg" mit dem Göttinnen-Namen „Freya" identisch ist. Auch aus dem Namen des Gottes „Freyr" wurde über ein nicht erhaltenes „Friggo" die Variante „Fricco".

In der folgenden Übersicht sind die nicht überlieferten, sondern nur erschlossenen Varianten mit einem „*" versehen.

Die Namen „Freya", „Freyr" und „Frigg"
Freya => Freyja   => Frigga   => Frigg   => Fricka*
Freyr => Freyjr* => Friggo   => Frigg (?) => Fricco

Frigg und Freya sind somit ursprünglich dieselbe Göttin gewesen. Die beiden Lautverschiebungen, die die Veränderung des Namens „Freya" zu „Frigg" bewirkt haben, liegen zeitlich kurz nach der Expansion der Germanen von Südskandinavien aus nach Mitteleuropa (ab 750 v.Chr.) und kurz nach der Absetzung des ehemaligen Sonnengott-Göttervaters Tyr (um 500 n.Chr.) durch den bei den Südgermanen entstandenen Göttervater Odin.

Somit liegt die Vermutung nahe, daß sich der Name „Freya" bei den Südgermanen unter dem Einfluß der vielen Sprachen, denen sie begegnet sind, zu „Frigg" entwickelt hat. Bei diesen Südgermanen, also bei dem Teil der Germanen, die Südskandinavien verlassen hatten und nach Mitteleuropa gezogen sind, ist Frigg dann zu der Frau des bei ihnen neu entstandenen Göttervaters Odin geworden.

Bei den Nordgermanen hat sich der Name „Freya" hingegen unverändert erhalten können.

Als Odin dann gegen Ende der Völkerwanderungzeit (375-568 n.Chr.). d.h. um ca. 500 n.Chr., an die Stelle des nordgermanischen Göttervaters Tyr getreten ist, verband sich der nordgermanische Name „Freya" nicht wieder mit dem südgermanischen Namen „Frigg" der Muttergöttin und Jenseitsgöttin der Germanen zu einer einzigen Göttin, sondern sie blieben weiterhin zwei Göttinnen.

Vermutlich hat man aber noch ihre Verwandtschaft erkannt, da beide die Frau bzw. die Geliebte des Odin/Odr waren, dem Loki das Falkengewand liehen und mit der Jenseitsreise assoziiert worden sind (Freya sucht Odin/Odr und ist eine Totengöttin; Frigg versucht Baldur zu retten).

Im Gegensatz dazu ist der nordgermanische Name „Freyr" wieder mit dem südgermanischen „Friggo" und „Fricco" verschmolzen, sodaß keine zwei „Freyr"-Götter entstanden sind.

Der Name der Göttin Frigg ist in den indogermanischen Sprachen auch noch als normale Vokabel vorhanden gewesen, was bedeutet, daß für die Germanen der Name „Frigg" wahrscheinlich nicht nur als ein Eigenname mit unbekannter Herkunft, sondern auch ein Wort mit einer eigenen Bedeutung gewesen ist. Die Göttin wird folglich aus der Sicht der Germanen mit diesem Wort benannt worden sein.

Dieses Wort, von denen sich der Name der Göttin herleitet, findet sich auch in anderen indogermanischen Sprachen:

Das Wort „Frigg"			
Name	*Bedeutung*	*Ort*	*Zeit*
freien	einen Heiratsantrag machen	deutsch	ab 1600 n.Chr.
Freier	Bräutigam	deutsch	ab 1600 n.Chr.
vrīen	freien	mittelniederländisch	1150-1500 n.Chr.
vrīen	freien	mittelhochdeutsch	1050-1350 n.Chr.
frjá	lieben	isländisch	ab 1220 n.Chr.
fria	für die Heirat vorbereiten	schwedisch	ab 1200 n.Chr.
frī	Geliebte, Frau	altnordisch	ab ca. 800 n.Chr.
friehōn	lieben	altsächsisch	450-1050 n.Chr.
friogan	lieben	altenglisch	450-1150 n.Chr.
freo	Frau	altenglisch	450-1150 n.Chr.
frī	geliebte frau	altsächsisch	450-1050 n.Chr.
friejōn	lieben	gotisch	400-600 n.Chr.
prīyā	Frau, Geliebte	indisch	ab 1200 v.Chr.
pairikā	Konkubine (Nebenfrau, Geliebte)	mittelirisch	900-1200 n.Chr.
pairikā	Konkubinen-Dämon	avestisch	ab 800 v.Chr.
priheh	Frau	indogermanisch	2800 v.Chr.
parikeh	Konkubine (Nebenfrau, Geliebte)	indogermanisch	2800 v.Chr.
prihos	frei, geliebt sein	indogermanisch	2800 v.Chr.
per	Haus	indogermanisch	2800 v.Chr.
per	Haus	altägyptisch	vor 2800 v.Chr.

Im Laufe der Zeit hat sich das „p" des ursprünglichen indogermanischen Wortes „priheh" in ein „f" verwandelt. Das „jj" in „Frijjo" ist aus dem ersten „h" in „priheh" entstanden.

Das indogermanische Wort „priheh" ist eine Bildung zu „prihos" für „frei, geliebt sein". Eine „priheh" ist also eine Frau, die frei ist, weil sie die Geliebte eines Mitgliedes der Sippe ist bzw. von ihrer Geburt her zur Sippe gehört.

Der Begriff „prihios" für „frei, geliebt sein" ist wiederum eine Ableitung von der Bezeichnung „per" für „Haus". Eine „priheh" war somit eine Frau, die geliebt wird, weil sie zur eigenen Sippe gehört und daher in dem Haus der Sippe wohnt. Sie ist somit eine „freie, geliebte Hausmitbewohnerin".

Das Wort „per" ist seinerseits wahrscheinlich ein altägyptisches Lehnwort. „Per" bedeutet auch im Ägyptischen „Haus" – dieses Wort „per" der Ägypter ist durch die Umschreibung „Pharao" für den ägyptischen König auch noch heute bekannt, denn diese Bezeichnung bedeutet wörtlich „großes Haus" („per-aa"). Dies ist eine ähnliche Bildung wie „Weißes Haus" für die Regierung der USA oder „Kreml" für die Regierung der UdSSR.

Für einen Germanen wird „Frigg" und seine Varianten somit nicht nur eine Bezeichnung für die oberste Göttin gewesen sein, sondern auch noch immer „geliebte Frau" bedeutet haben. Es ist gut denkbar, daß diese Bezeichnung auch bei der Bildung der Anrede „unsere geliebte Frau" oder „notre dame" für Maria mitgewirkt hat.

Aus diesem Wort haben nicht nur die Germanen den Namen für eine Gottheit gebildet, sondern auch noch einige andere indogermanische Völker.

Die ursprüngliche indogermanische Göttin „priheh" hat bei vielen indogermanischen Völkern ihren Charakter beibehalten. Oft läßt sich jedoch nicht genau erfassen, ob sie vor allem als Liebesgöttin oder auch als Muttergöttin aufgefaßt worden ist und ob sie auch noch andere wesentliche Charakterzüge gehabt hat. Ihre Reduzierung zur „Geliebten" des Göttervaters würde auf jeden Fall wesentliche Merkmale der Göttin übersehen und auch ihre große Eigenständigkeit in den Mythen ignorieren.

Die Göttin Priheh und ihre Nachfolgerinnen sind u.a. auch die Wiederzeugungs-Geliebte sowie die Wiedergeburts-Mutter und die Wiederstillen-Mutter der Toten und des Sonnengott-Göttervaters Dhyaus (Tyr, Zeus, Jupiter, Shiun, Deva usw.) im Jenseits.

Der Gott Freyr/Priapos/Priapus ist eine Parallelbildung zu dem Namen der Göttin – er ist der Geliebte der „Geliebten", d.h. vermutlich der von der Göttin nach der Wiederzeugung wiedergeborene Tote.

Die Gottheit „Frigg"		
Name	*Charakter*	*Volk*
Frigg	oberste Göttin	Germanen
Freya	Liebesgöttin	Germanen
Freyr	Gott der Fruchtbarkeit	Germanen
Priya	Liebesgöttin	Böhmer (Slawen)
Priapos	Gott der Fruchtbarkeit	Griechen
Priapus	Gott der Fruchtbarkeit	Römer
Pryderi (?)	Held (Jenseitsreise), Sohn der Göttin Rhiannon	Kelten
Priya	Liebesgöttin	Inder
Purulli	Muttergöttin, Liebesgöttin	Hethiter
Paurwa	Liebesgöttin	Perser
Aphrodite	Liebesgöttin	Griechen
Perendi	Liebesgöttin	Albaner
Peris	verführerische weibliche Geister	Perser
Priheh	Muttergöttin, Liebesgöttin	Indogermanen

Es läßt sich somit schon anhand des Namens der Frigg erkennen, daß sie eine Muttergöttin, eine Liebesgöttin und die oberste Göttin sein muß und daß ihre Geschichte schon zur Zeit der Niederschrift der Edda um 1220 n.Chr. mindestens 4000 Jahre alt gewesen ist.

In der folgenden Graphik ist die Entwicklung der indogermanischen Göttin Priheh zu der altnordischen Göttin Frigg dargestellt worden. Die Entwicklungslinie, die von Priheh zu Frigg führt, ist grau hinterlegt.

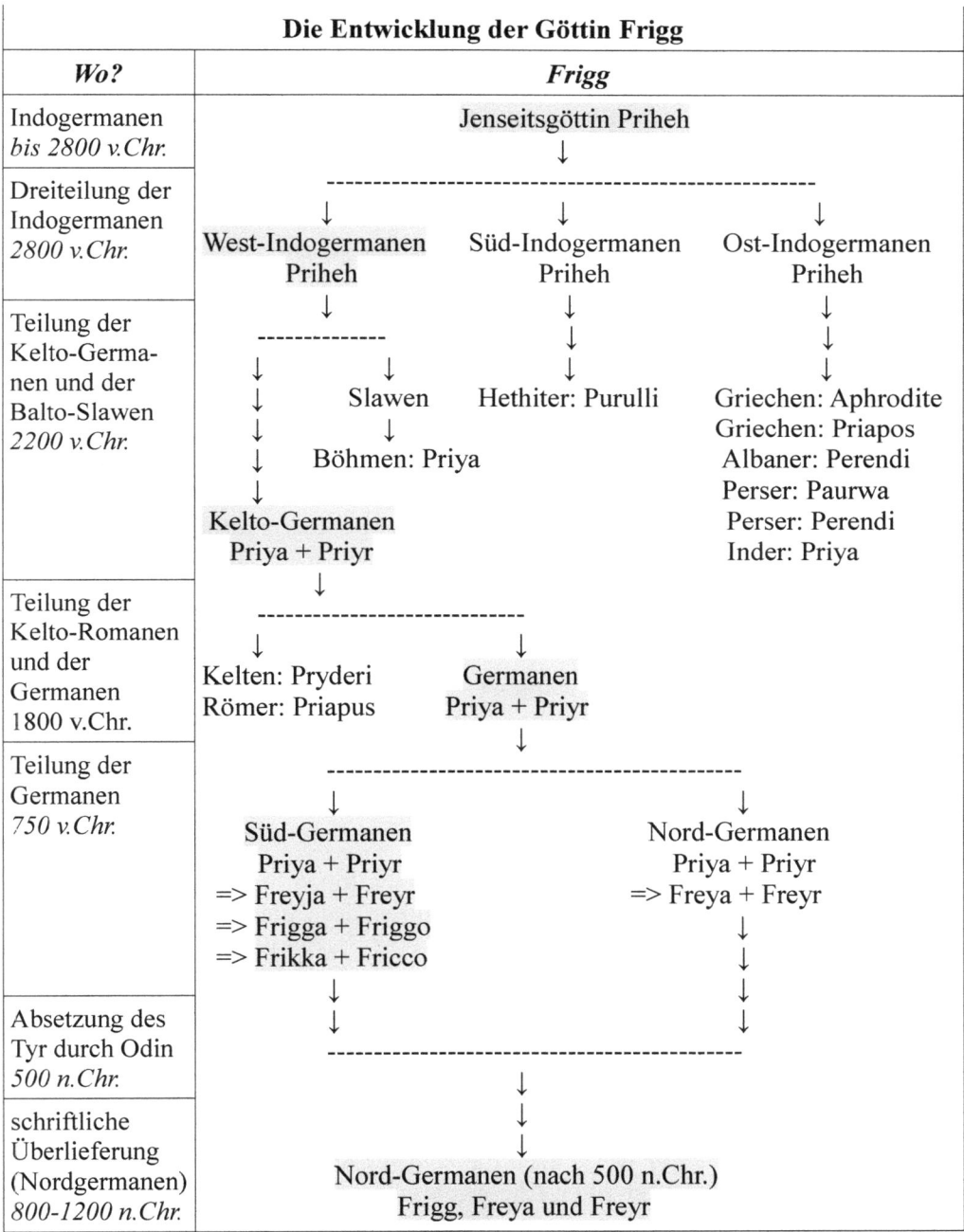

I 2. Die Sippe der Frigg

I 2. a) Gylfis Vision

Odins Frau heißt Frigg, Fiörgyns Tochter, und von ihrem Geschlecht ist der Stamm entsprungen, den wir das Asengeschlecht nennen, welches das alte Asgard bewohnte und die Reiche, die dazu gehören, und das ist das Geschlecht der Götter. Und darum mag er Allvater heißen, weil er der Vater ist aller Götter und Menschen und alles dessen, was er durch seine Kraft hervorgebracht hat.

Jörd war seine Tochter und seine Frau und von ihr gewann er einen erstgebornen Sohn: das ist Asathor; ihm folgen Kraft und Stärke, daß er siegt über alles Lebendige.

Friggs Mutter hieß Fiörgyn, d.h. „Mutter (gyn) Erde (jör)".

Odin muß Jörd mit einer anderen Frau als mit Frigg gezeugt haben, da Jörd nirgendwo als Tochter der Frigg erwähnt wird. Odin zeugte mit Jörd den Thor.

Frigg wurde als die Mutter „aller Asen" angesehen. Das wird sich eher auf ihre Stellung als auf ihr tatsächliches Verwandtschaftsverhältnis zu „allen Asen" beziehen.

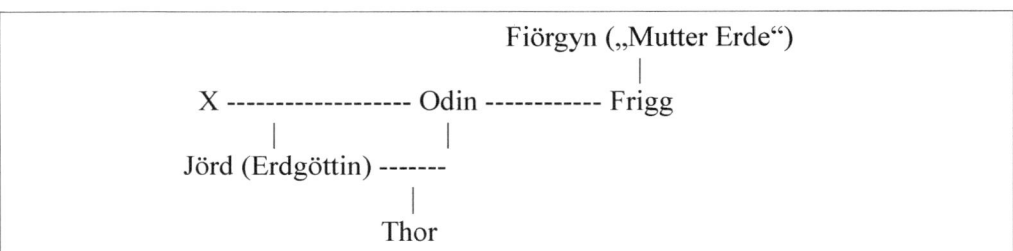

Dieser Stammbaum ist recht auffällig. Zum einen treten in ihm gleich zwei Erdgöttinnen auf und zum anderen wird über einen Inzest des Odin mit seiner Tochter berichtet.

Der Inzest ist ein Motiv aus den Mythen des ehemaligen Sonnengott-Göttervaters Tyr. Als Sonne wurde er jeden Morgen wiedergeboren. Ursprünglich blieb die Erd- und Jenseitsgöttin dabei stets dieselbe. Da jedoch die Vorstellung entstand, daß nicht nur der Göttervater, sondern auch die Göttin wiedergeboren wurde, wurden beide zu Geschwistern, sodaß bei der nächsten Wiederzeugung, die der Wiedergeburt vorausging, das Motiv des Inzest entstand.

Vermutlich sind auf diese Weise auch die beiden Erdgöttinnen in diesem Stammbaum entstanden, da Odin um 500 n.Chr. die Mythen (und Göttinnen) des Tyr übernommen hat.

Die Germanen stellten endlose, zyklische Vorgänge durch eine dreimalige Schilderung dar. Die dreifache Erd- und Jenseitsgöttin wäre dann hier „Fiörgyn – Frigg – Jörd". Der Gott Tyr, der ursprünglich von der Erdgöttin wiedergeboren wurde, ist nach 500 n.Chr., als der ehemalige Göttervater Tyr durch Thor und Odin abgesetzt worden ist, in diesem Stammbaum durch diese beiden Götter ersetzt worden. Dabei übernahm Thor die Stellung des jungen, wiedergeborenen Sonnengott-Göttervaters Tyr. Dadurch wurden Odin und Jörd zu den Eltern des Thor.

I 2. b)   Skaldskaparmal

„*Wie soll man Frigg umschreiben?*"
„*Indem man sie Tochter der Fiörgyn nennt, Frau des Odin, Mutter des Baldur, Nebenfrau der Jörd und der Rindr, Schwiegermutter der Nanna … … …*"

Frigg wird hier nur die Mutter des Baldur genannt; es werden keine weiteren Kinder aufgeführt, auch nicht Jörd, die als Tochter des Odin auch ihre Tochter sein könnte. Daraus ergibt sich, daß sie sehr eng mit Baldur verbunden gewesen zu sein scheint, während ihre Verbindung zu Jörd nicht dieselbe Wichtigkeit hatte.
Die Asin Nanna ist die Frau des Baldur und somit Friggs Schwiegertochter.
Sie ist die Nebenfrau der Jörd und der Rindr, weil Odin auch mit diesen beiden Riesinnen Kinder zeugte.

I 2. c)   Wafthrudnir-Lied

In diesem Lied erscheint Frigg lediglich als besorgte Ehefrau, sodaß keine neuen Aspekte ihres Charakters sichtbar werden. Sie tritt in diesem Lied nur auf, um einen Dialog über die Reise des Odin zu dem Tyr-Riesen Wafthrudnir zu ermöglichen.

Odin:
„*Rat Du mir nun, Frigg, da mich zu fahren lüstet
Zu Wafthrudnirs Wohnungen;
Denn groß ist mein Wunsch, über der Vorwelt Lehren
Mit dem allwissenden Joten zu streiten.*"

Frigg:
„Daheim zu bleiben, Heervater, mahn ich Dich
In der Asen Gehege,
Da vom Stamm der Joten ich stärker keinen
Als Wafthrudnir weiß."

Odin:
„Viel erfuhr ich, viel versucht ich,
Befrug der Wesen viel;
Nun will ich wissen, wie's in Wafthrudnirs
Sälen beschaffen ist."

Frigg:
„Heil denn gehe, heil denn kehre zurück,
Heil Dir auf Deinen Wegen!
Dein Witz bewähre sich, wenn Du, Weltenvater,
Mit Riesen Rede tauschst."

I 2. d) Friggs Kinder

In der Skaldskaparmal wird Frigg ausschließlich „*Mutter des Baldur*" genannt und es werden keine weiteren Kinder erwähnt, mit deren Hilfe man die Göttin umschreiben könnte. Baldur ist folglich ein Einzelkind.

Alle weiteren Söhne des Odin wie Thor, Hödur, Hermod, Bragi, Heimdall, Tyr, Vidar, Vali und Skjöldur haben in den Mythen entweder andere Mütter oder es wird gar keine Mutter genannt. Zum Teil sind diese Odins-Söhne Verselbständigungen von Aspekten des Odin wie z.B. der Jenseitsführer Hermodr oder sie sind Unterordnungen von ehemalig bedeutenderen Göttern wie dem früheren Göttervater Tyr oder von Heimdall, der aus einem Beinamen des Tyr entstanden ist.

Aus dieser Familienstruktur ergibt sich, daß Baldur für das Verständnis der Frigg von besonderer Bedeutung ist. Baldur ist zum einen das „Gute" in einem sehr umfassenden Sinn und zum anderen ist er der Tod und die Wiedergeburt vor bzw. nach dem Ragnarök.

Daraus ergibt sich, daß das „Gute" sowie Tod und Wiedergeburt ein wesentliches Thema in den ursprünglichen Mythen der Frigg gebildet haben müssen.

Letztlich ist auch Baldur vor allem der Sonnen-Aspekt des um 500 n.Chr. abgesetzten ehemaligen Sonnengott-Göttervaters Tyr.

I 2. e) Sonatorrek

In diesem um ca. 940 n.Chr. verfaßten Klagelied („Torrek") des Skalden Egil Skallagrimsson betrauert dieser den Tod seines Sohnes bei einem Schiffbruch.

Den glückliche Fund von Friggs Verwandtem,
der vor langer Zeit von Riesenheim geholt wurde,
kann ich nicht mehr leicht aus den Tiefen meines Herzens fließen lassen,
denn es wird von schwerer Trauer bedrückt.

„Friggs Verwandter" ist Odin. Sein „Fund", den er aus Riesenheim mitgebracht hat, ist der Göttermet. Der Göttermet ist auch der Skaldenmet, der die Skalden zu ihren Dichtungen inspiriert. Dem Skalden Egil fällt es diesen Versen zufolge also vor lauter Trauer schwer, noch Verse zusammenzufügen.

Über Frigg erfährt man hier lediglich, daß sie auch um 940 n.Chr. in Island als Frau des Odin angesehen wurde.

I 2. f) Der Stammbaum der Frigg

Insgesamt ergibt sich aus diesen fünf Texte der folgende Stammbaum der Göttin Frigg:

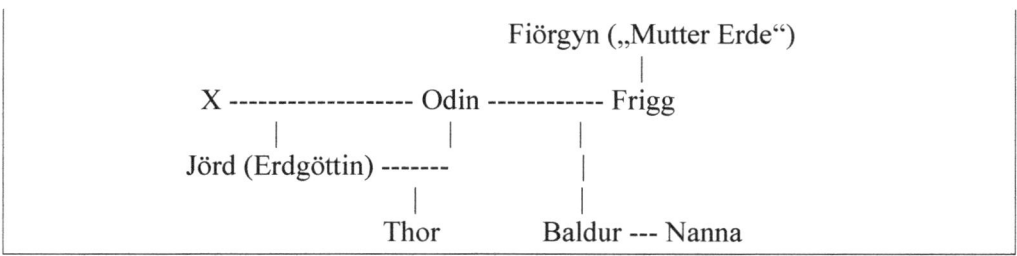

I 3. Frigg die Seherin

I 3. a) Skaldskaparmal

Frigg konnte hellsehen bzw. erkennen, was in der Ferne geschah:

Odin hatte das 'Zweite Gesicht' und ebenso seine Frau.

I 3. b) Edda-Prolog

Odins Frau wurde Frigida genannt – dies ist die, die wir Frigg nennen. Odin und seine Frau hatten die Gabe der Weissagung.

Bei den Germanen war die Fähigkeit, die Zukunft vorherzusehen, vor allem mit den Nornen und den Seherinnen assoziiert. Anscheinend wurde diese Fähigkeit auch der obersten Göttin zugeschrieben, was vermuten läßt, daß es einen Zusammenhang zwischen den Seherinnen und Frigg und ebenso zwischen den Nornen und Frigg gegeben haben könnte.

Auch die Walküren haben oft diese Gabe. Die Grenze zwischen ihnen und den Nornen und den Seherinnen ist oft sehr fließend. Auch das Falkenhemd der Frigg sowie die Schwanenhemden der Walküren weisen auf eine Verwandtschaft zwischen beiden hin.

Auch bei Freya finden sich sowohl die magischen Fähigkeiten als auch das Falkenhemd.

In den Mythen sehr vieler Völker findet sich die Vervielfältigung der Mutter- und Liebesgöttin in eine Vielzahl von weiblichen, verführerischen Wassergeistern. Diese Entwicklung geht vermutlich von dem Motiv der Wiederzeugung der Toten mit der Jenseitsgöttin und der Wiedergeburt durch sie aus. Da es so viele Tote gab, hat man vermutlich auch die Göttin selber vervielfältigt – sie konnte schließlich nicht mit allen Toten gleichzeitig vor deren Wiedergeburt im Jenseits schwanger sein.

Das Motiv der Wiederzeugung führte auch zu der erotischen Anziehung dieser Göttinnen, das Motiv der Wasserunterwelt ließ sie zu „Wasser-Frauen" werden und das diesen beiden Motiven zugrundeliegende Thema des Todes bewirkte ihre Umdeutung zu gefährlichen Wesen wie. Auch die Walküren sind „Wasser-Frauen" – schließlich können sie sich in Schwäne verwandeln.

Zu diesen gefährlichen, erotischen Wasserfrauen zählen neben den Walküren auch die Nixen, die Loreley und die persischen Peris-Geister, deren Name mit dem der Frigg und der Freya verwandt ist.

Auch die Nornen an der Quelle Hvergelmir, die der Eingang in das Wasser-Jenseits ist, zählen zu diesen „Wasser-Frauen". In dieser Wasserunterwelt steht auch Friggs Halle Fensalir („Sumpf-Saal").

Aus der Gabe der Zukunftsdeutung der Frigg ergibt sich somit, daß Frigg und die ihr nah verwandte Freya der Ursprung der Nornen und der Walküren sein könnten, die dann aus der Vervielfältigung der Göttin Frigg/Freya entstanden wären.

Dazu paßt, daß Frigg eine Jenseitsgöttin gewesen ist und die Seherinnen ihr Wissen über die Zukunft und über die verborgenen Dinge aus dem Jenseits von den Göttern und den Ahnen erhielten.

I 3. c) Grimnir-Lied

Odin und Frigg saßen auf Hlidskialf und überschauten die Welt.

In diesem Lied wird die Sehergabe der Frigg bestätigt, auch wenn sie hier technisiert als „Sitzen auf Odins Hochsitz" beschrieben wird und daher als ein Teilnehmen an einer Gabe des Odin bzw. als die Erlaubnis der Mitbenutzung eines magischen Gegenstandes des Göttervaters erscheint.

„Hlidskialf" bedeutet „Insel-Tor", womit das Totentor auf der Jenseitsinsel gemeint ist.

I 4.   Frigg die Wiedergeburts-Göttin

I 4. a)   Skaldskaparmal

„Wie soll man Frigg umschreiben?"
„Nenne sie Tochter der Fiörgyn, Frau des Odin, Mutter des Baldur, Nebenfrau der Jörd und der Rindr, Schwiegermutter der Nanna, Herrin der Asen und Asinnen, Herrin der Fulla und des Falkenkleides und des Fensalir."

Die Asin Nanna ist die Frau des Baldur und somit Friggs Schwiegertochter. Sie ist die Nebenfrau der Jörd und der Rindr, weil Odin auch mit diesen beiden Riesinnen Kinder zeugte.

Interessant ist vor allem, daß Frigg ein Falkenhemd besitzt, das den, der es trägt, in einen Falken verwandelt. Die Vögel sind allgemein die Symbole der Seele. Dies liegt daran, daß man sich bei einem Nahtod-Erlebnis („Astralreise") als über dem eigenen materiellen Körper schwebend erlebt – man ist sozusagen ein Vogel, der über dem eigenen Körper schwebt und auch zu anderen Orten fliegen kann. Diese Fähigkeit ist die wichtigste Eigenschaft eines Schamanen und somit auch des Schamanengottes Odin, der sich auch ab und zu in einen Adler verwandelt. Der Falke ist der Seelenvogel des Loki.

Frigg als diejenige, die dieses Falkenhemd besitzt, aber es nicht selber benützt, ist somit offenbar diejenige, die einen Menschen in einen Vogel, d.h. in eine Seele verwandeln kann. Dieser Übergang findet in fast allen Mythologien bei der Wiedergeburt durch die Muttergöttin im Jenseits statt.

Man kann also mit einiger Berechtigung vermuten, daß Friggs Funktion in Bezug auf die Jenseitsvorstellungen die der Göttin der Wiedergeburt im Jenseits ist. Darauf weisen ihr „Sumpf-Saal", der Falken-Seelenvogel und ihr Mann, der Schamanengott Odin, hin.

Auch die der Frigg nah verwandte Freya ist eine Totengöttin – sie teilt sich die Toten zu je einer Hälfte mit Odin.

„Fensalir" bedeutet „Sumpf-Saal" und bezeichnet die Halle der Frigg in der Wasserunterwelt. Er entspricht dem Saal am Grunde eines Sumpfes, in dem im Beowulf-Epos der Tyr-Riese Grendel und seine Mutter (Frigg) wohnen.

I 4. b) Heimskringla

Die anschaulichste Darstellung einer Astralreise in der germanischen Überlieferung findet sich in der Beschreibung von Odins Fähigkeiten in Snorris halbhistorischem Werk „Heimskringla".

Odin konnte seine Gestalt verwandeln: Sein Körper lag dann da als wenn er tot wäre oder schlafen würde; aber er hatte dann die Gestalt eines Fisches oder eines Wurmes oder Vogels oder irgendeines anderen Tieres und war in einem Augenblick in fernen Ländern um dort seinen Angelegenheiten oder denen von anderen Leuten nachzugehen.
… … …
Odin hatte zwei Raben, denen er die Sprache der Menschen beigebracht hatte. Sie flogen weit über die Lande und brachten ihm Neuigkeiten. In solchen Dingen besaß er eine unübertroffene Weisheit.

Während Odin mit seiner Seele seinen Körper verlassen hatte, lag er wie tot da, wie dies bei den meisten Astralreisen von Schamanen und anderen Personen, diese diese Fähigkeit erlernt haben, zu beobachten ist.

Odins Verwandlung in einen Vogel bei einer solchen Reise bezieht sich auf seinen Seelenvogel, d.h. auf seine fliegende Seele. Diese Fähigkeit wurde mit der Zeit zu Odins beiden Raben, die ihm Nachrichten aus aller Welt zutrugen, umgedeutet.

In der Gunnlöd-Mythe verwandelt sich Odin in einen Adler, der als stärkster Vogel der Seelenvogel des Göttervaters ist.

Der „Wurm", d.h. der Drache bzw. die Schlange, war eines der häufigsten Bilder der Germanen für die Gestalt der Jenseitsreisenden.

I 4. c) Sonnenlied

Frigg, Odins Frau, fährt auf der Erde Schiff
Zu der Wollust Wonne,
Ihre Segel senkt sie spät,
Die an harten Tauen hängen.

In dieser Strophe aus dem „Sonnenlied", in dem eine Jenseitsvision beschrieben wird, erscheint die Göttin Frigg. Leider ist die Aussage dieser vier Verse in Bilder gekleidet, deren Aussage nicht sicher zu erfassen ist.

Zunächst einmal wird deutlich gesagt, daß Frigg Odins Frau ist.

Als zweites wird die Erde als ein Schiff beschrieben, auf dem Frigg fährt. Dies könnte eine Bild für Frigg als Göttin der Erde sein – was ihre Deutung als Erdgöttin in der Folge „Fiörgyn – Frigg – Jörd" bestätigen würde.

Die „Wonne der Wollust" ist anscheinend ein wesentliches Merkmal der Göttin Frigg. Dem Dichter dieses Liedes mit christlicher Moral und christlichem Hintergrund, aber germanisch-mythologischen Bildern scheint Frigg daher vor allem als eine Liebesgöttin erschienen zu sein, was sich auf die Wiederzeugung beziehen wird, die der Wiedergeburt vorausging. Die Jenseitsgöttin, mit der sich die Toten vereinten und von der sie dann wiedergeboren wurden, ist so gut wie immer auch die Erdgöttin, weil die Toten in ihren Gräbern eben in der Erde lagen.

Das späte Senken der Segel ihres Schiffes könnte ein Hinweis darauf sein, daß die „Wonne der Wollust" erst am späten Abend stattfindet – wenn sich der ehemalige Sonnengott-Göttervater Tyr mit der Erdgöttin-Jenseitsgöttin, d.h. hier mit Frigg bei der Wiederzeugung vereint, die der morgendlichen Wiedergeburt der Sonne (Tyr) vorausgeht.

I 4. e) Brakteaten

Brakteaten sind mit germanischen Motiven geprägte Goldbleche aus der Zeit zwischen 400 n.Chr. und 600 n.Chr., die als Amulette verwendet wurden. Sie wurden den römischen Kaisermedallions nachgebildet.

Auf einigen von ihnen ist auch die Göttin Frigg/Freya abgebildet worden.

Die Göttin auf den Brakteaten

Großfahner bei Erfurt, Deutschland

Oberwerschen, Sachsen-Anhalt, Deutschland

Welschingen, Baden-Württemberg, Deutschland

Südwestdeutschland

Diese vier Brakteaten aus Süd- und Ostdeutschland, die von den Südgermanen stammen, haben einige Gemeinsamkeiten:

Motiv	Brakteat			
	Groß-fahner	Ober-werschen	Wel-schingen	Südwest-deutschland
Göttin-Brakteaten				
Göttin	1	1	1	1
stilisiertes, dreieckiges Gesicht	1	1	1	1
nackte Brüste (?)	1	1	1	1
erhobene Hände	1	1	1	1
„Krone" mit Schlaufen, drei Schichten	1	?	1	
„Krone" mit Schlaufen, zwei Schichten				1
Rock	1	1	1	1
zwei lange „Schnüre" am Rock	1		1	1
Gürtel	?	?	1	1
Stab (?) in der Hand		1		
kleines Kreuz in der Hand			1	1
langer Kreuz-Stab in der Hand		1		
langer Doppelkreuz-Stab in der Hand	1			
Triskelis (dreieckiges Sonnensymbol)	1	1		
Trisklis mit nur zwei Spitzen	1			
Swastika (Sonnensymbol)	1			
gleichschenkliges Kreuz (Sonne)	2	2	2	4
Kreis (Sonne?)			3	
Summe der Sonnensymbole	6	3	5	4
siebenstrahliger Stern			1	
neunstrahliger Stern				1
„V"-Reihe	4	6; 2	2	5; 1

Diese standardisierten und stark stilisierten Darstellungen der Göttin zeigen, daß dies ein traditionelles Bild gewesen sein muß, das es über längere Zeit gegeben hat und das häufig verwendet worden sein muß, da sich sonst keine solche „Standard-Darstellung" hätte herausbilden können. Diese Göttin muß also über längere Zeit hinweg wichtig gewesen sein.

Ihre erhobenen Arme und ihre Darstellung auf den Brakteaten, die Schutzamulette waren, zeigt, daß sie eine Schutzgöttin gewesen ist.

Die deutlich dargestellten Brüste stellen sie vermutlich als (im Jenseits) nährende Muttergöttin dar. Vielleicht ist „Fulla" („Fülle") einst ein Beiname der Frigg gewesen, der sie als Ernährerin kennzeichnen sollte ... Es könnte sein, daß die bloßen Brüste dieser Frigg-Freya die Entsprechung zu dem betonten Penis ihres Bruders Freyr sind.

Die Krone der Göttin könnte auch ein Haarband sein – zumindestens würde das die Schlaufen an der Krone und das Muster auf ihr erklären. Sollte dies zutreffen, dann wäre Friggs „Dienerin" Fulla, die ihr „Schmuckkästchen" trägt, vermutlich mit Frigg identisch, da Fulla ein goldenes Haarband trägt.

Der Gürtel der Göttin könnte mit dem Gürtel, der zum Ornat der Priester und Priesterinnen gehört hat, identisch sein. Möglicherweise sind die beiden langen Schnüre an dem Rock der Göttin wie bei einer Schürze zum Binden des Rockes gedacht gewesen – doch warum waren diese so wichtig, daß sie so deutlich dargestellt worden sind? Sie könnten einen ähnlichen Charakter wie die Schlaufen an dem Haarband der Göttin gehabt haben.

Die Stäbe mit dem Kreuz bzw. mit den beiden Kreuzen könnten eine christlich ergänzte Version des Stabes der Seherinnen sein. Die Kreuze könnten jedoch auch wie bei den Kreis-Kreuzen auf vielen Runensteinen Sonnensymbole sein. Für diese Deutung sprechen auch die vielen Sonnensymbole: Kreuze, Sterne und Triskelis. Frigg scheint hier eine Sonnenmutter zu sein, d.h. die Göttin, die den Sonnengott-Göttervater Tyr am Morgen wiedergebiert. Da diese Brakteaten jedoch von den Südgermanen stammen, bei denen damals bereits Odin der Göttervater gewesen ist, wird die Sonne, die von Frigg geboren wird, wohl kaum noch als Tyr angesehen worden sein, sondern eher als ihre eigene Tochter – ein Motiv, daß evtl. bei den Südgermanen in Analogie zu Demeter und Persephone und anderen Göttinnen-Paaren entstanden ist.

Der Keulen-ähnliche Gegenstand in der Hand der Göttin von Oberwerschen ist schwer zu deuten, aber er könnte von seiner Symbolik her dem Stab in der Hand der Göttin entsprechen.

Die Reihen von „U"-ähnlichen Symbolen auf diesen vier Brakteaten sind ansonsten unbekannt. Sie erinnern an Hufabdrücke und könnte ein Hinweis auf die Jenseitsreise auf Odins Roß sein – aber das ist nur eine Vermutung und keptionswegs eine Gewißheit. Immerhin suggeriert die Anordnung dieser „U", daß hier ein Weg gemeint ist.

I 4. f) Frauenfigur von Revninge

Frau von Revninge

Die Figur ist 4,6 cm hoch und 1,8 cm breit. Sie besteht aus vergoldetem Silber und wurde um ca. 850 n.Chr. hergestellt. Sie wurde in Revninge im Osten der dänischen

Insel Fühnen gefunden.

Die Figur ist auf der Rückseite hohl, d.h. der Leib ist vorgewölbt. Der Kopf ist jedoch als Kugel gearbeitet worden, die nach unten hin offen ist. Dadurch hat die Figur einen vollständigen Kopf, was ihr mehr „Persönlichkeit" verleiht. An dem Hinterkopf befinden sich zwei Löcher, durch die eine Schnur gezogen werden kann, sodaß die Figur am Hals getragen werden kann. Die Öffnung an der Unterseite des Kopfes ist so gearbeitet worden, daß die Figur auf einen Stab gesteckt werden kann, der seinerseits in der Erde steckt. Die Figur kann somit auch als Statuette benutzt werden.

Sowohl die Möglichkeit, die Figur als Kettenanhänger zu tragen, als auch die Möglichkeit, sie als Statuette aufstellen zu können, sprechen dafür, daß diese Frau eine Göttin darstellt, die den Träger bzw. die Trägerin der Kette schützt und die in der Statuette verehrt worden ist.

Das Haar der Frau ist am Hinterkopf zu einem Knoten zusammengebunden worden. Ihre Hände liegen auf ihren Hüften bzw. auf ihrem Unterleib, was ein Hinweis auf eine Schwangerschaft sein könnte.

Die Frau trägt eine aufwendig hergestellte Kleidung, die aus einem bestickten Kleid, einem bestickten Mantel, einem Gürtel sowie Schuhen besteht.

Um ihren Hals trägt sie einen mehrreihige Kette, die evtl. Freyas Brisingamen sein könnte.

Vor ihrem Unterleib trägt sie einen Kleeblatt-artigen Gegenstand, der ein komplexer Knoten an ihrem Gürtel sein könnte, aber auch ein großes Amulett. Die drei „Blätter" dieses Gegenstandes kennzeichnen ihn als Hrungnir-Herz, d.h. als ein Symbol der Sonne und der Seele. Diese Form ist auch von den „Kleeblatt-Amuletten" bekannt (siehe auch „Hrungnir-Herz" in Band 67).

Es hat also den Anschein, daß hier Frigg-Freya als Sonnenmutter und Mutter des ehemaligen Sonnengott-Göttervaters Tyr dargestellt worden ist.

I 4. g)   De origine et situ Germanorum liber („Germania")

In seinem Buch „Über die Ursprünge und die Lage des freien Germanen-Landes" hat der römische Geschichtsschreiber Publius Cornelius Tacitus um ca. 100 n.Chr. eine Göttin beschrieben, die wahrscheinlich Frigg/Freya ist. Er nennt diese Göttin „Isis", da diese ägyptische Göttin zu der Zeit des Tacitus im gesamten Mittelmeerbereich die allgemeine Muttergöttin gewesen ist.

Von allen Göttern verehren sie am meisten den Merkur. Ihm dürfen an bestimmten festgelegten Tagen sogar Menschen geopfert werden. Herkules und Mars besänftigen sie mit Tieren, die die üblichen Opfer sind.

Einige der Sueben opfern in derselben Weise auch der Isis. Ich habe wenig über den Grund und die Entstehung dieses nicht-einheimischen Brauches herausfinden können – falls nicht ihr Kultsymbol, das wie ein Liburnerschiff gestaltet ist, darauf hinweist, daß dieser Kult aus dem Ausland zu ihnen gekommen ist.

Für die übrigen Götter finden sie es vollkommen unpassend, sie innerhalb geschlossener Mauer oder in der Gestalt von Menschen zu verehren, da sie himmlische Wesen sind.

Sie weihen ganze Wälder und Haine den Gottheiten und nennen sie die Wohnorte der betreffenden Gottheiten. Diese Gottheiten können in der Kontemplation und in der inneren Verehrung gesehen werden.

Merkur ist Odin; Mars ist Tyr; Herkules ist Thor.

Mit dem Kult der Frigg/Freya („Isis") scheint ein Schiff verbunden gewesen zu sein. Möglicherweise wurde sie nicht wie die anderen Götter im Freien in Heiligen Hainen verehrt – allerdings ist unklar, wo sie verehrt worden ist: in Höhlen, in Tempeln ?Bereits Tacitus bedauerte es, daß er nicht mehr über sie erfahren konnte.

Ein Liburnerschiff ist ein leichtes, schnelles römisches Kriegsschiff mit zwei Ebenen von Ruderern übereinander.

Die Verbindung der Göttin mit einem Schiff erinnert an die Schiffsbestattungen der Germanen, die u.a. auch im Zusammenhang mit Baldurs Tod berichtet wird.

Das Schiff der Göttin Frigg-Freya könnte somit die Barke sein, auf der die Toten ins Jenseits fuhren: die Schiffe, auf denen einige Könige in dem um 750 verfaßten Beowulf-Epos bestattet werden, das Schiff „Hringhorni" des Baldur, auf dem er bestattet wurde, der Nachen des Jenseitsfährmannes Odin im „Harbard-Lied" und in der Völsungen-Saga und schließlich auch die Barke der Sonne, die auf den südskandinavischen Felsritzungen dargestellt worden ist.

Das Schiff zeigt auch, daß die Göttin mit dem Wasser assoziiert wurde – wobei dieses Wasser vermutlich die Wasser der Unterwelt gewesen sind, in der Friggs Halle „Fensalir" („Sumpf-Saal") stand.

I 5. Die Halle der Frigg

I 5. a) Gylfis Vision

Da frug Gangleri: „Welches sind die Asinnen?"
Har antwortete: „Frigg ist die vornehmste: Ihr gehört der Palast, der Fensal heißt, und überaus schön ist."

„Fensal(ir)" bedeutet „Sumpfsaal". Da die Quellen, Flüsse und Sümpfe als Eingänge in die Unterwelt angesehen wurden, scheint Frigg einen wichtigen Bezug zum Jenseits gehabt zu haben, denn sonst hätte ihre Halle kaum einen solchen Namen erhalten. Ihr „Sumpfsaal" wird ein Opfermoor gewesen sein. Dieser „Sumpf-Saal" wird im Beowulf-Epos ausführlich beschrieben, in dem in diesem Saal neben dem Tyr-Riesen Grendel selber auch noch dessen Mutter, d.h. die Göttin Frigg-Freya wohnt.

Auch die durch den ähnlichen Namen hervorgerufene Assoziation zum Fenris-Wolf, dessen Name „Sumpf-Bewohner" bedeutet, läßt auf einen Jenseitsbezug schließen, da der Wolf ursprünglich einmal Tyr als Wolfs-Krieger (Ulfhedinn) gewesen ist.

Man kann also mit einiger Berechtigung vermuten, daß Friggs Funktion in Bezug auf die Jenseitsvorstellungen, auf die ihr „Sumpf-Saal", das Falkenhemd und ihr Mann, der Schamanengott Odin hinweisen, die der Göttin der Wiedergeburt im Jenseits ist.

Auch die ihr nah verwandte Freya ist auch eine Totengöttin – sie teilt sich die Toten je zur Hälfte mit Odin.

I 5. b) Fenja

Die beiden Riesinnen Fenja und Menja aus dem Grotten-Lied sind Frigg und Freya: Der Name „Fenja" leitet sich von Friggs Halle „Fensalir" ab und der Name „Menja" von Freyas goldenem Halsreif „Brisingamen" (siehe „Fenja" in Band 29).

I 5. c) Beowulf-Epos

Im Beowulf-Epos wird ausführlich die Halle beschrieben, in der die Jenseitsgöttin Frigg-Freya, d.h. die Mutter des Tyr-Grendel in der Wasserunterwelt wohnt. Sie ist hier jedoch schon zu einem Ungeheuer umgedeutet worden.

Grendel ist u.a. an seinem ausgerissenem Arm als der ehemalige Sonnengott-Göttervater Tyr zu erkennen, dem in den späteren altnordischen Mythen seine rechte Hand von dem Fenris-Wolf abgebissen wird.

Im Folgenden sind nur die Textstellen angeführt, die über die Wasserunterwelt und die Jenseits-Halle in ihr berichten.

Da die Angelsachsen zu der Zeit der Niederschrift dieses Epos um ca. 700 n.Chr. schon weitgehend christianisiert worden waren, finden sich in dem Text vereinzelt auch christliche Begriffe und Vorstellungen.

Froh nun lebten   /   des Fürsten Krieger
In üppiger Fülle,   /   bis einer begann
Als Feind in der Hölle   /   Frevel zu üben.
Der grimme Unhold   /   war Grendel geheißen,
Durch Markbruch verrufen,   /   im Moor sonst wohnhaft,
Im kotigen Sumpf,   /   in der Kobolde Reich,
Wo der heillose Wicht   /   gehaust schon lange,
Seit ihn verworfen   /   des Weltalls Schöpfer.
... ...
Mit der Faust nur will ich   /   den Feind bekämpfen,
Ums Leben ringen: /   es leide den Tod
Er oder ich   /   nach des Ewigen Ratschluß:
Wenn Grendel obsiegt,   /   im goldenen Saale
Fresse er auch   /   die furchtlosen
Leute der Gauten,   /   wie längst er fraß
Die Blüte der Dänen.   /   Du brauchst mein Haupt
Dann nicht zu bergen;   /   den blutbefleckten
Trage er fort,   /   wenn der Tod mich hinrafft.
Dann schleppt er den Leib,   /   nach dem Schmause lüstern,
Der einsame Wandrer,   /   ins öde Moor,
Der rotgefärbte,   /   und reuelos frißt er.
... ...
Nun merkte der,   /   der am Menschengeschlechte
So vielen Frevel   /   früher verübte
Aus Vergnügen am Mord,   /   der Gottverhaßte,
Daß den Leib er nimmer   /   losmachen konnte,
Den Hygelacs Neffe,   /   der Heldenmüt'ge,
Mit der Hand gepackt --   /   verhaßt war beiden
Des Gegners Leben!   /   Der grimme Unhold
Ward endlich wund: /   an der Achsel klaffte
Ein riesiger Spalt,   /   es rissen die Sehnen,

Es brachen die Knochen. / Beowulf war
Der glückliche Sieger / und Grendel mußte
Todkrank flüchten / ins tiefe Moor,
Ins freudlose Heim. / Der Frevler wußte,
Daß das Ziel ihm gesteckt war, / gezählt der Tage
Dürftiger Rest!
… … …
*   / Als sichtbares Zeichen*
Legte der Held / unterm hohen Dache
Arm und Hand / und Achsel nieder,
Was Grendel zurückließ, / die ganze Tatze.
… … …
* Fürsten kamen / von fern und nah*
Des Weges daher, / das Wunder zu schauen,
Des Unholds Nachlaß. / Nicht einer war's,
Den der Tod des Feindes / mit Trauer erfüllte,
Als des Elenden Spur / sein Auge erspähte,
Wie er müd' und ruhmlos / entmutigt fortschlich,
Besiegt im Streite, / dem Sumpfe zu
Verfehmt und todwund / seine Fährte zog.
Blutig war dort / die brodelnde Flut,
Der Gischt der Wogen / ganz vermengt
Mit warmem Eiter, / es wallte die Tiefe
Von des Toten Schwertnaß, / der trostlos unten
Am Grunde des Moors / seinen Geist verhaucht,
Die heidnische Seele, / die der Hölle zufiel.
Zurück dann eilten / die alten Recken,
Auch mancher junge, / vom Moore heimwärts
Auf falben Rossen, / in fröhlichem Ritt.
… … …
Der Schlaf umfing sie, / doch schwer mußt' einer
Die Abendruh' büßen, / wie's oft sich ereignet,
Als im glänzenden Saal / Grendel noch hauste
Und Unheil schuf, / bis das Ende kam,
Des Sünders Tod. / Sichtbar ward es
Und weitbekannt, / daß ein Wesen noch lebte,
Den blutigen Fall / des Bösen zu rächen,
Den grau'nvollen Ausgang, / Grendels Mutter,
Das scheußliche Weib: / sie wurmte die Schmach
Die die Wasserwüste / bewohnen mußte,

Die kalte Flut,   /   seit Kain verübte
Die arge Tat   /   an dem einzigen Bruder,
Dem Vatersippen.   /   Friedlos mußt' er,
Als Mörder gezeichnet,   /   die Menschen flieh'n,
In der Einöde weilen.   /   Von ihm sind entstammt
Die Unholde alle,   /   und einer davon
War der heillose Wicht,   /   der in Heorot fand
Den Helden wach   /   und harrend des Streites.
Dort wagte den Angriff   /   der Wüterich,
Doch der Recke bewährte   /   die rüstige Kraft,
Die große Gabe,   /   die Gott ihm verlieh'n,
Und hoffend vertraut' er   /   des Herren Gnade,
Seinem sicheren Schutz: /   drum besiegt' er den Gegner,
Überwand den Teufel;   /   der wandelte elend
Des Trostes beraubt   /   den Todespfad,
Der Menschheit Feind.   /   Nun faßte die Mutter,
Finster und grimmig   /   den furchtbaren Plan,
Des Sohnes Tod   /   selber zu rächen.
Sie kam noch Heort,   /   wo die Helden der Dänen
Der Nachtruhe pflagen.   /   Erneuten Angriffs
Gewärtig ward man,   /   als wütend eindrang
Grendels Mutter.   /   Der Graus jedoch war
Kleiner um so viel,   /   als Kraft der Frauen,
Des Weibes Kampfmut   /   bewaffneter Männer
Stärke nachsteht,   /   die streitsgeübt
Mit gehämmertem Stahl   /   des Helmes Eber,
Mit scharfem Schwerte,   /   zerschmettern können.
Drum ward in der Halle   /   manch hartes Eisen
Aus der Scheide gerissen,   /   der Schild erhoben
Mit eiliger Hand;   /   im ersten Schrecken
Dachte an Helm   /   und Harnisch keiner.
In Eile war sie,   /   nach außen strebend,
Sobald sie entdeckt war,   /   zu bergen ihr Leben,
Doch packte sie einen   /   der Edlinge noch,
Zum Sumpfe flüchtend   /   mit sicherem Griffe;
Dem Hrodgar war der   /   von den Helden der liebste
Zwischen beiden Seen   /   aus dem Bund der Gefolgschaft,
Der ruhmreiche Mann,   /   den das ruchlose Weib
Auf dem Bette mordete.   /
... ...

Meine landbauenden   /   Leute hört' ich,
Die Häusler draußen,   /   häufig berichten,
Sie hätten gewaltiger   /   Wesen zweie,
Die Marken umschleichend,   /   im Moore hausend
Öfter geseh'n: /   das eine davon,
Wie sie klar und deutlich   /   erkennen konnten,
Einem Weibe ähnlich;   /   der and're Wicht
Durchmaß die Öde   /   in Mannesgestalt,
Wenn auch weit überragend   /   den Wuchs der Menschen.
Mit dem Namen Grendel   /   benannten ihn längst
Der Feldmark Bauern;   /   den Vater kennt niemand
Ob er früher gezeugt   /   einen finstern Unhold.
Die beiden bewohnen   /   verborgene Winkel,
Wo die Wölfe hausen,   /   windige Klippen,
Das gräßliche Moor,   /   wo des Gießbachs Strom
Unter finster umnebelten   /   Felsen verschwindet,
In der Erde Schlund.   /   Nur einige Meilen
Entfernt von hier   /   ist der furchtbare Sumpf:
Darüber hangen   /   bereifte Haine,
Die wurzelgefestet   /   das Wasser beschatten.
Dort sieht man allnächtlich   /   ein seltsames Wunder,
In der Flut ein Feuer;   /   erforscht hat nie
Ein Menschenkind   /   dieses Moores Tiefe.
Selbst der hornbewehrte   /   Heidebewohner,
Der Hirsch, der gehetzt   /   vor den Hunden sich flüchtet
Ins belaubte Gehölz,   /   gibt sein Leben eher
Dahin am Gestad',   /   eh' sein Haupt er berge
Im See, denn dort   /   ist's selten geheuer.
In Wirbeln steigt   /   zu den Wolken oft
Das Wasser empor,   /   wenn der Wind herantreibt
Die leid'gen Gewitter,   /   die Luft sich verdunkelt
Und der Himmel weint.
… … …
Auf, auf, mein Gebieter!   /   laß eilig uns folgen
Der Spur des Weibs;   /   ich verspreche dir's:
Nicht im Schlunde des Moors,   /   noch im Schoß der Erde,
Noch im Waldesdickicht   /   entwischt sie mir,
Wohin sie auch flüchte.   /
… … …

*   / Die Schritte waren*
Am Walde entlang / weithin sichtbar,
Wo das Weib vorhin / ihren Weg genommen
Übers düst're Moor / und den Degen forttrug,
... ...
Es ritt voraus / mit geringem Gefolge
Der König selbst, / zu erkunden die Gegend,
Bis endlich des Bergwalds / Bäume sein Auge
Erschaut', überm grauen / Gneise hangend,
Freudloses Gehölz. / Die Flut darunter
War rot von Blut. / Den Recken der Dänen,
Den Scyldingenkriegern / ward schmerzlich bewegt
Im Busen das Herz, / von bitterem Kummer,
Den Helden allen, / die Äscheres Haupt
Auf dem steinigen Abhang / am Strande erblickten.
Das Wasser wallte - / die Wehrmänner sahen's --
Von heißem Blut -- / doch die Hörner bliesen
Einen munteren Marsch. / Die Mannen alle
Setzten sich nieder. / Viel seltsam Gewürm
Sah man schwimmen im See, / Schlangen und Drachen;
(Die nicht selten hinaus / in die Segelstraße
Am Morgen schon wagen / die müh'volle Fahrt),
Nebst anderem Raubzeug.
... ...
So sprach der Held / und hastig enteilt' er,
Der edle Gaute, / auf Antwort nimmer
Wollte er warten; / die Wogen umfingen
Den streitbaren Mann. / Eine Stunde währt' es,
Eh' er tauchend erreichte / den tiefen Grund.
Da merkte sofort / die mordbegier'ge,
Das hungrige Weib, / das schon hundert Jahre
Im Moore gehaust, / daß ein Menschenkind
In der Unholde Reich / von obenher eindrang.
Flink packte sie zu / und faßte den Krieger
Mit den schrecklichen Klauen, / doch Schaden tat sie
Dem Recken nicht an, / den die Ringe schützten,
Daß die Brünne sie nicht / zu durchbrechen vermochte,
Das geflochtene Kampfnetz, / mit feindlichen Krallen.
Da schleppte die Wölfin / des Wassers zur Höhle,
Als er Boden gefaßt, / den Brecher der Ringe;

Nicht konnte er da, / so kühn er auch war,
Seine Waffen gebrauchen, / wenn wildes Getier
Im Sumpfe ihn angriff, / manch Seeungeheuer
Mit den Hauern zornig / am Harnisch zerrte,
Den Mut'gen gefährdend. / Nun merkte der Held,
Daß er jetzt in weitem / Gewölb' sich befand,
Wo ihn Wasser nicht netzte, / die wogende Flut
Das Dach nicht durchdrang, / das dem Drucke trotzte
Der brandenden Wellen; / mit bleichem Schein
Erhellte ein Feuer / der Höhle Räume.
Nun sah auch der Werte / die Wölfin des Sumpfes,
Das scheußliche Moorweib; / zu mächtigem Schlage
Schwang er das Schwert-- / nicht schwach war die Hand --,
Daß ein grimmes Kampflied / die gute Klinge
Überm Haupte ihr sang.
... ...
Daß die Schlachtenflamme / nicht schneiden wollte,
Nicht schaden dem Feind, / ihre Schärfe versagte
In der Not dem Fürsten: / doch früher genug
Der Helme durchschlug sie / im Handgemenge,
Wenn todgeweiht / deren Träger waren:
Ihre Ehre erblich / zum ersten Male.
Doch rasch entschlossen, / des Ruhms gedenkend,
Bewies Hygelacs Neffe / die Heldenkraft:
Auf den Boden warf er / die bunte Klinge,
Die köstlich verzierte, / der zornige Kämpe,
Die stählerne Wehr; / seiner Stärke vertraut' er,
Seiner mächtigen Faust. / So verfahre ein Mann,
Der im Streit erstrebt / unsterbliches Lob,
Und willigen Herzens / wag' er das Leben!
Bei der Schulter ergriff / nicht scheut' er den Kampf --
Der mutige Gaute / die Mutter Grendels;
Es rang im Zorn / der rüstige Krieger
Die Feindin nieder. / Sie fiel zur Erde,
Doch galt sie ihm schnell / mit gleicher Münze,
Indem sie mit grimmigen / Griffen ihn packte;
Sie warf ihn herum, / die wütende Hexe,
Und es stürzte zu Boden / der Streitschar Lenker.
Sie kniet' auf ihm nieder, / die Klinge zog sie,
Das kurze Messer, / ihr Kind zu rächen,

Den einzigen Erben. / Doch Achsel und Hals
Schirmte die Brünne: / sie schützte sein Leben,
Die allen Waffen / den Eingang wehrte.
Geendet hätte / Ecgtheows Sohn
Im tiefen Moor, / der tapfre Gaute,
Wenn der Harnisch nicht / ihm Hilfe gewährte,
Das gute Streithemd, / und Gott im Himmel,
Der sel'ge Herrscher, / ihm Sieg nicht verlieh;
Gerecht entschied / der Richter der Welt,
Und der Fürst kam leicht / auf die Füße wieder.
Nun gewahrte sein Aug' / unter anderen Waffen
Ein ruhmverheißendes / Riesenschwert,
Ein köstliches Kleinod, / des Kriegers Zierde,
Doch so übergroß, / daß ein anderer Mann
Schwerlich im Streite / geschwungen hätte
Die gute Wehr, / das Werk der Giganten.
Dies Schwert ergriff / der Scyldingenheld:
In zornigem Grimm, / fast verzweifelnd am Leben,
Hob er die Klinge / zu kräftigem Hieb,
Daß die harte den Hals / der Hexe durchschnitt,
Die Wirbel trennte / der Todgeweihten,
Ihr Fleisch zerstückte. / Sie fiel auf den Estrich
Und den Beowulf freute / sein blutiges Werk.
Hell glänzte das Licht / in der Höhle Tiefen,
Wie heiter herab / vom Himmel scheint
Die Leuchte des Weltalls. / Er lugte umher,
Schritt hin an der Wand / und die Waffe hob er
Am Heft empor, / Hygelacs Degen,
Entschlossenen Sinns. / Die Schneide erwies sich
Nicht unnütz dem Helden, / der eiligst wollte
Dem Grendel vergelten / das gräuliche Unheil,
Das er mehr als einmal / den Mannen des Königs,
Den Herdgenossen / des Hrodgar antat.
Er erschlug im Schlaf / und verschlang sofort
Vom Volke der Dänen / fünfzehn Krieger,
Und die gleiche Anzahl / als grause Beute
Schleppte er fort. / Für die schlimmen Taten
Zahlte ihm jetzt / der zornige Recke
Den gebührenden Lohn. / Auf dem Lager erblickt' er
Die Leiche des grimmen / Grendel liegen,

Der beim Tanz in Heort / den Tod sich holte:
Nun sprang der erkaltete / Körper noch einmal
Hoch empor, / als der Hieb ihn traf,
Die harte Klinge / das Haupt ihm abschlug.
… … …
Die in Sorge mit Hrodgar / am Sumpfe harrten,
Daß rings die Flut / rot sich färbte,
Gemischt mit Blut, / da meinten die alten
Graubärt'gen Kämpen / des guten Königs,
Sie hofften nicht länger, / daß lebend der Held
Und ruhmbedeckt / zurück noch kehre
Zum edlen Herrscher; / fast alle glaubten,
Daß des Moores Wölfin / gemordet ihn habe.
Der Abend kam. / Das Ufer verließen
Die hurtigen Scyldinge. / Heimwärts ritt
Des Goldes Spender. / Die Gäste nur blieben
Schwermütig zurück / und schauten ins Wasser:
Kaum hofften sie noch, / so heiß sie es wünschten,
Ihren wackern Herrn / wiederzusehen.
Mit dem Schwert inzwischen / geschah in der Höhle
Ein wunderlich Ding: / es erweichte gänzlich
Durch die Schärfe des Blutes / und schmolz wie Eis,
Wenn der Vater die Fesseln / des Frostes löst,
Des Wassers Bande: / es waltet ja
Über Stunde und Zeit / die Bestimmung des Schöpfers.--
Manch unschätzbares Kleinod / erschaute dort
Der kühne Gaute, / doch keins nahm er mit,
Nur Grendels Haupt / und den Griff des Schwertes,
Da die Klinge zerschmolzen, / die kunstvoll geätzte;
Zu heiß war das Blut / der Hexe gewesen,
Zu stark das Gift, / das sie sterbend vergoß.
Nun schwamm er zurück, / der erschlagen im Streite
Die tückischen Feinde, / durchtauchend das Wasser:
Gereinigt war / das Reich der Wogen,
Das weite Gebiet, / da der wüste Unhold
Des vergänglichen Lebens / Grenzen erreichte.
Dem Sumpfe entstieg / des Seevolks Schirmer,
Der kühne Schwimmer, / der Kampfbeute froh,
Der mächtigen Last, / die er mit sich führte.
Ihm eilte entgegen, / dem Ewigen dankend,

Die erlesene Schar   /   mit lautem Jubel,
Weil heil und gesund   /   sie den Herren sahen.
Zu befreien den Helden   /   von Helm und Brünne
War man schnell bemüht;   /   schweigend wieder
Ruhte der See,   /   der rotgefärbte.

In diesem Lied wird die Halle der Jenseitsgöttin Frigg-Freya, die hier als die Mutter des Tyr-Riesen Grendel erscheint, als eine Höhle tief unten auf dem Grund eines Sumpfes beschrieben. Dieses düstere Hochmoor liegt in einem Bergwald und auch in dem Moor selber wachsen Bäume mit großen Wurzeln, die das Wasser beschatten. Dieses Moor wird *„Schlund der Erde"* genannt.

Dieses Moor ist von Nebeln bedeckt, die in Wirbeln zu den Wolken aufsteigen. An diesem Ort entladen sich häufig Gewitter.

Zu diesem Sumpf führt der *„Todespfad"*, d.h. der *„Hel-Weg"*. Das Moor selber ist das *„Reich der Kobolde"* und das *„Reich der Unholde"*, d.h. das Heim der Totengeister. Da dieser Sumpf das Jenseits ist, ist es noch nie von einem Menschen erforscht worden.

Dieser Ort ist so gefürchtet, daß ihn selbst Tiere meiden. Nur Wölfe leben in der Nähe des Moores – sie sind Jenseitstiere. In den Wassern des Sumpfes selber leben Würmer, Schlangen und Drachen – die Seelen der Toten.

Auf dem Grund dieses Moores liegt der tote Tyr-Grendel, der als ein Feuer in der Tiefe zu sehen ist – die Sonne in der Wasserunterwelt.

Die Halle selber wird als Höhle beschrieben, deren Dach das Wasser abhält, was bedeutet, daß die Höhle selber mit Luft gefüllt ist. Sie hat einen festen Boden, Wände und ein weites Gewölbe. Sie wird von einem Feuer erhellt.

Dieser Ort scheint in den Vorstellungen der damaligen Angelsachsen eine Mischung aus Halle und Höhle gewesen zu sein. Auch die Halle des Tyr-Riesen Geirröd wird als eine solche Höhlen-Halle beschrieben. Das Urbild dafür ist wahrscheinlich die Grabkammer in einem Hügelgrab gewesen.

I 6.   Die Dienerinnen der Frigg

Es werden drei Dienerinnen der Frigg genannt: Fulla, Gna und Hlin. Es ist gut denkbar, daß es sich bei ihnen entweder um ehemalige Beinamen der Frigg oder um vergöttlichte Priesterinnen handelt – ähnlich dem Hermodr des Odin, dem Skirnir des Freyr und dem Thialfi des Thor (siehe dazu auch Band 37).

I 6. a)   Gylfis Vision

Fulla, die fünfte, ist auch Jungfrau, und trägt loses Haar und ein Goldband ums Haupt. Sie trägt Friggs Schmuckkästchen, wartet deren Fußbekleidung und nimmt Teil an ihrem heimlichen Rat.

Der Frauenname „Fulla" bedeutet „Fülle". Vermutlich wird diese „Zofe der Frigg" einst eine Göttin der Fülle gewesen sein. Sie könnte letztlich mit Frigg identisch sein.

Es wäre interessant zu wissen, welchen Schmuck Fulla für Frigg in dem Kästchen aufbewahrt. Das Goldband der Fulla, daß sie auf ihrem Kopf trägt, könnte auch ein goldener Haarreif sein – zumal sich aus Gold nur ein Reif und kein Band herstellen läßt. Ein goldener Reif ist jedoch symbolisch schon sehr nah an den goldenen Halsreifen, die wie der Ring Draupnir ein Symbol für die bestandene rituelle Jenseitsreise waren – wie der keltischen Torque.

Auch die mit Frigg ursprünglich identische Göttin Freya verfügt über einen solchen goldenen Reif: den Brisingamen.

Somit könnte es gut sein, daß Odins Ring Draupnir, Fullas goldener Haarreif, Freyas Halsreif Brisingamen und das Schmuckstück in Friggs Kästchen alle dasselbe sind: der goldene Reif, den diejenigen erhielten, die in einem Ritual in das Jenseits gereist und wie die Sonne aus ihr zurückgekehrt sind.

Da Odin das Urbild dieser Jenseitsreisenden ist, würde es gut passen, daß auch seine Frau solch einen Ring besitzt.

I 6. b)   Frigg und Gna

Neben Fulla hat Frigg noch eine weitere Dienerin, die den Namen Gna, d.h. „Aufragende" trägt und daher eine Göttin des Weltenbaumes sein könnte. Sie wird in „Gylfis Vision" beschrieben:

Die dreizehnte Asin ist Gna, welche Frigg in ihren Geschäften nach allen Weltteilen schickt. Sie hat ein Pferd, das durch Luft und Flut rennt und Hofvarpnir heißt.

Gna ist anscheinend so etwas wie eine „Walküre in Friggs Diensten". Sie besitzt ein Pferd mit dem Namen „Hufe-Werfer", das Odins Sleipnir, den magischen Schuhen des Loki und dem magischen Schiff Skidbladnir des Freyr gleicht. Das „Fliegen durch Luft und über Wasser" ist in aller Regel ein Bild für die Astralreise – ähnlich dem Hexenbesen oder dem fliegenden Teppich der orientalischen Kollegen der Zauberer.

Diese „Flugmittel" sind sehr wahrscheinlich als Rationalisierung der „out of body"-Erlebnisse (Astralreise) entstanden, bei denen man sich selber als unsichtbar und als schwebend erlebt. Dieses Erlebnis tritt u.a. bei einem Nahtod auf und ist die „klassische Einweihung" eines Schamanen. Gna wird daher wohl ursprünglich eine Schamanen-Priesterin gewesen sein.

I 6. c)   Frigg und Hlin

Der Name der Göttin Hlin bedeutet „Beschützerin". Vermutlich ist sie ein einzelner Aspekt der Göttin Frigg/Freya.

In „Gylfis Vision" wird sie wie folgt beschrieben:

Die elfte ist Hlin, die solchen zum Schutz bestellt ist, welche Frigg vor einer Gefahr behüten will. Daher das Sprichwort: Wer sich in Nöten retten will, lehnt sich an (hleinir).

In der „Vision der Seherin" ist „Hlin" eine Umschreibung für „Frigg":

Da hebt sich Hlins anderer Harm,
Da Odin eilt zum Angriff des Wolfs.
Belis Mörder mißt sich mit Surtur;
Schon fällt Friggs einzige Freude.

Die Göttin Hlin wird daher Frigg als Beschützerin sein. Dieser Charakterzug der Göttin erschien u.a. auch in der Langobardensage.

I 7. Frigg die Geburtsgöttin

I 7. a) Oddruns Klage

Heidrek hieß ein König, seine Tochter hieß Borgny und Wilmund ihr Geliebter. Sie konnte nicht gebären bis Oddrun hinzu kam, Atlis Schwester. Die war Gunnars Geliebte gewesen, des Sohnes Giukis. Von dieser Sage ist hier die Rede.

Ich hörte sagen in alten Geschichten,
Daß eine Maid kam gen Morgenland.
Niemand wußte auf weiter Erde
Der Tochter Heidreks Hilfe zu leisten.

Das hörte Oddrun, Atlis Schwester:
In schweren Wehen winde die Jungfrau sich.
Sie zog aus dem Stalle den scharfgezäumten
Und schwang dem Schwarzgaul den Sattel auf.

Sie spornte den schnellen den ebnen Sandweg
Bis sie die hohe Halle stehn sah.
Von des Rosses Rücken riß sie den Sattel,
Trat ein und schritt den Saal entlang.

Dies war das erste Wort, das sie sprach:

„In diesen Gauen gibt es was Neues?
Was hört man Gutes in Hunnenland?"

Eine Magd:
„Borgny liegt hier überbürdet mit Schmerzen,
Deine Freundin, Oddrun: Eil ihr zur Hilfe."

Oddrun:
„Welcher der Fürsten fügte den Schimpf Dir?
Warum ist so bitter Borgnys Qual?"

Die Magd:
„Wilmund heißt des Herrschers Vertrauter:
Er wand die Maid in warme Decken
Fünf volle Winter ohne des Vaters Wissen."

Sie sprachen, dünkt mich, dies und nicht mehr.
Mildreich saß sie sich der Maid vor die Knie.
Kräftig sang Oddrun, mächtig sang Oddrun
Zauberlieder der Borgny zu.

Da konnte den Kiesweg Knab und Mädchen treten,
Holde Sprößlinge des Högnitöters.
Zu sprechen säumte nicht die sieche Maid;
Dies war das erste Wort, das sie sprach:

„So mögen milde Mächte Dir helfen,
Frigg und Freyja und viel der Götter,
Wie Du mich befreitest aus gefährlicher Not."

Oddrun ist offenbar eine Hebamme, die der Borgny bei der Geburt hilft.

Der „Kiesweg" ist der Geburtskanal. Mit „Kies" sind hier keine Steine, sondern die Wahl („etwas kiesen") gemeint, d.h. die Wahl bzw. Entscheidung, in die Welt zu kommen.

Frigg und Freya waren offenbar auch die Beschützerinnen der Gebärenden – was allerdings kein allzu spezifisches Merkmal für eine Muttergöttin ist.

I 7. b) Völsungen-Saga

In der Völsungen-Saga unterhalten sich Odin und Frigg über ein ähnliches Thema:

Rerir erlangte in seinen Kriegen große Reichtümer für sich und nahm sich eine Frau, wie er sie passend für sich fand, und sie lebten lange zusammen, aber hatten kein Kind, das ihre Reichtümer hätte erben können; und sie waren beide sehr unzufrieden damit und beteten zu den Göttern mit ihren Herzen und ihren Seelen und baten sie, daß sie ihnen ein Kind schenken sollten.

Und es wird erzählt, daß Frigg ihre Gebete erhörte und Odin erzählte, worum sie gebeten hatten. Er war nicht mittellos und rief seine Wunsch-Magd, die Tochter des

Riesen Hrimnir zu sich, legte ihr einen Apfel in ihre Hand und befahl ihr, ihn dem König zu bringen.

Sie nahm den Apfel, zog ihr Krähen-Gewand an und flog davon bis sie dorthin kam, wo der König auf einem Hügelgrab saß, und ließ den Apfel in den Schoß des Königs fallen. Er aber nahm den Apfel und ihm dünkte, daß er wisse, wozu dieser gut sei. So ging er heim von dem Hügelgrab seines Volkes und kam zu der Königin und sie aß einen guten Teil dieses Apfels.

Da, so erzählt die Geschichte, spürte die Königin schon bald, daß sie ein Kind trug, aber es verging eine lange Zeit, ohne daß sie das Kind gebar. So kam es, daß der König auf einen Kriegszug gehen mußte, wie es bei den Königen Brauch ist, damit er den Frieden in seinem eigenen Land wahren konnte. Und auf dieser Reise geschah es, daß Rerir krank wurde und starb und er dazu bestimmt war, zu Odin heimzugehen – dies war etwas, das sich in jenen Tagen viele Menschen wünschten.

Der magische Apfel, der den Kinderwunsch des Königs Rerir und seiner Frau erfüllte, ist wahrscheinlich mit den Äpfeln der Idun identisch.

Die Äpfel gehören in dieser Sage unerwarteterweise dem Odin. Da es jedoch in der gesamten Völsungen- und Siegfried-Sage immer Odin ist, der handelnd eingreift, könnte es sich bei Odins Besitz der magischen Äpfel auch um eine Vereinheitlichung der Mythe handeln. Für diese Auffassung spricht, daß in der Völsungen-Saga nur an dieser einen Stelle eine andere Gottheit als Odin auftritt, nämlich Odins Frau Frigg.

Der Umstand, daß sich derjenige, der diese Sage niedergeschrieben hat, genötigt sah, hier eine Göttin auftreten zu lassen, läßt vermuten, daß das Motiv der magischen Äpfel so eng mit einer Göttin verbunden war, daß es ein zu arger Bruch mit der Tradition gewesen wäre, die Göttin an dieser Stelle ganz zu ignorieren.

Die Göttin Frigg ist in dieser Szene ganz dem Odin untergeordnet, was sich daraus ergeben haben wird, daß Odin in dieser Sage der Lenker der Geschicke ist.

Das Auftreten der Frigg bedeutet nicht unbedingt, daß die Äpfel mit ihr verbunden gewesen sind, da sie auch an die Stelle einer anderen Göttin getreten sein könnte, als der Verfasser die Sage um den roten Faden von Odins Allmacht gewoben hat und in diesem Zusammenhang eine eigenständig neben Odin stehende Göttin Idun gestört hätte.

Angesichts dieser Bearbeitung der ursprünglichen Mythe in dieser Sage erscheint es durchaus wahrscheinlich, daß der magische Apfel des Odin aus der Eschenholz-Apfelkiste der Idun stammt.

Da es nicht ganz in die damaligen Vorstellungen gepaßt hätte, wenn Odin seine eigene Frau Frigg ausgesandt hätte, um Rerir den magischen Apfel zu bringen, sandte er eine seiner Dienerinnen, d.h. eine Walküre aus, die auch ansonsten dafür zuständig sind, Odins Willen umzusetzen – zumindestens in den Mythen und Sagen, die Odins Macht besonders betonen.

Vermutlich war eine Walküre, da diese wie Idun nah mit den Nornen verwandt waren, besonders gut dafür geeignet, den Apfel zu überbringen, da sie noch eine gewisse Ähnlichkeit mit der Göttin Idun hatten, der diese Äpfel eigentlich gehörten. Der Bruch mit der Tradition wurde durch das Aussenden einer Walküre etwas kleiner und die Darstellung der Ereignisse somit etwas glaubhafter.

Da die Walküren normalerweise die Seelen der toten Krieger aus dem Diesseits abholten, konnten sie auch die Seele eines noch ungeborenen Kindes in das Diesseits bringen – der Weg der Seele war dabei derselbe, nur die Richtung, in der sie sich bewegte, war umgekehrt.

Letztlich ist natürlich die Krähe, der Schwan und die Walküre der Seelenvogel selber. Der Seelenvogel hat durch seine enge Verbindung mit der Muttergöttin, die den Seelenvogel im Jenseits wiedergebiert, auch selber die Gestalt einer „Vogelfrau" (Walküre) erhalten.

Möglicherweise erscheint in dieser Szene eine Krähe und nicht der ansonsten bei den Walküren übliche Schwan, um den Zusammenhang mit Odin, der von seinen beiden Raben Hugin und Mugin begleitet wird, zu betonen.

Die Krähe wird ursprünglich einmal die Seele des Kindes des Rerir und seiner Frau gewesen sein, die in den Leib der dann schwangeren Frau eintritt.

Die „Krähen-Walküre" trägt den Namen „*Hljot*" („Gedicht, Lied") und wird als „*Tochter des Riesen Hrimnir*" bezeichnet.

Über den Riesen „*Hrimnir*" ist nicht allzuviel bekannt. Sein Name bedeutet entweder „der mit Rauhreif bedeckte" oder „der Rußige". Im Hyndla-Lied und im Skirnir-Lied wird er als Riese bzw. als Jötun bezeichnet. Wie in der „Grims Lodinskinna Saga" berichtet wird, heißt seine Frau „Hyrja" („Feuer") und seine Töchter „Feima" („schüchternes Mädchen") und „Kleima" („Gefleckte"). Im Hyndla-Lied werden seine Kinder „Heidr" („Hexe") und „Hrossthjofr" („Pferdedieb") genannt.

Vermutlich ist Hrimnir einer der vielen Tyr-Riesen, d.h. der ehemalige Sonnengott-Göttervater in der nächtlichen bzw. winterlichen Unterwelt.

I 8. Frigg und Saga

I 8. a) Grimnir-Lied

Im Grimnir-Lied wird die Göttin Saga so geschildert, als ob sie Frigg selber wäre:

Sökkwabeck heißt die vierte,
kühle Flut überrauscht sie immer;
Odin und Saga trinken alle Tage
da selig aus goldnen Schalen.

Der Saal Sökkvabek („versunkene Bank") der Saga scheint sich unter Wasser, also in der Wasserunterwelt zu befinden. Die beiden einzigen weiteren Hallen der Götter, die sich dort befinden, sind Friggs Halle Fensalir („Sumpf-Saal") und der Saal der Mutter des Tyr-Riesen Grendel.

Der Name „Saga" bedeutet „Seherin". Dies würde gut zu der Auffassung der Frigg als einer Göttin, die die Zukunft vorhersehen kann, passen. Die Sehergabe ist allerdings kein besonders spezifisches Merkmal bei einer germanischen Göttin.

Es scheint als recht wahrscheinlich, daß „Saga" ursprünglich ein Beiname der Göttin Frigg (und vielleicht auch der Freya) als Jenseitsgöttin und Seherin gewesen ist.

I 9. Frigg und Baldur

I 9. a) Gylfis Vision

In der Edda tritt Frigg am aktivsten in der Mythe ihres Sohnes Baldur auf.

Da frug Gangleri: „Haben sich noch andere Abenteuer mit den Asen ereignet? Eine gewaltige Heldentat hat Thor auf dieser Fahrt verrichtet."
Har antwortete: „Es mag noch von Abenteuern berichtet werden, die den Asen bedeutender scheinen.
Und das ist der Anfang dieser Sage, daß Baldur der Gute, schwere Träume träumte, die seinem Leben Gefahr deuten. Und als er den Asen seine Träume sagte, pflogen sie Rat zusammen und beschlossen, dem Baldur Sicherheit vor allen Gefahren auszuwirken.
Da nahm Frigg Eide von Feuer und Wasser, Eisen und allen Erzen, Steinen und Erden, von Bäumen, Krankheiten und Giften, dazu von allen vierfüßigen Tieren, Vögeln und Würmern, daß sie Baldurs schonen wollten.

Frigg erscheint hier nicht nur als sorgende Mutter, sondern auch als eine Göttin, die Autorität über alle Wesen hat und ihnen Eide abverlangen kann.

Als das geschehen und allen bekannt war, da kurzweilten die Asen mit Baldur, daß er sich mitten in den Kreis stellte und einige nach ihm schossen, andere nach ihm hieben und noch andere mit Steinen warfen. Und was sie auch taten, es schadete ihm nicht; das dünkte sie alle ein großer Vorteil.
Aber als Loki, Laufeyjas Sohn, das sah, da gefiel es ihm übel, daß den Baldur nichts verletzen sollte. Da ging er zu Frigg nach Fensal in Gestalt eines alten Weibes.
Da fragte Frigg die Frau, ob sie wüßte, was die Asen in ihrer Versammlung vornähmen.
Die Frau antwortete, sie schossen alle nach Baldur; ihm aber schadete nichts.
Da sprach Frigg: „Weder Waffen noch Bäume mögen Baldur schaden: ich habe von allen Eide genommen."
Da frug das Weib: „Haben alle Dinge Eide geschworen, Baldurs zu schonen?"
Frigg antwortete: „Östlich von Walhall wächst eine Staude, Mistel genannt, die schien mir zu jung, sie in Eid zu nehmen."
Darauf ging die Frau fort; Loki nahm den Mistelzweig, riß ihn aus und ging zur Versammlung.

Frigg ist offenbar der List des Loki nicht gewachsen. Zudem hat sie den Mistelzweig nicht ernst genommen, der „östlich von Walhall" wuchs. Im Fiölswin-Lied heißt es, daß dieser Zweig am Tor der Hel wuchs. Man kann zumindestens vermuten, daß Loki und der Mistelzweig einen ähnlichen Charakter haben – beide verkörpern die Unausweichlichkeit des Todes und des Winters. Dies ist auch die Grenze der Macht der Frigg: Sie kann den Tod nicht verhindern.

Während Loki jedoch den leidvollen Aspekt des Todes verkörpert, wird die Mistel als immergrüne Pflanze ursprünglich hingegen die Hoffnung auf die Wiedergeburt und den nächsten Frühling dargestellt haben.

Vermutlich ist die alte Frau eine Form der Jenseitsgöttin Hel.

> *Hödur stand zuäußerst im Kreise der Männer, denn er war blind.*
> *Da sprach Loki zu ihm: „Warum schießt Du nicht nach Baldur?"*
> *Er antwortete: „Weil ich nicht sehe, wo Baldur steht; zum anderen habe ich auch keine Waffe."*
> *Da sprach Loki: „Tu doch wie andere Männer und biete Baldur Ehre wie alle tun. Ich will Dich dahin weisen wo er steht: So schieße nach ihm mit diesem Reis."*
> *Hödur nahm den Mistelzweig und schoß nach Baldur nach Lokis Anweisung. Der Schuß flog und durchbohrte ihn, daß er tot zur Erde fiel, und das war das größte Unglück, das Menschen und Götter betraf.*
> *Als Baldur gefallen war, standen die Asen alle wie sprachlos und gedachten nicht einmal, ihn aufzuheben. Einer sah den anderen an; ihr aller Gedanke war wider den gerichtet, der diese Tat vollbracht hatte; aber sie durften es nicht rächen: es war an einer heiligen Freistätte.*
> *Als aber die Asen die Sprache wieder erlangten, da war das erste, daß sie so heftig zu weinen anfingen, daß keiner mit Worten dem anderen seinen Gram sagen mochte. Und Odin nahm sich den Schaden um so mehr zu Herzen als niemand so gut wußte als er, zu wie großem Verlust und Verfall den Asen Baldurs Ende gereichte.*
> *Als nun die Asen sich erholt hatten, da sprach Frigg und frug, wer unter den Asen ihre Gunst und Huld gewinnen und den Helweg reiten wolle, um zu versuchen, ob er da Baldur fände, und der Hel Lösegeld zu bieten, daß sie Baldur heimfahren ließe gen Asgard.*

Es ist beachtenswert, daß nicht Odin, sondern Frigg diese Frage stellt. In Bezug auf Baldur ist Frigg die aktive und nicht der Göttervater.

> *Und er hieß Hermod, der schnelle, Odins Sohn, der diese Fahrt übernahm. Da ward Sleipnir, Odins Hengst, genommen und vorgeführt, Hermod bestieg ihn und stob davon.*
> *Da nahmen die Asen Baldurs Leiche und brachten sie zur See. Hringhorni hieß*

Baldurs Schiff, es war aller Schiffe größtes. Das wollten die Götter vom Strande stoßen und Baldurs Leiche darauf verbrennen; aber das Schiff ging nicht von der Stelle.

Da wurde gen Jötunheim nach dem Riesenweib gesendet, die Hyrrockin hieß, und als sie kam, ritt sie einen Wolf, der mit einer Schlange gezäumt war. Als sie vom Rosse gesprungen war, rief Odin vier Berserker herbei, es zu halten; aber sie vermochten es nicht anders als indem sie es niederwarfen. Da trat Hyrrockin an das Vorderteil des Schiffes und stieß es im ersten Anfassen vor, daß Feuer aus den Walzen fuhr und alle Lande zitterten. Da ward Thor zornig und griff nach dem Hammer und würde ihr das Haupt zerschmettert haben, wenn ihr nicht alle Götter Frieden erbeten hätten.

Hyrrokkin („Ruß-Geschwärzte") ist Hel; der Wolf, den sie reitet, ist ihr Bruder Fenrir; die Schlange, die sie als Zaumzeug benutzt, ist ihr Bruder Jörmungandr.

Da wurde Baldurs Leiche hinaus auf das Schiff getragen und als sein Weib Nanna, Neps Tochter, das sah, da zersprang sie vor Jammer und starb. Da wurde sie auf den Scheiterhaufen gebracht und Feuer darunter gezündet, und Thor trat hinzu und weihte den Scheiterhaufen mit Miölnir, und vor seinen Füßen lief der Zwerg, der Lit hieß, und Thor stieß mit dem Fuß nach ihm und warf ihn ins Feuer, daß er verbrannte.

Lit ist als Zwerg ein Totengeist. Vermutlich geht er auch die früheren Menschenopfer bei Bestattungen von Fürsten zurück.

Und diesem Leichenbrand wohnten vielerlei Gäste bei: Zuerst ist Odin zu nennen, und mit ihm fuhr Frigg und die Walküren und Odins Raben, und Freyr fuhr im Wagen und hatte den Eber vorgespannt, der Gullinbursti hieß oder Slidrugtanni. Heimdall ritt den Hengst Gulltopp und Freyja fuhr mit ihren Katzen. Auch kam eine große Menge Hrimthursen und Bergriesen.

Odin legte auf den Scheiterhaufen den Ring, der Draupnir hieß, der seitdem die Eigenschaft gewann, daß jede neunte Nacht acht gleich schöne Goldringe von ihm tropften.

Baldurs Hengst wurde mit allem Geschirr zum Scheiterhaufen geführt.

Von Hermod aber ist zu sagen, daß er neun Nächte lang durch tiefe, dunkle Täler ritt, so daß er nichts sah, bis er zum Giöllfluß kam und über die Giöllbrücke ritt, die mit glänzendem Gold belegt ist.

Modgud heißt die Jungfrau, welche die Brücke bewacht: Die frug ihn nach Namen und Geschlecht und sagte, gestern seien fünf Haufen toter Männer über die Brücke geritten, „und nicht donnert sie jetzt minder unter Dir allein, und nicht hast Du die Farbe toter Männer: Warum reitest Du den Helweg?"

Er antwortete: „Ich soll zu Hel reiten, Baldur zu suchen. Hast Du vielleicht Baldur auf dem Helweg gesehen?"

Da sagte sie, Baldur sei über die Göllbrücke geritten, „aber nördlich geht der Weg hinab zu Hel."

Da ritt Hermod dahin, bis er an das Helgitter kam: da sprang er vom Pferd und gürtete es fester, stieg wieder auf und gab ihm die Sporen: da setzte der Hengst so mächtig über das Gitter, daß er es nirgends berührte. Da ritt Hermod auf die Halle zu, stieg vom Pferd und trat in die Halle. Da sah er seinen Bruder Baldur auf dem Ehrenplatze sitzen.

Hermod blieb dort die Nacht über. Aber am Morgen verlangte Hermod von Hel, daß Baldur mit ihm heim reiten solle, und sagte, welche Trauer um ihn bei den Asen sei.

Aber Hel sagte, das solle sich nun erproben, ob Baldur so allgemein geliebt werde als man sage, „und wenn alle Dinge in der Welt, lebendige sowohl als tote, ihn beweinen, so soll er zurück zu den Asen fahren; aber bei Hel bleiben, wenn eins widerspricht und nicht weinen will."

Da stand Hermod auf und Baldur geleitete ihn aus der Halle und nahm den Ring Draupnir und sandte ihn Odin zum Andenken, und Nanna sandte der Frigg einen Überwurf und noch andere Gaben, und der Fulla einen Goldring.

Diese Geschenke des Baldur und seiner Frau Nanna sind aufgrund der Situation eng mit dem Jenseitsweg verbunden.

Der Ring Draupnir ist das Symbol der Jenseitsreise insbesondere der Sonne und entspricht dem Brisingamen der Freya und dem Torque der Kelten.

Der Goldring für Fulla wird der goldene Haarreif sein, den sie in ihrem Haar trägt. Da Fulla die Dienerin der Frigg ist, könnte dieser Ring auch einen Bezug zu ihr haben und wird daher auch Freyas Brisingamen entsprechen.

Der Überwurf, d.h. Umhang für Frigg scheint zunächst etwas ganz anderes zu sein. Da das einzige Kleidungsstück, das in Zusammenhang mit Frigg ansonsten noch erwähnt wird, ihr Falkengewand ist, besteht zumindestens der Verdacht, daß es zwischen beidem einen Zusammenhang geben könnte.

Ein weiteres Gewand, das in den Mythen und Sagen der Germanen mit dem Jenseits zusammenhängt, ist die Tarnkappe des Alberich. Alberich ist ein Zwerg in der Sage über Sigurd/Siegfried. Ein Zwerg ist ein Totengeist („dwergaz"), was bedeutet, daß diese Tarnkappe aus dem Jenseits kommt. Die Übersetzung „Kappe" für „kappa" ist zwar naheliegend, aber falsch, da es sich dabei um ein „Cape", also um einen Umhang handelt.

Dieser Umhang des Alberich hatte die Gabe, seinen Träger unsichtbar zu machen. In den Mythen der Kelten gehört der Unsichtbarkeits-Umhang dem Toten- und Meeresgott Manannan mac Lir.

Das Falkengewand der Frigg und der Freya ist ein Symbol dafür, daß die Seele, die den materiellen Körper verlassen hat, schweben, d.h. wie ein Vogel fliegen kann. Der Unsichtbarkeits-Umhang und die „Tarnkappe" des Alberich wird daher ein Symbol für die Unsichtbarkeit der Seele (Astralkörper) sein.

„Alberich" bedeutet „Albenkönig". Mit diesem Namen, der gleichbedeutend mit „Zwergenkönig" ist, kann eigentlich nur der Göttervater im Jenseits bezeichnet werden, da sonst niemandem der Titel „König" zusteht. Sigurd ist aus dem Motiv des wiedergeborenen Göttervaters entstanden – im Ortnit-Lied ist der Held Ortnit daher der Sohn des Elberich (=Alberich). König Ortnit hatte von seiner Mutter einen goldenen Ring erhalten, der es ihm ermöglicht, auch Zwerge, d.h. Totengeister zu sehen. In dieser Sage ist die Unsichtbarkeit der Geister mit dem Jenseitsreise-Ring verbunden worden, wodurch dieser Ring es einem Träger ermöglichte, auch die unsichtbaren Geister zu sehen.

Der Umhang, den die Asin Nanna der Göttin Frigg aus dem Jenseits zusendet, ist daher vermutlich deren Falkengewand, das auch ein Unsichtbarkeits-Umhang sein kann und auch die Symbolik des Ringes Draupnir teilt.

Der Ring Draupnir wird zwar bei den Germanen nirgends als der Besitz der Göttin erwähnt, aber Freya besitzt das Schmuckstück „Brisingamen", das eine Halskette oder wahrscheinlicher ein Halsreif ist. Er wurde von vier Zwergen hergestellt. Als Belohnung dafür verbrachte sie mit jedem dieser Zwerge eine Nacht – dies wird eine Umdeutung der Wiederzeugung der Toten (Zwerge = Totengister) sein.

Der Umhang, den Frigg von Nanna gesandt erhält, betont somit den Bezug der Göttin zu der Unterwelt und der Jenseitsreise. Dieser Schwerpunkt in den Mythen der Frigg paßt gut dazu, daß sie die Mutter des Baldur ist, dessen Jenseitsreise ein Kernstück der germanischen Mythologie ist und auf die allnächtlichen und allherbstlichen Jenseitsreisen des ehemaligen Sonnengott-Göttervaters Tyr zurückgeht.

Da ritt Hermod seines Weges zurück und kam nach Asgard und sagte alle Dinge, die er da gehört und gesehen hatte.

Danach sandten die Asen Boten in alle Welt und geboten, Baldur aus Hels Gewalt zu weinen. Alle taten das, Menschen und Tiere, Erde, Steine, Bäume und alle Erze; wie Du schon gesehen haben wirst, daß diese Dinge weinen, wenn sie aus dem Frost in die Wärme kommen.

Als die Gesandten heimfuhren und ihr Gewerbe wohl vollbracht hatten, fanden sie in einer Höhle ein Riesenweib sitzen, das Thöck genannt wurde. Die baten sie auch, den Baldur aus Hels Gewalt zu weinen.

Diese Riesin mit dem Namen „Finsternis" wird wie zuvor Loki in der Gestalt der einer alten Frau, d.h. der Hel sein.

Sie antwortete:

"Thöck muß weinen mit trockenen Augen
Über Baldurs Ende.
Nicht im Leben noch im Tod hatte ich Nutzen von ihm:
Behalte Hel, was sie hat."

Man meint, daß dies Loki, Laufeyjas Sohn, gewesen sei, der den Asen so viel Leid zugefügt hatte.

I 9. b)   Wegtam-Lied

Baldur hat seinen Tod vorhergeahnt:

Die Asen eilten all zur Versammlung
Und die Asinnen all zum Gespräch:
Darüber berieten die himmlischen Richter,
Warum den Baldur böse Träume schreckten?

Ihm schien der schwere Schlaf ein Kerker,
Verschwunden des süßen Schlummers Labe.
Da fragten die Fürsten vorschaunde Wesen,
Ob ihnen das wohl Unheil bedeute?

Die Gefragten sprachen: "Dem Tode verfallen ist
Ullers Freund, so einzig lieblich."
Darob erschraken Swafnir und Frigg,
Und all die Fürsten faßten den Entschluß:

"Wir wollen besenden die Wesen alle
Frieden erbitten, daß sie Baldur nicht schaden."
Alles schwur Eide, ihn zu verschonen;
Frigg nahm die festen Schwüre in Empfang.

Swafnir bedeutet „Listiger" und ist einer der vielen Beinamen des Odin.

I 9. c)   Ägirs Trinkgelage (Lokis Zankreden)

Auch hier wird über den Tod des Baldur berichtet:

Frigg:
„Eure Geschicke solltet ihr nie
Erwähnen vor der Welt,
Was ihr Asen beide in Urzeiten triebet:
Die frühsten Taten verbergt dem Volk."

Loki:
„Schweig Du, Frigg! Fiörgyns Tochter bist Du
Und den Männern allzumild,
Die Wili und We als Widrirs Gemahlin
Beide bargst Du in Deinem Schoß."

Frigg:
„Wisse, hätt ich hier in den Hallen Ägirs
Einen Sohn wie Baldur schnell,
Nicht kämst Du hinaus von den Asensöhnen,
Du hättest schon zu fechten gefunden."

Loki:
„Und willst Du, Frigg, daß ich ferner gedenke
Meiner Meintaten,
So bin ich schuld, daß Du nicht mehr schauen wirst
Baldur reiten zum Rat der Götter."

In den Mythe der Germanen tritt oft eine Götterdreiheit auf, deren Stabreimform „Woden, Willi und We" lautet. Diese drei Namen bedeuten „Wut, Wille und Weihung" und bezeichnen die drei Repräsentanten des Standes der Fürsten und Krieger, der Bauern und Handwerker sowie der Priester und Heiler. Diese drei Götter, die oft als Brüder angesehen wurden, erscheinen in den Mythen und Sagen der Germanen in vielen Varianten:

		\multicolumn{9}{c}{die drei Brüder}
Stand	*Rigr-Lied*	\multicolumn{3}{c	}{*Asen*}		*Wieland-sage*	*Siegfried-sage*	*Gesta Danorum*	*Mär-chen*
Krieger Fürsten	Jarl	Woden	Odin	Helblindi	Hler	Egil	Fafnir	Odin als Krieger	Bogen-schütze
Priester Heiler		We	Hönir	Byleist	Kari	Slagfid	Oter	Odin als Heiler	Heiler
Bauern Hand-werker	Karl	Wili	Loki	Loki	Logi	Völund	Regin	Odin als Schmied	Schmied
Skla-ven	Thräl								

    Es ist gut denkbar, daß Odin und seine beiden Brüder ursprünglich drei Aspekte desselben Gottes gewesen sind.

    Über die Mythe, in der Frigg auch mit Wili und mit We ihr Lager geteilt hat, wird in der „Ynglinga-Saga" und in der „Gesta danorum" berichtet – über diese Ereignisse wird im folgenden Kapitel berichtet.

I 10.   Die drei Männer der Frigg

I 10. a)   Ynglinga-Saga

Die Ereignisse, auf die Loki in seinen Beleidigungen der Frigg verweist, werden von Snorri Sturluson, der auch die Edda verfaßt hat, in seinem Geschichtswerk „Heimskringla" („Weltkreis") in ersten Kapitel mit dem Titel „Ynglinga-Saga" („Bericht von den Ynglingen-Königen") beschrieben.

Odin hatte zwei Brüder, der eine wurde Ve genannt, der andere Vilje, und sie regierten das Königreich, als er (Odin) abwesend war. Es geschah einst, daß Odin sehr weit fort gezogen war und schon so lange fort geblieben war, daß die Leute des Asen-Landes bezweifelten, daß er jemals zurückkommen werde. Da teilten sich die beiden Brüder das Land und beide nahmen Frigg zur Frau.
Bald danach kehrte Odin jedoch zurück und nahm sich seine Frau zurück.

Dieser lange Aufenthalt des Odin in der Fremde könnte durchaus eine der Sage entsprechende Umdeutung einer Jenseitsreise des Odin in seinen früheren Mythen gewesen sein. Diese Reise wäre dann vermutlich mit seinem Hängen am Weltenbaum bei seiner Einweihung identisch, die in dem Lied „Havamal" („Lied des Hohen") geschildert wird.

In dem Bericht des Arabers Ibn Fadlan über eine Reise nach Europa, die dieser um ca. 922 n.Chr verfaßte, berichtet er über eine Bestattung, in der die „Freunde des Fürsten" sich in einem Ritual mit einer Dienerin des toten Fürsten vereinten – vermutlich, um so auf magische Weise die erfolgreiche Wiederzeugung des Fürsten im Jenseits zu sichern.

Möglicherweise sind Wili und We in der Ynglinga-Sage solche „Freunde des Fürsten", als dieser im Jenseits weilte.

Es wäre auch eine Wurzel in dem endlosen, zyklischen Streit zwischen dem Sommergott Tyr und dem Wintergott Loki in den früheren Mythen denkbar, da jeweils einer der beiden Götter von dem jeweils anderen getötet worden war und sich für seine Wiedergeburt zunächst mit der Jenseitsgöttin Frigg-Freya vereinen mußte.

I 10. b)   Gesta danorum

Eine ähnliche Episode berichtet der dänische Mönch Saxo grammaticus („Saxo der Schriftkundige") in seinem Werk „Gesta danorum" („Geschichte der Dänen"). Er deutet den Ansichten der damaligen Zeit entsprechend Odin und Frigg als einen König und eine Königin der Vorzeit.

Man hört in der folgenden Beschreibung deutlich die Verurteilung dieser Ereignisse zur Zeit seiner Vorfahren durch den Mönch Saxo.

Zu dieser Zeit lebte ein Mann namens Odin, der fälschlicherweise überall in Europa als Gott verehrt wurde, aber sich meistens in Upsala aufhielt. An diesem Ort blieb er längere Zeit – entweder aufgrund der Bitten der dortigen Bewohner oder wegen der Schönheit des Ortes.

In Uppsala stand der Haupttempel Schwedens, der vor allem dem Göttervater geweiht gewesen sein wird. Adam von Bremen berichtet um 1070 n.Chr. über Statuen des Odin, des Thor und des Freyr in diesem Tempel.

Die Könige des Nordens, die diese Gottheit besonders eifrig verehren wollten, erschufen ein goldenes Abbild von ihm. Diese Statue, die ein Zeichen ihrer Verehrung war, brachten sie unter einer großen Zurschaustellung von Verehrung nach Byzanz und fesselten sogar die Arme mit einer Reihe von Armreifen.

„Byzanz" ist in diesem halbhistorischen Bericht die Umschreibung sowohl für Asgard als auch für die Hauptstadt des Reiches des Odin.

Die Armreifen werden in symbolischer Hinsicht mit Odins Ring Draupnir, mit den Eid-Ringen des Gottes Ullr, mit dem Brisingamen der Freya und mit dem goldenen Haarreif der Göttin Fulla identisch sein.

Odin war überglücklich über diese Art seiner Berühmtheit und empfing aufs Wärmste diese Ergebenheit der Sender der Statue.

Seine Königin Frigga jedoch, die es danach verlangte, noch schöner geschmückt zu sein, rief Schmiede herbei, die das Gold von der Statue rissen. Odin erhängte die Schmiede und setzte die Statue auf einen Sockel, den er durch das erstaunliche Geschick seiner Künste so anfertigte, daß sie zu sprechen begann, wenn ein Sterblicher sie berührte.

Aber noch immer zog Frigga den Glanz ihrer eigenen Erscheinung den göttlichen Ehren ihres Ehemannes vor, und gab sich den Umarmungen eines ihrer Diener hin. Durch dieses Mannes List zerstörte sie die Statue und benutzte das Gold, das für den öffentlichen Götzendienst gegeben worden war, für den Dienst an ihrer persönlichen

Liederlichkeit.

Sie dachte nur wenig darüber nach, daß sie Unkeuschheit beging, um umso leichter ihre eigene Gier zu befriedigen – diese Frau, die es so unwert war, die Frau eines Gottes zu sein. Aber was sollte ich hier anderes hinzufügen, als daß solch eine Gottheit gerade solch eine Frau verdiente? So groß waren die Irrungen, die in den alten Zeiten den Geist der Menschen verwirrten.

Odin jedoch, durch dieses zweifache Vergehen seiner Frau verletzt, grollte wegen dieser Verletzung seines Abbildes genauso sehr wie wegen der Verletzung seines Bettes; und er ging, zerzaust von diesen beiden stechenden Entehrungen, ins Exil und floß über von edler Scham, und bildete sich ein, auf diese Weise die Schande seiner Verunglimpfungen fortwischen zu können.

Diese Geschichte zeigt, daß Frigg sich ihren Schmuck aus dem Gold der Statue des Odin herstellen ließ. Da der wichtigste goldene Gegenstand im Besitz des Göttervaters sein Ring Draupnir ist, wird der Schmuck der Frigg und der Ring Draupnir des Odin dieselbe Symbolik gehabt haben.

Die Identität des Schmuckes der Frigg mit dem Brisingamen der Freya zeigt sich daran, daß Frigg sich den Dienst der Schmiede durch einen Beischlaf mit ihnen erwarb.

Der Tod von Odins Frau belebte den alten Glanz seines Namens aufs neue und schien den Makel auf seiner Göttlichkeit fortzuwischen. Daher kehrte er aus seiner Verbannung zurück und zwang all jene, die in seiner Abwesenheit den Rang eines Gottes angenommen hatten, diesen als Anmaßung wieder abzulegen.

I 10. c) Hedin-Saga

Die entsprechende Mythe der Göttin Freya findet sich in der Hedin-Saga. Auch in dieser Saga wird entsprechend der damals üblichen christlich-gelehrten Interpretation die Welt der Götter als ein fernes Land und die Götter selber als die Könige der Frühzeit aufgefaßt.

Östlich von Vanakvisl in Asien gab es ein Land, das Asien-Land oder Asien-Heim genannt wurde. Die Leute dort wurden Asen genannt und ihre Hauptstadt Asgard. Odin war der König, der dort herrschte. Dort gab es einen großen Tempel. Odin bestimmte Njörd und Freyr als Hohepriester. Njörds Tochter wurde Freya genannt. Sie begleitete Odin und war seine Geliebte.

In Asien lebten einige Männer, von denen einer Alfrigg, der nächste Dvalin, und die anderen Berling und Grer genannt wurden. Ihre Höfe lagen fern von der Halle des Königs. Sie waren so geschickte Handwerker, daß sie jedes Ding in die Hand nehmen und daraus etwas Beachtliches erschaffen konnten. Menschen wie diese wurden „Zwerge" genannt. Sie lebten in einem gewissen Stein. Sie hatten in jenen Tagen mehr mit Menschen zu tun als heute.

Odin liebte Freya sehr und sie war wirklich die schönste aller Frauen, die damals lebten. Sie hatte ein Frauenhaus, das sowohl schön als auch sehr fest war – so fest, daß gesagt wurde, daß niemand, wenn die Tür verschlossen war, hineingelangen konnte, außer wenn es Freya ihnen erlaubte.

Eines Tages wanderte Freya umher und gelangte zu einem Felsen. Er stand offen. Die Zwerge erschufen eine goldene Halskette. Sie war fast fertig. Freya gefiel das Aussehen dieser Kette. Freya gefiel auch den Zwergen. Sie wollte die Halskette kaufen und bot Gold und Silber für sie an und dazu viele Schätze.

Die „Zwerge in dem Felsen" sind Totengeister in der Grabkammer eines Hügelgrabes. Auch Freyas „Frauenhaus" ist eine Umschreibung für eine solche Grabkammer, in der sie sich bei der Wiederzeugung mit den Toten vereinte.

Doch die Zwerge antworteten, daß es ihnen nicht an Geld fehlte, aber das jeder von ihnen seinen Teil an der Kette für eine bestimmte Sache geben würde und daß sie nichts anderes haben wollten, als daß sie mit jedem von ihnen eine Nacht verbringen würde. Und, ob dies nun eine glückliche Vereinbarung war oder nicht, dies ist der Handel, den sie abschlossen.

Und vier Nächte später, als dieser Handel ausgeführt worden war, gaben sie die Halskette der Freya. Sie ging heim in ihr Frauenhaus und verhielt sich ruhig, als wenn nichts geschehen wäre.

Diese Übereinstimmung des „Fremdgehens" der Frigg in der Ynglinga-Saga und in der Gesta danorum mit dem „Fremdgehen" der Freya in der Hedin-Saga bestätigen noch einmal die ursprüngliche Identität der beiden Göttinnen.

I 11. Frigg gegen Odin

I 11. a) Historia langobardorum

Diese „Geschichte der Langobarden" wurde von Paul dem Diakon um 790 n.Chr. niedergeschrieben. In diesem Bericht darüber, wie der germanische Stamm der Langobarden („Langbärte") einst von Skandinavien nach Italien gezogen war, berichtet Paul im 1. Buch in Kapitel VIII und IX auch über Odin-Wotan („Godan") und Frigg/Freya („Frea").

An der Wortwahl in diesem Berichtes ist wieder deutlich zu hören, daß hier ein Mönch über den „Aberglauben" seiner Vorfahren berichtet.

Über diesen Zeitpunkt erzählten die Menschen in den alten Zeiten die einfältige Geschichte, daß die Vandalen zu Godan kamen und ihn baten, ihnen den Sieg über die Winniler zu schenken, und daß er antwortete, daß er denen den Sieg geben würde, die er als erste sehen würde.

Es ist gut möglich, daß sich diese seltsame Aussage auf eines der ältesten Rituale der Indogermanen bezieht: den morgendlichen Gruß an den wiedergeborenen Sonnengott-Göttervater. Dann würde diese merkwürdige Entscheidung des Göttervaters Odin eigentlich bedeuten, daß er denen den Sieg gibt, die ihn am meisten verehren.

Da ging Gambera zu Frea, der Frau des Godan und bat sie um den Sieg für die Winniler. Frea gab ihm den Rat, daß die Frauen der Winniler ihr Haar lösen und es wie Bärte vor ihre Gesichter halten sollen, und daß sie früh am Morgen mit ihren Männern an dem Ort stehen sollen, auf den Godan am Morgen üblicherweise nach Osten hin blickte. Und dies taten sie.

Es war ein Problem, daß die verschiedenen germanischen Stämme alle denselben Göttervater um den Sieg bei den Kämpfen gegeneinander baten. Dies konnte nur zu der Ansicht führen, daß man nicht wußte, wem Odin den Sieg gewährte. Daher lag es nahe, den gegnerischen Stamm dadurch zu überlisten, daß man sich an die Frau des Göttervaters wandte und sie zu helfen bat, den Göttervater dazu zu bewegen, ihnen den Sieg zu schenken.

Dies dürfte die Ursache für die Sagen des Streites zwischen Odin und Frigg, Odin und Freya, sowie zwischen Odin und der Walküre Sigdrifa darum sein, welcher germanische Stamm oder welcher einzelne Germane den Sieg erhalten soll.

Als Godan sie dann bei Sonnenaufgang sah, sprach er: „Wer sind diese Langbärte?"

Auf diese Weise verleitete Frea ihn dazu, denen den Sieg zu geben, denen er diesen Namen gegeben hatte. So gab Godan den Sieg den Winnilern.

Diese Dinge sind nur Gelächter wert und haben keinerlei Bedeutung. Denn der Sieg hängt nicht von der Kraft der Menschen ab, sondern wird vom Himmel bestimmt.

Es ist jedoch sicher, daß die Langobarden danach wegen ihren langen Bärten, die nie ein Messer berührte, mit diesem Namen bezeichnet wurden, obwohl sie sich vorher Winniler genannt hatten, denn in ihrer Sprache bedeutet „lango" „lang" und „bard" bedeutet „Bart".

Diese langen Bärte beziehen sich wohl auf einen gemeinsamen Schwur aller Winniler, da es bei den Germanen üblich war, nach einem Eid bis zu dessen Erfüllung sich nicht das Haar zu schneiden.

Diese Sitte hat sich lange erhalten können. So schwor z.B. König Harald um ungefähr 872 n.Chr., König von ganz Norwegen zu werden. Da er sich ab diesem Zeitpunkt nicht mehr das Haupthaar, den Bart und auch nicht die Fingernägel schnitt, wurde er schon bald „Harald Struwelkopf" genannt. Als er dann nach ungefähr 20 Jahren sein Ziel erreicht hatte und endlich einen Barbier aufsuchen konnte, wurde er anschließend in „Harald Haarschön" umbenannt.

I 11. b)   Origo gentis langobardorum

Vermutlich hat Paul der Diakon die von ihm berichtete Sage aus dieser Schrift mit dem Namen „Ursprung der Langbart-Sippe", die um ca. 650 n.Chr. verfaßt worden ist, entnommen. Sie schildert die eben berichtete Geschichte noch etwas ausführlicher:

Im Norden gibt es eine Insel, die Scadanam genannt wird, was als „Zerstörung" aufgefaßt wird. Dort leben viele Menschen.

„Scadanam" ist die Halbinsel Skandinavien. Die Deutung dieses Namens ist bis heute sehr umstritten. Eine mögliche Herleitung ist die von der Riesin/Göttin Skadi, die zusammen mit Odin die Mutter und Vater einiger skandinavischen Königsgeschlechter und daher auch die Urahnin der Völsungen ist, deren berühmtester Sohn Sigurd/Siegfried ist.

Unter diesen war ein kleines Volk, die die Winniler genannt wurden. Bei ihnen war eine Frau mit Namen Gambera, die hatte zwei Söhne. Ybor war der Name des einen und Agio der Name des anderen. Sie waren zusammen mit ihrer Mutter die Herrscher der Winniler.

Der Frauenname „Gambera" bedeutet entweder „die Freuden trägt" oder „die (viele) Jahre trägt", d.h entweder „Freudenbringerin" oder „Alte".

Da zogen die Anführer der Vandalen, das waren Ambri und Assi, mit ihren Heeren gegen sie und sprachen zu den Winnilern: „Entrichtet uns entweder Abgaben oder bereitet euch auf einen Kampf mit uns vor."
Da antworteten Ybor und Agio zusammen mit ihrer Mutter Gambera: „Es ist besser für uns, uns auf den Kampf vorzubereiten als den Vandalen Abgaben zu entrichten."

Es fällt auf, das beide Stämme von zwei Brüdern angeführt werden. Auch von den Sachsen ist solch ein Brüderpaar mit Namen Hengist und Horsa bekannt. Möglicherweise handelt es sich hier nicht nur um eine politische Einrichtung, sondern auch um ein mythologisches Motiv, da der Göttervater als der Anführer der Götter von zwei Söhnen, die sich in Schimmel verwandeln konnten und dann seinen Streitwagen zogen, begleitet wurde.

Diese Pferdezwillinge hießen bei den Griechen „Dioskuren" („Zeus-Söhne") und bei den Germanen „Alcis" („Elche").

Aus ihnen wurden später sowohl die beiden Zwergenschmiede, die das Schwert des Göttervaters neuschmiedeten und auch alle anderen magischen Gegenstände der Götter herstellten, als auch das achtbeinige „Doppelpferd" Sleipnir, als Odin von Streitwagen auf den Sattel umstieg.

Diese Deutung der beiden gemeinsamen Stammesführer wird auch dadurch bestätigt, daß die Namen der beiden Sachsen-Anführer „Hengist" und Horsa" die Bedeutung „Hengst" und „Pferd" (englisch: „horse") haben.

Da baten Ambri und Assi, das sind die Anführer der Vandalen, Godan, daß er ihnen den Sieg über die Winniler geben möge.
Godan antwortete und sprach: „Dem, den ich als ersten bei Sonnenaufgang sehen werde, dem werde ich den Sieg geben."
Zu dieser Zeit ersuchte Gambera zusammen mit ihren beiden Söhnen, das sind Ybor und Agio, die die Anführer der Winniler waren, Frea, die Frau des Godan, den Winnilern günstig gesonnen zu sein.
Da gab Frea ihnen den Rat, daß die Winniler kommen sollten und daß ihre Frauen, die ihr Haar lösen und es sich wie einen Bart vor ihr Gesicht legen sollten, ebenfalls mit ihnen kommen sollen.

Als es dann hell wurde, als die Sonne aufging, drehte Frea, die Frau des Godan, das Bett, in dem ihr Ehemann lag, herum und hielt sein Gesicht nach Osten und weckte ihn.

Da blickte er auf die Winniler und sah ihre Frauen, die ihre Haare um ihre Gesichter hängen hatten. Da sprach er: „Wer sind diese Langbärte?"

Da sprach Frea zu Godan: „Da Du ihnen den Namen gegeben hast, gib ihnen auch den Sieg!"

Und er gab ihnen den Sieg, und gab ihnen Rat, wie sie sich verteidigen und so den Ring erringen sollten.

Seit dieser Zeit werden die Winniler „Langobarden" genannt.

Der geschickte „Trick" der Frea war es, zum einen das Bett des Odin und sein Gesicht zu den Winnilern hin zu wenden und zum anderen ihn mit einer überraschenden Situation zu konfrontieren, sodaß er die unwillkürlich die Frage stellte „Wer sind diese Langbärte?", denn durch diese Frage war bewiesen, daß Odin zuerst die Winniler, d.h. die späteren Langobarden erblickt hatte – und ihnen den Sieg geben mußte.

I 11. c)   Gesta danorum

Diese Geschichte ist auch Saxo dem Schriftkundigen bekannt gewesen, der sie vermutlich bei Paul dem Diakon gelesen hatte:

So segelten sie nach Bleking und dann, nachdem sie an Moring vorübergesegelt waren, gingen sie im Gotenland vor Anker, wo sie Paulus zufolge von der Göttin Frigg dazu gebracht worden sein sollen, sich den Namen „Langobarden" zu geben, deren Volk sie später begründeten.

I 11. d)   Grimnir-Lied

Eine ähnliche Szene findet sich im Vorwort zu dem Grimnir-Lied, in dem Odin und Frigg zwar nicht darum streiten, wer den Sieg erhalten soll, aber darum, wer der bessere von ihren beiden Schützlingen sei.

Die Häufigkeit dieses Motives zeigt, daß Frigg von den Germanen auch um Schlachtenglück gebeten worden ist.

König Hraudung hatte zwei Söhne: der eine hieß Agnar, der andere Geirröd. Agnar war zehn Winter, Geirröd acht Winter alt. Da ruderten beide auf einem Boot mit ihren Angeln zum Kleinfischfang. Der Wind trieb sie in die See hinaus. Sie scheiterten in dunkler Nacht an einem Strand, stiegen hinauf und fanden einen Hüttenbewohner, bei dem sie überwinterten.

Die Seefahrt der beiden Brüder ist eine Reise durch die Wasserunterwelt, wie der noch folgende Text zeigt: Der Mann ist Odin und die Frau ist Frigg. Das weltweit verbreitete Motiv der Umschreibung einer Reise ins Jenseits und zurück als eine Wasserreise ist sicherlich von Moses Ausgesetztwerden auf dem Nil am bekanntesten.

Die Frau pflegte Agnars, der Mann Geirröds und lehrte ihn schlauen Rat. Im Frühjahr gab ihnen der Bauer ein Schiff, und als er sie mit der Frau an den Strand begleitete, sprach er mit Geirröd allein.
Sie hatten guten Wind und kamen zu dem Wohnsitz ihres Vaters. Geirröd, der vorn im Schiffe war, sprang ans Land, stieß das Schiff zurück und sprach: Fahr nun hin in böser Geister Gewalt.

Offenbar hat Odin dem Geirröd geraten, seinen älteren Bruder Agnar wieder ins Meer zurückzustoßen, damit er selber König wird.

Das Schiff trieb in die See, aber Geirröd ging hinauf in die Burg und ward da wohl empfangen. Sein Vater war eben gestorben, Geirröd ward also zum König eingesetzt und gewann große Macht.
Odin und Frigg saßen auf Hlidskialf und überschauten die Welt.
Da sprach Odin: „Siehst Du Agnar, Deinen Pflegling, wie er in der Höhle mit einem Riesenweibe Kinder zeugt; aber Geirröd, mein Pflegling, ist König und beherrscht sein Land."

Die Vereinigung mit einer Riesin ist ein weitverbreitetes Motiv in den germanischen Mythen. Es ist dadurch entstanden, daß die Jenseitsgöttin, die die Geliebte bei der Wiederzeugung war, auch als Riesin, d.h. als „Göttin der früheren Zeiten und im Jenseits" aufgefaßt wurde. Auch Odin selber hat sich mehrfach mit Riesinnen vereint.
Diese Riesin-Symbolik bedeutet, daß sich Agnar in einer Höhle im Jenseits bei einer Riesin befindet: in der Halle der Riesin Hel.
Die Jenseitsreise war auch das wesentliche Element der Krönung eines Fürsten, da dieser dadurch den Kontakt zu dem Göttervater erhielt. Daher verwundert es nicht, daß der Vater der beiden Brüder gestorben ist und nun Geirröd König wird.
„Geirröd" ist einer der vielen Namen des ehemaligen Sonnengott-Göttervaters Tyr in der Unterwelt. Das Bruderpaar Agnar und Geirröd wird daher wohl auf das Brüder-

paar Tyr und Loki in den alten, Tyr-zentrierten Mythen zurückgehen.

Frigg sprach: „Er ist aber solch ein Neidling, daß er seine Gäste quält, weil er fürchtet, es möchten zu viele kommen."
Odin sagte, das sei eine große Lüge; da wetteten die beiden hierüber.

Dies ist wohl eine Verkleinerung des älteren Motivs, in dem Odin und Freya um den Sieg eines Stammes gegen einen anderen gestritten haben.

Frigg sandte ihr Schmuckmädchen Fulla zu Geirröd und trug ihr auf, den König zu warnen, daß er sich vor einem Zauberer hüte, der in sein Land gekommen sei, und gab zum Wahrzeichen an, daß kein Hund so böse sei, daß er ihn angreifen möge.

Die Hunde spüren offenbar die große magische Kraft in Odin.

Es war aber eine große Unwahrheit, daß König Geirröd seine Gäste so ungern speise; doch ließ er Hand an den Mann legen, den die Hunde nicht angreifen wollten. Odin trug einen blauen Mantel und nannte sich Grimnir, sagte aber nicht mehr von sich, auch wenn man ihn fragte.

Durch die List der Frigg verleitete sie Geirröd zu einem Verhalten, das wiederum den Odin gegen seinen eigenen Schützling erboste – was auch das Ziel der Frigg gewesen ist.
Odins Umhang wird des öfteren als „blauer Mantel" beschrieben.

Der König ließ ihn zur Rede peinigen und setzte ihn zwischen zwei Feuer, und da saß er acht Nächte.

Dies ist wohl ein Symbol für die Waberlohe, die Diesseits und Jenseits trennt. Diese Symbolik stammt aus der Brandbestattung, durch die die Grenze zwischen Diesseits und Jenseits zu einem großen Feuer bzw. einer Feuerwand wurde. Man stellte sich auch vor, daß des Nachts aus den Hügelgräbern Flammen schlugen, wenn die Toten in ihnen erwachten.

König Geirröd hatte einen Sohn, der zehn Winter alt war und Agnar hieß nach des Königs Bruder. Agnar ging zu Grimnir, gab ihm ein volles Horn zu trinken, und sagte, der König täte übel, daß er ihn schuldlos peinigen ließe. Grimnir trank es aus; da war das Feuer so weit gekommen, daß Grimnirs Mantel brannte.

Im weiteren Verlauf tötet Odin den Geirröd und macht Agnar zum König. Die

Umdeutung des Agnar zum Sohn statt zum Bruder des Königs ist vermutlich eine spätere rationalisierende Umdeutung. Sie geht auf die abwechselnde Herrschaft des Sommergottes Tyr und des Wintergottes Loki zurück (siehe dazu auch „Geirröd" in Band 5).

Auch in dieser Mythe erscheint Freya als listige Göttin, die mit dem Jenseits und anscheinend auch mit den Krönungen der Könige verbunden ist.

I 12.   Frigg die Heilerin

I 12. a)   Merseburger Zaubersprüche

In diesem südgermanischen Zauberspruch ist unsicher, ob mit „Frija" Frigg oder Freya gemeint ist – was letztlich jedoch ohne große Bedeutung ist, da beide Göttinnen miteinander identisch sind.

Phol und Wodan begaben sich in den Wald;
Da wurde dem Fohlen des Balder sein Fuß verrenkt:
Da besprach ihn Sinthgunt, die Schwester der Sunna,
Da besprach ihn Frija, die Schwester der Volla,
Da besprach ihn Wodan, wie er es wohl konnte:
„So Beinrenkung, so Blutrenkung,
so Gliedrenkung:
Bein zu Bein, Blut zu Blut,
Glied zu Glied, wie wenn sie geleimt wären!"

In diesem um ca. 950 n.Chr. in Süddeutschland aufgezeichneten Zauberspruch ist Frija die Göttin Frigg/Freya und Fulla ihre Schwester und nicht wie später ihre Dienerin. Dieser Zauberspruch stammt noch aus der Zeit vor der Missionierung ab 750 n.Chr.

Über Frigg erfährt man hier, daß sie auch eine Heilerin ist und eine Schwester hat.

Ihre Heilungskünste passen gut zu ihren Zauberkünsten. Beide Künste werden oft als Erweiterungen des Wissens der Schamanen bzw. der Wiedergeburt angesehen, denn wer den Tod durch die Wiedergeburt „heilen" kann, kann auch alle Krankheiten, die kleiner als der Tod sind, heilen.

In den germanischen Mythen gibt es mehrere Göttinnenpaare: Frigg und Fulla, Thorgerdr und Irpa sowie Sinthgunt und Sunna. Soweit es sich noch erkennen läßt, könnten diese Göttinnen-Schwestern den Diesseits – und den Jenseitsaspekt der Göttin verkörpern. Eine solche „zweifache Göttin" ist in vielen frühen Mythologien zu finden und reicht bis in die Altsteinzeit zurück, da bereits in den Höhlenmalereien und Ritzungen zweifache Frauen zu finden sind (zwei Oberkörper, die wie bei einer Skatkarte angeordnet sind).

I 13. Der Tempel der Frigg

I 13. a) Die Saga über Sturlaug den Mühen-Beladenen

Frigg ist auch in Tempeln verehrt worden:

Snaelaug sprach: „Zunächst einmal müßt ihr wissen, daß es in Bjarmaland einen bestimmten Tempel gibt. Er ist dem Thor und dem Odin, der Frigg und der Freya geweiht. Er ist mit viel Geschick aus dem wertvollsten Holz angefertigt worden. Der Tempel hat eine Tür, die nach Nordwesten weist, und eine Tür, die nach Südwesten weist."

I 14. Der Freitag

I 14. a) Der Tag der Frigg

Frigg/Freya war offenbar für die Germanen, als sie um 350 n.Chr. die römischen Wochentage kennenlernten, die beste Entsprechung zu der römischen Liebesgöttin Venus, da sie den „Venus-Tag" der Römer mit „Freya-Tag" (Freitag) übersetzten. Diese Übersetzung entspricht den in den vorangegangenen Kapiteln gefundenen Eigenschaften der Göttin.

I 15. Planeten und Sternbilder der Frigg

I 15. a) Friggs Stern

Der Übersetzung des Wochentages „Venus-Tag" mit „Tag der Frigg/Freya" läßt vermuten, daß die Germanen die Venus „Friggs Stern" oder „Freyas Stern" genannt haben.

I 15. b) Friggs Rocken

das Sternbild Orion

Der aus drei Sternen bestehende „Gürtel" des Sternbildes Orion wurde von den Germanen als „Friggs Rocken" bezeichnet. Die Vermutung liegt nahe, daß sie, wenn sie die drei „Quersterne" dieses Sternbildes als Friggs Spindel angesehen haben, die beiden „Schultersterne" des Himmelsjägers Orion und seine beiden „Hüftsterne" auch als die Schultern und Hüften der Frigg aufgefaßt haben.

Vielleicht ist auch nicht der „Gürtel" des Orion, sondern das an seinem Gürtel hängende „Schwert", das aus drei Sternen besteht, der Spinnrocken der Frigg gewesen.

Die Zuordnung des beeindruckendsten Sternbildes am nördlichen winterlichen Nachthimmel zu der Göttin Frigg zeigt zum einen die Wichtigkeit dieser Göttin und zum anderen auch, daß sie eng mit dem Jenseits verbunden gewesen ist, das oft dem Winter und der Nacht gleichgesetzt wurde.

Die Spindel in der Hand der Göttin Frigg/Freya zeigt ihre enge Verwandtschaft mit den Nornen, die den Schicksalsfaden spinnen. Man kann zumindestens vermuten, daß die Nornen durch die Ausgliederung und Verselbständigung des Schicksalsaspektes aus der früheren Göttin entstanden sind – ähnlich wie die Riesin Hel den abgetrennten und verselbständigten Aspekt der Göttin als Herrin der Toten verkörpert.

I 16. Kräuter der Frigg

I 16. a) Echtes Labkraut

*echtes Labkraut
(Galium verum)*

Das Echte Labkraut (Galium verum) wurde von den Germanen „Friggs Gras" genannt. Davon leiten sich einige der heutigen Namen für diese Pflanze her: „Ladys bedstraw" („Frauen-Bettstroh"), „Liebfrauenbettstroh", bisweilen verkürzt zu „Liebstroh". Damit verwandt sind die Namen „Gelbes Waldstroh" und „Gliedkraut".

Der Name „Friggs Bettstroh" verweist darauf, daß man früher z.T. Matratzen mit Gelbem Labkraut statt mit Stroh stopfte, weil dieses Kraut zum einem Flöhe vertrieb und zum anderen als leichtes Beruhigungsmittel wirkte, was vor allem bei Geburten sehr erwünscht war.

Die Benennung des Echten Labkrauts als „Friggs Bettstroh" entspricht dem Anrufen der Frigg und der Freya als Helferinnen bei einer Geburt durch Oddrun in dem Lied „Oddruns Klage".

Der Name „Gelb-Labkraut" sowie „Echtes Labkraut" ist durch die Verwendung dieser Pflanze als Ferment („Lab") bei der Käseherstellung entstanden. In Dänemark wird dieses Ferment auch bei der Herstellung des alkoholischen Getränkes Bjäsk verwendet.

Jakob Grimm berichtet über das Frigg-Gras folgendes:

„*Orchis odoratissima, satyrium albidum, eine pflanze aus welcher liebestränke gekocht werden, ist Friggjargras, sonst auch hionagras (herba conjugalis).*"

„Orchis odoratissima" ist der „Wohlriechende Händelwurz"; „Satyrium albidum" ist eine Orchideenart; und „Herba conjugalis" ist „Mariengras". Die genaue Identifizierung einer Pflanze ist manchmal recht schwierig ...

I 17. Kenningar

Frigg wird auch in einigen Kenningar genannt, die sich vor allem auf die Verwandtschaftsverhältnisse der Göttin beziehen:

Asin	*Frigg*		Snorri Sturluson	Thulur
Asin	*Frigg*		Thorbjörn Horn-Klaue	Raben-Lied
Asin	*Frigg*		Olaf der schwarze Skalde Legg-Sohn	Lausavisur
Asin	*Frigg*		anonym	Malshattakvädi
Frigg	*Hlin*		anonym	Vision der Seherin
Frigg (?)	*Iwidie*	Iwidie = All-Weite	anonym	Odins Rabenzauber
Frigg	*Fiörgyns Tochter*		anonym	Lokasenna
Frigg	*Widrirs Gemahlin*	Widrir = Odin	anonym	Lokasenna
Frigg	*Gersten-lockige Frau des Thridi*	Frigg ist hier entweder identisch mit Sif oder sie ist blond	Hallfredr	Skaldskaparmal
Frigg	*Schwiegermutter der Nanna*		Snorri Sturluson	Skaldskaparmal
Frigg	*Nebenfrau der Jörd*		Snorri Sturluson	Skaldskaparmal
Frigg	*Nebenfrau der Rind*		Snorri Sturluson	Skaldskaparmal
Frigg	*Nebenfrau der Gunnlöd*		Snorri Sturluson	Skaldskaparmal
Frigg	*Nebenfrau der Grid*		Snorri Sturluson	Skaldskaparmal
Odin	*Gemahl der Frigg*		Saxo der Schriftkundige	Gesta danorum
Odin	*erster Mann der Frigg*		anonym	Hallfredr-Saga
Odin	*der Einäugige, der an Friggs Busen ruht*		Thjodolfr von Hvin	(Skaldskaparmal)
Odin	*einäugiger Gatte der Frigg*		Thorbjörn Hornklaue	Hrafnsmal
Baldur	*Sohn der Frigg*		Snorri Sturluson	Skaldskaparmal
Vali	*Stiefsohn der Frigg*		Snorri Sturluson	Skaldskaparmal

Dicht-kunst	*Entdeckung von Friggs Verwandtem*	Friggs Verwandter = Odin; seine „Entdeckung" = Skaldenmet	Egil Skallagrimsson	Sonatorrek
Meer	*Alf der bittenden Rindr des Baldr*	Rindr = Odins Geliebte (Riesin); Odins-Geliebte mit Baldur-Bezug = Frigg ; bittende Rindr des Baldur = Frigg (sie bittet alle Wesen, ihren Sohn Baldur nicht zu töten); wenn „Alf der Frigg" das Meer ist, muß „Alf" „Bestattungsort des Baldur" bedeuten (Alfen = Totengeister)	Oddi der Kleine	Lausavisur
Frau	*Dain Lauch-Frigg der Schwerter*	wirre Kenning: Lauch = Schwert (Schwert doppelt erwähnt); Lauch-Frigg = Walküre; Dain = Zwerg = Toter; eine Frigg der Toten wäre auch eine Walküre	Olvir „Schlitzohr" (seine Ohren und seine Nase waren ab- oder eingeschnitten, weil er ein Dieb war)	Lausavisa

I 18. Jakob Grimm: Deutsche Mythologie

In seiner Sammlung der mythologischen Vorstellungen in Deutschland berichtet Jakob Grimm auch über einen Brauch in England, in dem Frigg auftritt:

In einigen theilen des nördlichen Englands, in Yorkshire, zumal Hallamshire, zeigen gebräuche des volks überreste des Fricgcultus. in der gegend von Dent halten zu gewissen jahrszeiten, vorzüglich im herbst die landleute einen umgang und führen vermummt alte tänze auf, was sie den riesentanz heißen: den vornehmsten riesen nennen sie Woden und seine frau Frigga, die haupthandlung des schauspiels besteht darin, daß zwei schwerter um den hals eines knaben geschwungen und geschlagen werden, ohne ihn zu verletzen.

I 19. Mit „Frigg" gebildete Ortsnamen

Es sind einige Orte bekannt, die nach der Göttin Frigg benannt worden sind:

Ortsnamen mit „Frigg" als Bestandteil			
früherer Name	*heutiger Name*	*Bedeutung*	*Land*
?	„Friggeråker"	„Feld der Frigg"	Västergötland in Schweden
„Frigedune"	„Friden"	„Tal der Frigg"	Derbyshire in Mittelengland
?	„Froyle"	„Friggs Hügel"	Hampshire in Südengland
?	„Freefolk"	„Friggs/Freyas Volk"	Hampshire in Südengland
?	„Friggatofta"	„Friggs Bank"	Schweden
?	„Friggeraker"	„Friggs Acker"	Schweden
?	„Friggesund"	„Friggs Meerenge"	Schweden
?	„Freckenhorst"	„Frigg-Anhöhe"	Deutschland
?	„Frickenhorst"	„Frigg-Anhöhe"	Deutschland
?	„Fricksleben"	„Frigg-Erbhof"	Deutschland

Diese Namen geben leider keine zusätzlichen Informationen zu der Göttin, da der Name der Göttin hauptsächlich mit verschiedenen und zudem noch recht allgemeinen Landschaftsmerkmalen kombiniert worden ist: mit „Feld", „Tal" und „Hügel".

Lediglich „Volk der Göttin Fri", also entweder „Freyas Volk" oder „Friggs Volk" ist etwas aufschlußreicher, da diese Namen zeigen, daß sich die Angelsachsen, die um frühestens 450 n.Chr. den Ort „Freefolk" gegründet haben, die Göttin Fri als ihre oberste Göttin und sich selber als deren Volk angesehen haben.

Dies paßt gut zu der Sage der Langobarden, in der die Winniler die Frigg um Hilfe baten, die Vandalen zu besiegen, die von Odin unterstützt wurden.

Frigg/Freya ist offensichtlich auch eine Beschützerin ihres Stammes gewesen.

I 20. Frigg und Freya

I 20. a) Grotten-Lied

König Frodi sandte Boten nach Swithiod zu dem König, der Fiölnir hieß, und ließ da zwei Mägde kaufen, die Fenja und Menja hießen und sehr groß und stark waren. In dieser Zeit gab es in Dänemark zwei so große Mühlsteine, daß niemand stark genug war, sie zu drehen. Diese Mühlsteine hatten die Eigenschaft, daß sie mahlten, was der Müller wollte. Die Mühle hieß Grotti, der Mann aber, der dem König Frodi die Mühle gab, wurde Hengikiöpt genannt.

Die Riesin <u>Fen</u>ja ist die Göttin Frigg in ihrer Halle <u>Fen</u>salir und die Riesin <u>Men</u>ja ist die Göttin Freya mit ihrem Halsreif Brisinga<u>men</u>.
   Eine Zaubermühle, die alles mahlt, paßt am ehesten in den Besitz einer Erd- und Muttergöttin, von der alle Nahrung zu den Menschen kommt.
   Ein König (Fiölnir), der zwei solche Mägde, d.h. Göttinnen besitzt, kann am ehesten der ehemalige Sonnengott-Göttervater Tyr sein.
   König Frodi ist die Saga-Variante des Gottes Freyr. Der Verkauf von zwei Göttinnen des Tyr („Fiölnir") an Freyr sieht sehr nach einer friedlichen Version des Machtübergangs von Tyr an Thor, Odin und Freyr um 500 n.Chr. aus. Entsprechend ihren verschiedenen Charakteren erschlägt Thor den Tyr-Riesen mit seinem Hammer, Odin besiegt ihn im Rechtsstreit und Freyr kauft ihm die Göttinnen und die Wohlstands-Mühle ab.
Siehe dazu auch „Fenja und Menja" in Band 28.

I 20. b) Vergleich der beiden Göttinnen

Zwischen beiden Göttinnen gibt es so viele Gemeinsamkeiten, daß man von einem gemeinsamen Ursprung ausgehen kann:

Frigg und Freya	
Frigg	*Freya*
im Süden hat sich aus „Freya" über „Frijjo" der Name „Frigg" entwickelt	im Norden hat sich der Name „Freya" erhalten
im Norden waren sowohl Frigg als auch Freya bekannt	im Süden war nur Frigg bekannt
Göttin des Jenseits	Göttin des Jenseits
Seherin, Zauberin	Seherin, Zauberin
ihr Mann heiß „Odin", was mit „Odr" identisch ist	ihr Mann heißt „Odr", was mit „Odin" identisch ist
in der Edda ist sie die Frau des Odin	in manchen Sagen ist Freya die Frau des Odin
oberste Göttin der Asen	oberste Göttin der Wanen
sie besitzt ein Falkengewand	sie besitzt ein Falkengewand
Frigg geht mit den beiden Brüdern des Odin fremd (Wiederzeugung)	Freya geht mit vier Zwergen fremd (Wiederzeugung)
sie besitzt ein Schmuckkästchen und ihre Dienerin Fulla besitzt einen goldenen Haarreif	sie besitzt den goldenen Halsreif Brisingamen
sie hilft bei Geburten	sie hilft bei Geburten

<u>I 20. c) Jakob Grimm: Deutsche Mythologie</u>

Zuerst treten uns Frigg, Odins gemahlin, und Freyja, Freys schwester entgegen, beide nach ihren ähnlichen namen verwechselbar und oft verwechselt. ich will sehen, ob eine strengere etymologie sie scheiden und auseinander halten kann.
Leichter scheint der name Freyja: er ist ohne zweifel moviert aus dem männlichen Freyr. da nun Freyr in dem gothischen fráuja erkannt wurde, läßt Freyja ein gothisches fráujô, genitiv fráujôns erwarten, sowol mit der allgemeinen bedeutung von domina, herrin, als in der besonderen eines eigennamens Fráujô. der begrif von herrin geht uns bei Ulfilas ab. desto häufiger drücken ihn die althochdeutschen denkmäler aus durch fruwâ, frôwâ und mittelhochdeutsch haben sich frouwe, frou, neu-

hochdeutsch *frau* allgemein erhalten, während das männliche *frô* völlig erloschen ist. ihrem sinn nach stehen *frouwe* und *frau* vollkommen dem *herre, herr* zur seite und werden gleich diesem in der anrede und sonst verwendet. unsere minnesänger streiten über den vorzug der namen *frouwe* (domina) und *wîp* (femina).

als ein vrou ir werden lîp
tiuret sô, daz sie ein wîp
geheizen mac mit reinen siten,
der mac ein man vil gerne biten.

 Wîp bezieht sich mehr auf das geschlecht, *frau* auf die würde; noch heute ist uns *frau* edler als *weib*, doch bezeichnet auch das französische *femme* manches, was in unserm *frau* liegt. bemerkenswerth scheint, daß die dichter den zusammenhang des wortes *frau* mit *froh* und *freude* hervorheben.

 Gerade umgekehrt haben die angelsächsiche und altsächsische sprache, welchen beiden das masculinum *freá, fraho* ungleich geläufiger war, als der althochdeutsche *frouwo*, kein femininum daneben entwickelt. die mittelniederländische mundart kennt *vrauwe, vrouwe* als anrede und titel, seltner in andern fällen; das neuniederländische *vrouw* hat seine bedeutung ausgedehnt noch über die grenze des neuhochdeutschen *frau*.

 Allein diesen dialecten scheint der weibliche eigenname zu gebrechen, im gegensatz zum altnordischen, welcher *Freyja* fast nur als namen der göttin besitzt und kein *freyja* = hera. doch steht *hûsfreyja* (hausfrau) Sæmingr und Snorri weiß noch, daß *freyja* ein *tignarnafn* (Göttinnenname) und von der göttin abgeleitet ist, vornehme frauen, *rîkiskonur* sind *freyjur*. die lesarten *frûr, fruvor* sind hier verwerflich, denn die isländische form *frû* ist offenbar aus dem dänischen *frue*, schwedisch *fru*, und dieses aus Deutschland eingedrungen. die göttin würde schwedisch Fröa, dänisch Fröe heißen, ich bin ihnen nirgends begegnet, das schwedische volkslied von Thors hammer nennt Freyja Froijenborg (das dänische Fridlefsborg), ein anderes dänisches hat schon Fru. Saxo geschweigt der göttin, wie ihres vaters, überall, er würde sie wol auch Fröa nennen.

 In dem Merseburger gedicht hat sich nunmehr auch Frûâ = Frôwâ, im eigennamen, als göttin dargeboten.

 Von Freyja, genitiv Freyju wird Frigg, genitiv Friggjar, genau gesondert, tochter des Fiörgvin, gattin des Odinn; in Vafthrudnismal und dem eingang von Grimnismal treten Odinn und Frigg deutlich als eheleute auf, da auch Hroptr und Svafnir namen Odins sind, so drücken 'Hroptr ok Frigg', 'Svafnir ok Frigg' dasselbe verhältnis aus.

 Saxo grammaticus hat richtig Frigga, Othini conjux. in formeln erscheinen beide göttinnen nebeneinander: ›svá hialpi ther hollar vættir, Frigg ok Freyja, ok fleiri goð, sem þú feldir mer fár af höndom!‹ bei Baldrs leichenbrand erscheinen Frigg und

Freyja nebeneinander. jenes dänische volkslied hat ebenso ›Frigge, Fru og Thor‹.

Die altnordische sprache pflegt GG zu haben wo die angelsächsiche CG, die althochdeutsche CC oder KK, d.h. wenn nach G oder K ableitendes I im spiel ist, z.b. altnordisch egg (acies) angelsächsich ecg, althochdeutsch ekki; altnordische bryggja (pons) angelsächsisch brycge, althochdeutsch prukkâ; altnordisch hryggr (dorsum), angelsächsisch hrycg, althochdeutsch hrukki. folglich angelsächsisch Fricg, althochdeutsch Frikka, Frikkia, abstehend von Frouwâ, noch mehr als Frigg von Freyja.

	acies (Ei)	*pons* (Brücke)	*dorsum* (Rücken)	(Frigg)
altnordisch	e<u>gg</u>	bry<u>ggj</u>a	hry<u>ggr</u>	Frigg
angelsächsisch	e<u>cg</u>	bry<u>cg</u>e	hry<u>cg</u>	Fricg
althochdeutsch	e<u>kki</u>	pru<u>kk</u>â	hru<u>kki</u>	Fri<u>kk</u>(i)a

Aus verwechselung beider wesen erklärt sich, wie Adam von Bremen oder seine quelle dazu gelangte, den Freyr statt Frô zu nennen Fricco; für Freyja würde er gesagt haben Fricca. Fricco, Friccho, Friccolf sind gangbare althochdeutsche eigennamen.

Ferner scheint jetzt erklärbar, was sonst unerklärlich wäre, warum der sechste wochentag, dies Veneris, altnordisch genannt wird nicht bloß Freyjudagr, sondern auch Frîadagr, althochdeutsch niemals Frouwûntac, sondern Frîatac, Frîgetac, neuhochdeutsch Freitag, angelsächsisch Frigedäg (für Friegedäg?), faröisch Frujggjadeâ.

Unter den angeführten formen hat die angelsächsische keinen anstoß, in dem althochdeutschen und altnordischen namen befremdet die abwesenheit der gutturale.

Aufschluß gewährt, wie ich glaube, die wichtigste stelle des Paulus Diaconus, worin Wodans gemahlin Frea heißt, womit nur Frigg, nicht Freyja kann gemeint sein, wie denn auch Saxo grammaticus, mit ausdrücklicher beziehung auf Paulus, sich der form Frig bedient (Paulo teste auctore Frig dea).

Dies langobardische Frea stimmt zu dem althochdeutschen Frîa, ich halte es für identisch mit Frigg, ja für die urform des namens; mit Freyja und dem angelsächsichen masculinum freá hat es weniger zu schaffen. wie sich ein altnordisches brû (pons) zu bryggia verhält, wird sich frî verhalten zu frigg. das langobardische Frea ist = Frëa, Fria, Frija, Frîa. zu seiner wurzel leiten die wörter gothisch freis, frijis (liber), althochdeutsch frî, gothisch frijôn (amare) althochdeutsch frîôn, und vorzüglich darf das altsächische neutrum frî (mulier), das angelsächsiche freo (mulier), freolîc cven (pulchra femina), freolîcu meovle, freolîc vîf, freolîc fæmne, angeschlagen werden. da nun frî (liber) und frech, altnordisch frekr (protervus, impudens), frî (liber) frî (mulier formosa) und altnordisch fridr (formosus) fridr (pax) verwandt scheinen, so zeigen schon die adjectivischen formen den übergang der *substantivischen.*

Was ich auseinandergesetzt habe lehrt, daß formen und sogar bedeutungen beider namen nahe zusammenstoßen. Freyja sagt aus die frohe, erfreuende, liebe, gnädige göttin, Frigg die freie, schöne, liebenswürdige; an jene schließt sich der allgemeine begrif von frau (herrin), an diese der von frî (weib). Holda von hold (lieb), Berhta von berht (leuchtend schön) gleichen beiden. jenes schwedische lied nennt Froyenborg: die schöne sonne (den väna solen).

Desto begreiflicher wird die mischung der mythen sein. Saxo erzählt, wie Frigga, um gold für ihren schmuck zu erlangen, ehliche treue verletzt habe; ausführlicher und mit sehr abweichenden umständen scheint die sage von Freyja dasselbe abenteuer. indessen haftet auch bei anderm anlaß auf Frigg schuld des ehbruchs. Snorri ist vom valshamr der Freyja, von dem der Frigg die rede, für jenen streitet Sæmingr.

Darum schwankt die benennung des wochentags. der althochdeutsch Frîatac ist deutlich ein altnordischer Friggjardagr, der altnordische Freyjudagr wäre ein althochdeutscher Frouwûntac.

Darum schwanken die benennungen eines gestirns und einiger pflanzen. Orions gürtel, sonst auch Jacobsstab und spindel (colus ηλακάτη) genannt, heißt unter dem schwedischen volk Friggerock (colus Friggae) oder Frejerock, wie schon angemerkt wurde, oder Fröjas rock.

Orchis odoratissima, satyrium albidum, eine pflanze aus welcher liebestränke gekocht werden, ist Friggjargras, sonst auch hionagras (herba conjugalis).

Die spätere christliche ansicht ersetzt die heidnische göttin durch Maria. der gemeine mann auf Seeland benennt jenes gestirn Mariärok, Marirok.

Mehrere arten des farrenkrauts, adiantum, polypodium, asplenium heißen frauenhaar, jungfrauenhaar, Mariengras, capillus Veneris, isländisch Freyjuhâr, dänisch Fruehaar, Venusstraa, Venusgräs, norwegisch Murigras u.s.w.

Sollten auch hier nordische namen aus lateinischen entsprungen sein, sie zeigen, wie man Venus durch Frigg, Freyja und Maria übersetzte. Und auf Maria gieng nicht nur der begrif höchster schönheit über (frîo scôniôsta, idiso scôniôst), sie hieß auch in vorragendem sinn frau, domina, donna. vergleiche unten frauachüeli englisch ladycow Marienkälblein. sie läßt in den kindermärchen nähen und spinnen wie Holda und Berhta, und Holdas schnee scheint mit Marien schnee gleichviel.

Bei so naher berührung beider namen stehe ich an, auf welchen die wichtige und unablehnbare übereinkunft einiger götternamen in den urverwandten sprachen zu beziehen sei. vorerst gewährt eine altböhmische glosse Prije für Afrodite, und hinzugehalten jenes gothische frijôn amare, das althochdeutsche friudil, mittelhochdeutsch vriedel, slavisch prijatel, böhmisch přjtel, polnisch przyiaciel, muß entweder Freyja die göttin der liebe und fruchtbarkeit, oder Frigg die göttliche mutter und vorsteherin der ehe gemeint sein. auch im sanskrit ist prî amare, prijas ein freund, Ramâprija der Lakschmi lieb = lotus, Jamaprija dem Jama lieb = ficus indica, prija in götternamen gatte und gattin. prithivî aber die erde, und mâtâ Prithvî Terra mater, von der frucht und gedeihen abhängt (vergleiche auch welsch pridd terra); das wort, zunächst dem adjectiv prithus (πλατύς, latus) verwandt, wie die erde die breite und weite genannt wird, scheint mir dennoch anzuklingen an Fria, Frigg und fridu.

... ...

Frigg, Fiörgins tochter, als des höchsten gottes gemahlin, hat den rang vor allen übrigen göttinnen, sie weiß der menschen schicksal, wird von Odinn um rath gefragt, nimmt eide ab, dienerinnen vollziehen ihr geheiß, sie steht den ehen vor und wird von kinderlosen angefleht. daher jenes hionagras = Friggjargras. Man erinnere sich der ledigen mädchen, die vor den pflug der göttin gespannt wurden, deren gebote sie noch getrotzt hatten.

In einigen theilen des nördlichen Englands, in Yorkshire, zumal Hallamshire zeigen gebräuche des volks überreste des Fricgcultus. in der gegend von Dent halten zu gewissen jahrszeiten, vorzüglich im herbst die landleute einen umgang und führen vermummt alte tänze auf, was sie den riesentanz heißen: den vornehmsten riesen nennen sie Woden und seine frau Frigga, die haupthandlung des schauspiels besteht darin, daß zwei schwerter um den hals eines knaben geschwungen und geschlagen werden, ohne ihn zu verletzen.

Noch bemerkenswerther ist aber die deutliche spur der göttin in Niedersachsen, wo sie unter dem volk fru Freke heißt und in den rollen auftritt, die wir der frau Holle überwiesen: zugleich die triftigste bestätigung der göttlichen natur dieser letzteren.

Den namen des altwestphälischen stiftes Freckenhorst, Frickenhorst leitet zwar die legende von einem hirten Frickio ab, dem nachts ein licht an der stelle erschien (wie zu Hildesheim nächtlicher schnee fiel), wo die kirche erbaut werden sollte; jener name weist auf einen heiligen hain der Frecka oder des Fricko, dessen stätte das christenthum vielleicht suchte sich anzueignen. ein Fricksleben liegt unweit Magdeburg.

I 21.   Frigg in Zaubersprüchen

I 21. a)   „Zauberspruch, um eine Frau zum Schweigen zu bringen"
(Galdrbok, Island, ca. 1600 n.Chr.)

Wenn Du nicht willst, daß (eine Frau) über das redet, was Du (mit ihr?) getan hast, dann nimm diesen Stab 'Homa' und lege ihn in ihr Getränk – dann wird sie nicht verraten können. Und Du mußt dieses Zeichen an Deiner Brust tragen.
 Und sprich:

> *„Helft mir dabei, all ihr Götter:*
> *Thor, Odin,*
> *Frigg, Freya,*
> *Satan, Beelzebub*
> *und all' ihr Götter und Göttinnen,*
> *die in Walhalla wohnen!*
> *In Deinem mächtigsten Namen, Odhinn!"*

Homa = Name des Symbols

I 21. b)   „Ein weiterer Zauberspruch, um einen Dieb zu finden"
(Galdrbok, Island, ca. 1600 n.Chr.)

Wenn jemand auf eine andere Weise herausfinden will, wer ihn bestohlen hat, dann muß er diesen Stab mit einem Messer mit Holzgriff auf dem Boden einer Schüssel machen.
 Lasse Blut von unter Deinem großen Zeh und von Deiner rechten Hand fließen und tropfe es rings um den Stab.
 Dann nimm reines Wasser mit Schafgarbe, die auf darauf gestreut ist. Das Wasser sollte man in der Mittsommernacht nach Mitternacht geschöpft haben und man sollte es mit Handschuhen schöpfen, sodaß

nichts davon auf die Hände gerät. Das Kraut sollte genau wie der Stab mit Blut beschmiert werden.

Dann bitte bei der ruhmreichen großen Macht des Krautes und der niemals endenden Wirkung seiner Kraft, daß die Götter Raphael, ihren mächtigsten Diener, als Hilfe senden und daß er sich hier bei Deinem mächtigsten Namen, Thor, Frigg, Beelzebub, Odhinn, zeigt.
Lies danach drei Vaterunser.

I 22. Zusammenfassung

Frigg, die „geliebte Frau" ist ein Aspekt der Erdgöttin. Diese oberste Göttin der Asen ist eine Heilerin, Geburtshelferin, Beschützerin und Seherin. Als Beschützerin wird sie auch „Hlin" genannt und als Seherin „Saga".

Sie ist auch eine Göttin der Fülle, die in ihrer Dienerin und Schwester Fulla personifiziert ist.

Frigg schient auch diejenige zu sein, die die Seelen zu ihrer Inkarnation auf die Erde sendet – in der Gestalt eines Apfels der Idun. Das Echte Labkraut wurde „Friggs Gras" genannt, weil Frigg/Freya die Beschützerin der Gebärdenden war und weil es wegen seiner beruhigen Wirkung als Unterlage für das Lager der Frauen bei Geburten und evtl. auch für Liebestränke verwendet wurde.

Sie ist eine Göttin des Jenseits und der Wiedergeburt der Toten und wurde daher mit den Schiffen assoziiert, die die Toten ins Jenseits fuhren. Als Jenseitsgöttin besitzt sie auch das Falkengewand, durch das sich ein Mensch in einen Falken, d.h. in einen Seelenvogel verwandeln kann. Dieselbe Symbolik hat auch ihr Gewand, das seinen Träger unsichtbar macht – auch die Seele ist unsichtbar. Dieser Aspekt der Frigg ist in ihrer Botin Gna, die auf einem fliegenden Pferd durch die Welt reitet, personifiziert.

Sie besitzt ein Schmuckstück, das Fulla für sie aufbewahrt. Dies ist sehr wahrscheinlich eine Entsprechung zu Odins Ring Draupnir, der das Symbol für die Jenseitsreise ist. Dieses Schmuckstück der Frigg ließ sie aus dem Gold herstellen, aus dem eine goldene Statue des Odin gefertigt worden war. Die Schmiede bezahlte sie für ihre Arbeit wie Freya die Zwerge, die ihren Halsreif Brisingamen herstellten, indem sie eine Nacht lang das Lager mit ihnen teilte.

Friggs Verhältnis zu Odins Brüdern Wili und We während dessen Abwesenheit, d.h. während Odins Jenseitsreise. stammt entweder aus dem Bestattungsritual, in dem zumindestens bei den Fürsten die Wiederzeugung rituell dargestellt wurde, oder aus der zyklischen Wiedergeburt des Sommergottes Tyr und des Wintergottes Loki durch Frigg.

Sie ist die Frau des Odin und das einzige Kind der beiden ist Baldur, der Gott des Guten, der Richtigkeit und der Wiedergeburt. Sie versucht den Tod ihres Sohnes zu vermeiden, indem sie allen Wesen Eide abnimmt, Baldur nicht zu verletzen, aber sie wird von Loki überlistet. Nach Baldurs Tod sendet sie Hermodr ins Jenseits, um Baldur von Hel zurückholen, aber Loki verhindert dies, indem er nicht, wie es Hel verlangt hat, um Baldur weint.

Frigg ist auch durch den Namen ihrer Halle „Fensalir („Sumpf-Saal") mit der (Wasser-)Unterwelt verbunden. Diese Unterwasser-Halle entspricht der Halle der Göttin Saga und auch der Unterwasser-Halle der Mutter des Tyr-Riesen Grendel.

Mit dem Sumpf („Fen") ist auch der Fenriswolf assoziiert, der den Göttervater Odin tötet – ursprünglich ist Fenrir die Krieger-Gestalt des ehemaligen Göttervaters Tyr gewesen.

Aufgrund des Bildes der Wasserunterwelt wurde Frigg auch mit Schiffen assoziiert, die zumindestens in der Römerzeit in ihrem Kult eine Rolle spielten.

Sie ist eine Göttin, die ihren Mann Odin des öfteren überlistet hat, wenn es darum ging, zu entscheiden, welcher Stamm siegen sollte oder welcher Königssohn den Thron besteigen sollte. Als Beschützerin der Germanen konnte sich einzelne Germanenstämme auch als „Volk der Frigg/Freya" ansehen.

In neueren Mythen erscheint sie aber manchmal auch als sorgende und warnende Ehefrau.

Der Planet Venus wurde „Friggs Stern" genannt. Das „Schwert" an dem Gürtel des Sternbildes Orion oder dieser Gürtel selber hatte den Namen „Friggs Spindel".

Frigg und Freya sind ursprünglich nur zwei Namensvarianten derselben Göttin gewesen.

II Frigg bei den Indogermanen

Die Betrachtung der indogermanischen Wurzeln der Frigg findet sich in dem Band über Freya, da sich diese beiden Göttinnen in der Zeit vor ca. 800 n.Chr. nicht mehr klar unterscheiden lassen.

Der beiden unterschiedlichen Namen „Freya" und „Frigg" für die Mutter- und Jenseitsgöttin haben sich erst nach 750 v.Chr. nach der Trennung der Germanen in Nord-Germanen („Freya") und Süd-Germanen („Frigg") herausgebildet. Siehe dazu auch den Abschnitt über den Namen „Frigg" am Anfang dieses Buches.

Freya-Frigg geht auf die indogermanische Göttin Priheh zurück, deren Name „Hausmitbewohnerin, Verwandte, Geliebte" bedeutet.

Priheh ist wie die späteren aus ihr entstandenen indogermanischen Göttinnen die Göttin des Jenseits, der Wiederzeugung und der Wiedergeburt und somit auch die Göttin der Liebe gewesen.

Der Tote selber und insbesondere der indogermanische Sonnengott-Göttervater Dhyaus, aus dem dann Tyr, Zeus, Jupiter, Deva, Shiun usw. entstanden sind, ist als der Mann dieser Göttin insbesondere bei der Wiederzeugung mit der Maskulin-Form von „Priheh" benannt worden, woraus im Altnordischen dann „Freyr" wurde. Dieser Gott ist der Bruder und Mann der Frigg-Freya.

Dieser Charakter findet sich bei allen indogermanischen Göttern und Göttinnen, die auf Priheh zurückgehen:

> Sie erscheint als Liebesgöttin bei den Germanen als Frigg-Freya, bei den Böhmern als „Priya", bei den Albanern als „Perendi", bei den Griechen als „Aphrodite", bei den Persern als „Paurwa" und bei den Indern als „Priya".

> Bei den Persern ist sie auch unter dem Namen „Peris" wie die griechischen Nymphen oder die germanischen Wassergeister (Nixen, Lorelei) zu einer Vielzahl von verführerischen weiblichen Geistern weiterentwickelt worden. Diese Vervielfältigung liegt daran, daß die Jenseitsgöttin nach der Wiederzeugung nicht mit allen Toten gleichzeitig schwanger sein konnte.

> Als Liebesgöttin und Muttergöttin ist bei den Hethitern als „Purulli" verehrt worden.

> Der nach Priheh benannte „Gott mit dem großen Penis", der auf den sich mit der Jenseitsgöttin wiederzeugenden Toten zurückgeht, findet sich bei den Germanen als „Freyr", bei den Römern als „Priapus" und bei den Griechen als „Priapos".

Siehe zu dieser Göttin der Wiederzeugung und der Wiedergeburt, die vermutlich zumindenstens schon in die späte Altsteinzeit existiert haben wird, auch das Kapitel „Wiederzeugung und Wiedergeburt" in Band 51.

III Das Aussehen der Göttin Frigg

Über das Aussehen der Frigg sind genügend Details bekannt, um ein Bild mit einer klaren Kontur der Göttin zeichnen zu können.

Zunächst einmal sind die vier Brakteaten und die Statuette der Göttin germanische Darstellungen der Göttin, von denen die vier Brakteaten-Bilder jedoch stark stilisiert worden sind.

Friggs Gesicht

An den Gesicht der Frigg fällt auf, daß es dreieckig ist – wie man es manchmal bei Menschen mit einem Jungfrau-Aszendenten findet.

Auf den Abbildungen ist das Gesicht der Göttin eher füllig – als ob sie den Mond im ersten Haus ihres Horoskopes stehen hätte. Diese Fülle könnte darauf hinweisen, daß Frigg eine Göttin der Erde, des Jenseits, der Fruchtbarkeit, der Schwangerschaft, der Geburt und der Wiedergeburt ist.

Das Tierkreiszeichen Jungfrau steht für Sorgfalt, Pflege und Gedeihen. Der Mond verkörpert Geborgenheit, Fülle, Mutterschaft und das Urvertrauen. Beide Qualitäten passen gut zu dem Wesen der Göttin Frigg.

Insbesondere das Gesicht der Statuette von Revninge strahlt auch das Wissen und die Autorität aus, über die Frigg als Göttermutter, Heilerin und oberste Göttin verfügt.

Als Liebesgöttin sollte sie auch eine erotische Ausstrahlung haben und als Sonnenmutter sollten auch ihre Augen leuchten.

Friggs Mimik

Ihre Mimik wird in erster Linie ihre mütterlichen, besänftigenden und vorsichtigen Qualitäten ausdrücken, aber dahinter verborgen sollte auch ihre Autorität und ihre Listigkeit erkennbar sein – wobei die Listigkeit jedoch kein zentrales Merkmal ihres Wesen ist.

Friggs Haar

Vermutlich hat Frigg strohblondes Haar gehabt – sie wird in einem Text als „Gersten-lockig" beschrieben. Dabei könnte es sich jedoch auch um eine Gleichsetzung der Frigg mit der Korngöttin Sif handeln.

Das Haar der Statuette ist an ihrem Hinterkopf zu einem Knoten zusammengebunden. Auf den vier Darstellungen auf den Brakteaten trägt Frigg vermutlich dieselbe Haartracht – zumindestens sind keine offenen Haare, Zöpfe o.ä. dargestellt worden.

Friggs Haarreif

Friggs Dienerin Fulla trägt hingegen offenes Haar, das mit einem goldenen Haarband oder Haarreif zusammengehalten wird. Da Fulla vermutlich einen Aspekt der Frigg darstellt, könnte auch Frigg einst diese Haartracht getragen haben.

Das Haarband bzw. der Diadem-ähnliche Haarreif scheint mindestens bei den Süd-Germanen ein wesentlicher Bestandteil der Darstellung der Frigg gewesen zu sein, da er sich auf allen vier Brakteaten findet. Dieser Haarreif ist mit einem zwei- oder dreiteiligen Muster versehen.

Friggs Statur

Als Geburtsgöttin wird Frigg eine eher füllige Statur haben – sie hält ihre Hände entweder auf ihren Unterleib oder in einer schützenden Geste empor.

Als Muttergöttin hat sie evtl. einen runden Schwangerschafts-Bauch und eher große Brüste, die manchmal entblößt sind.

Friggs Kleidung

Friggs Kleidung wird der Kleidung der germanischen Frauen entsprochen haben. Diese trugen damals einen Kittel mit Ärmeln, ein Kleid, einen Mantel sowie einen Gürtel mit Tasche und Schuhen. Diese Kleidung wurde aus gewebten Woll- und Leinenstoffen hergestellt, die z.T. durch Felle ergänzt wurden. Die Stoffe wurden manchmal auch eingefärbt.

Der Kittel war eine Art langes Hemd mit langen Ärmeln, die wie bei den Männern recht eng zugeschnitten wurden. Die Naht der Ärmel lag an der Vorderseite und nicht wie heute an der Unterseite. Der Kittel wurde meist an der Seite geschnürt, sodaß er eng anlag.

Über diesem Kittel trugen die germanischen Frauen ein langes Kleid, das „Peblos" genannt wurde. Dieses Kleid bestand aus einem weiten „Stoffschlauch" der nur wenig kürzer als die betreffende Person groß war. Die Frau zog sich diesen „Schlauch" über, schlug den oberen Teil bis unter die Achseln hinab nach außen um, sodaß oben über dem Kleid (unter ihren Armen) eine Art „Schal" lag, und befestigte den „Schlauch" über ihren beiden Schultern mit je einer Fibel („Sicherheitsnadel"). Dafür zog sie vorne und hinten je ein Stück Stoff des „Schlauches" bis auf die Schultern hoch und steckte dann den Dorn der Fibel durch beide Stoffstücke. Dieses Kleid wurde unter den Brüsten und evtl. auch um die Taille mit je einem Gürtel zusammengebunden.

Manchmal wurde statt des Kleides auch ein Rock getragen. Auch er war ein „Stoffschlauch", der bei Mädchen nur ca. 30cm lang war, aber bei den Frauen bis zu den Füßen reichte. Auch er wurde mit dem Kittel kombiniert.

Auf den vier Brakteaten trägt Frigg nur einen Waden-langen Rock, der anscheinend mit zwei langen Schnüren zusammengebunden worden ist.

Die Statuette der Frigg trägt hingegen ein langes Kleid und einen Mantel mit langen Ärmeln. Beides ist reich bestickt.

Über dem Kittel und dem Rock bzw. Kleid trugen die Germaninnen wie die Männer einen Umhang. Er bestand aus einem ca. 1,80m x 3m großen Stoffstück, das am Rand oft durch ein Muster aus aneinandergereihten Quadraten verziert war. Der Umhang wurde über der rechten Schulter durch eine Fibel zusammengehalten.

Die Fibel an ihrem Mantel könnte bei Frigg in der Form eines Hrungnir-Herzens gearbeitet sein, d.h. eine „Kleeblatt-Fibel" sein.

Die Schuhe waren recht einfach und bestanden oft lediglich aus einem Lederstück, das kunstvoll um den Fuß gebunden wurde.

Es lassen sich nun Überlegungen darüber anstellen, ob die Kleidung der Frigg wohl besondere Merkmale gehabt haben könnte. Als Erdgöttin könnte man die Farben goldgelb, grün und braun vermuten. Ein brauner Kittel und ein grünes Kleid und darüber ein gelber Umhang würde zumindest farblich gut die Erde symbolisieren.

Friggs Gürtel

An dem Gürtel um die Hüfte hing normalerweise eine Tasche, in dem sich wichtige Gegenstände befanden.

Frigg scheint an ihrem Gürtel jedoch ein Kleeblatt-förmiges Hrungnirherz-Symbol getragen zu haben, daß sich direkt vor ihrem Unterleib befand. Das Hrungnirherz ist ein Symbol für die Seele und für die Sonne gewesen, die von der Göttin wiedergeboren worden sind. Auf der Statuette von Revninge befindet sich in dem Bauch der Frigg daher wohl die noch ungeborene Sonne, d.h. ehemals der Sonnengott-Göttervater Tyr vor seiner Wiedergeburt am Morgen bzw. im Frühjahr.

Friggs Halskette

Als Schmuck trägt sie einen goldenen Halsreif, der mit Freyas Brisingamen identisch ist.

Friggs Gegenstände

Mit der Göttin Frigg ist eine Vielzahl an Gegenständen verbunden:

Sie ist die Herrin des Falkenkleides, mit dem sich Loki in einen Falken verwandeln kann – der Falke ist der Seelenvogel des Loki. Da die Jenseitsgöttin Frigg-Freya einst sowohl den Wintergott Loki als Falken als auch den Sommergott Tyr als Adler wiedergeboren hat, sollte sie auch ein Adlerhemd besitzen (siehe dazu „Adler" in Band 40 und „Thiazi" in Band 5).

Frigg ist als Sonnenmutter eng mit den Sonnensymbolen verbunden: mit dem Triskelis, dem gleichschenkligen Kreuz, der Swastika und mit dem Kreis (mit Kreuz in ihm). Dieses Sonnen-Symbol befindet sich passenderweise vor ihrem unteren Bauch.

Frigg besitzt wie die Nornen, die vermutlich durch die Verselbständigung des Schicksals-Aspektes der Göttin Frigg entstanden sind, eine Spindel, auf die vermutlich der Schicksalsfaden der Menschen aufgewickelt ist.

Frigg-Fenja und Freya-Menja mahlen mit einer Mühle Gold, Salz und Mehl und auch Krieger. Diese Mühle besteht aus einem Schalenstein und einem flachen, runden Reibstein.

Als Seherin sollte sie einen Stab besitzen.

Indirekt gehört auch der Mistelzweig an dem Weltenbaum vor dem Tor der Hel zu den Gegenständen der Frigg, da er in ihren Mythen als die Waffe, durch die ihr Sohn Baldur (Sonne am Abend/Herbst, Tyr) getötet wird, eine wichtige Rolle spielt.

Sie besitzt evtl. auch die Äpfel der Idun.

Friggs Halle

Friggs Halle heißt „Fensalir", d.h. „Sumpf-Saal". Diese Halle ist auch von der Göttin Saga und von der Mutter des Tyr-Riesen Grendel bekannt. Sie stand in der Wasserunterwelt, in der die Sonne, d.h. der Sonnengott-Göttervater Tyr jede Abend versank. In dieser Halle konnte man sie in den tiefen Wassern leuchten sehen. Dieses Motiv bestätigt noch einmal die Auffassung der Frigg als Mutter der Sonne und somit auch des ehemaligen Sonnengott-Göttervaters Tyr.

Fensalir liegt unter Wasser, ist „überaus schön" und in ihm brennt ein Feuer, das die Halle erleuchtet.

In der Halle der Frigg steht die Barke der Sonne, in der sie jeden Tag über das Himmelsmeer fuhr – dieses Sonnenschiff ist von den Germanen schon auf den vorchristlichen Steinritzungen in Skandinavien dargestellt worden.

Frigg sitzt zusammen mit Odin auf dem Seher-Hochsitz Hlidskialf („Tor-Insel" = „Jenseitstor-Insel"). Vermutlich hat auch Frigg selber einen solchen Seherinnen-Hochsitz besessen.

Frigg-Saga trinkt zusammen mit Odin in ihrer Halle aus goldenen Schalen – vermutlich den Göttermet, der einst wie später die Äpfel der Idun die Wiedergeburt und somit die ewige Jugend verliehen haben wird. Diese „goldenen Schalen" werden die goldenen Ritual-Trinkhörner sein, die als die beiden goldenen „Hörner von Gallehus" erhalten geblieben sind.

Rings um Fensalir könnte das Echte Labkraut wachsen, dessen gelbe Blüten dem „Gersten-farbigen" Haar der Frigg gleichen.

Am Himmel über der Halle steht das Winter-Sternbild Orion, dessen Gürtel oder dessen Schwert an diesem Gürtel als die Spindel der Frigg aufgefaßt worden ist.

Auf dem Erdboden vor Friggs Halle Fensalir kann man eine Reihe von „U"-ähnlichen Symbolen sehen, die vermutlich die Hufspuren des Sleipnir und somit den Jenseitsweg darstellen.

Frigg als Erdgöttin könnte dadurch abgebildet werden, daß ihr Kleid in den Erdboden und das Gras auf ihm übergeht, sodaß Frigg sozusagen aus der Erde aufragt.

Friggs Sippe

Hinter Frigg befindet sich ihre Mutter, die Erdgöttin Fiörgyn.

Neben ihr steht ihr Mann Odin sowie dessen Brüder Wili und We, mit denen sie sich ebenfalls vereint hat. Evtl. steht auch Loki neben ihr, da sie sich in den alten Mythen nicht nur mit dem Sommergott-Göttervater Tyr (später dann Odin), sondern auch mit dessen Bruder, dem Wintergott Loki, vereint hat. Aus Tyr und seinem Bruder Loki sind dann später Odin und seine Brüder Wili und We geworden.

Der Gott Tyr als ungeborenes Kind könnte auch in dem Bauch der Frigg zu sehen sein – evtl. als golden leuchtendes Schemen.

Vor Frigg steht ihr Sohn Baldur, der aus den wiedergeborenen ehemaligen Sonnengott-Göttervater Tyr entstanden ist.

Ganz im Vordergrund sind die „Dienerinnen" der Frigg zu sehen: Fulla mit dem goldenen Haarreif, Gna mit dem fliegenden Pferd und die beschützende Hlin, die evtl. wie Frigg auf den vier Brakteaten ihre Arme beschützend erhoben hat.

Die Jenseitsreise

Auf die mit Frigg verbundene Jenseitsreise weisen schon „Sleipnirs Hufspuren" vor ihrer Halle hin. Auf diesem Hel-Weg reitet Hermodr von Frigg gesandt in die Unterwelt. Auch Gna wird auf diesem Weg reiten können. Schließlich könnte über diesem Weg auch Loki als Falke sowie Tyr-Odin als Adler fliegen.

Friggs Autorität

Frigg besitzt eine große Autorität, die sich darin zeigt, daß sie von allen Wesen und Dingen den Eid nehmen konnte, Baldur zu verschonen – von allen außer Loki …

Diese Autorität der Frigg könnte durch ihre Mimik und durch ihren Mantel, der in den Erdboden übergeht, dargestellt werden.

Friggs Tempel

Frigg besitzt zumindestens in einer Saga zusammen mit Freya, Thor und Odin einen Tempel. Diesen Tempel kann man evtl. als kleine Halle im Vordergrund des Bildes oder unter ihm, also in Midgard, darstellen.

- Zusammenfassung -

Diese lange Beschreibung läßt sich nun etwas kürzer zusammenfassen:

Frigg hat ein leicht dreieckiges, fülliges Gesicht, daß Mutterschaft, Sanftheit, Vorsicht und Geborgenheit, aber auch Autorität und Erotik und ein wenig List ausdrücken.
Sie hat strohblondes Haar, das an ihrem Hinterkopf zu einem Knoten zusammengebunden ist. Auf ihrem Kopf trägt sie ein goldenes Haarband oder einen Harreif, der wie eine Krone aussieht. Er ist mit ihrem Halsreif Brisingamen identisch, den sie an ihrem Hals trägt.
Frigg hat eine eher füllige Statur und einen leicht gewölbten Schwangerschafts-Bauch, auf den sie eine ihrer Hände gelegt hat. In ihrem Bauch kann man den Sonnengott-Göttervater Tyr als goldenes Leuchten schimmern sehen. Friggs Brüste sind manchmal entblößt.
Sie trägt ein langes, langärmliges, evtl. grün-braunes Kleid und einen langen, evtl. gelben Mantel sowie Schuhe. Ihr Mantel geht fließend in den Erdboden über: Frigg ist eine Erdgöttin.
Sie trägt einen Gürtel, an dem sich vor ihrem Bauch ein großes, Kleeblatt-förmiges Hrungnir-Herz, also ein Sonnensymbol befindet. Dieses Symbol ist mit der Sonne (Tyr) in ihrem Bauch identisch.
In der Tasche an ihrem Gürtel befinden sich das Falkenhemd des Loki und das Adlerhemd des Tyr-Odin sowie die Schicksals-Spindel der Nornen und evtl. auch die Äpfel der Idun. In einer ihrer Hände hält sie einen Seherinnen-Stab – die andere Hand hat sie auf ihrem Bauch liegen.
Vor ihr liegt die magische Mühle, auf der sie als Frigg-Fenja zusammen mit Freya-Menja Mehl, Salz und Gold mahlt.
Im Hintergrund ist der Weltenbaum zu sehen, auf dem die Mistel wächst, mit der Baldur getötet wurde.
Frigg steht vor ihrer Halle Fensalir, in der ein Feuer leuchtet und über der Wogen zu sehen sind, da dieser „Sumpf-Saal" in der Wasserunterwelt steht. Vor dieser Halle ist die Sonnenbarke des Tyr zu sehen. In der Halle steht ihr Seherinnen-Hochsitz, vor

dem auf einer Tafel die beiden Met-gefüllten Goldhörner von Gallehus stehen.

Rings um Fensalir könnte das Echte Labkraut wachsen, dessen gelbe Blüten dem „Gersten-farbigen" Haar der Frigg gleichen.

Am Himmel über der Halle steht das Winter-Sternbild Orion, dessen Gürtel als die Spindel der Frigg aufgefaßt worden ist.

Vor Fensalir kann man auf der Erde die zu Frigg gehörende Reihe von „U"-ähnlichen Symbolen sehen, die vermutlich die Hufspuren des Sleipnir und somit den Jenseitsweg darstellen. Auf diesem Hel-Weg reitet Hermodr von Frigg gesandt in die Unterwelt. Auch Gna wird auf diesem Weg reiten können. Schließlich könnte über diesem Weg auch Loki als Falke sowie Tyr-Odin als Adler fliegen.

Hinter Frigg befindet sich ihre Mutter, die Erdgöttin Fiörgyn.

Neben ihr stehen ihr Mann Odin und dessen Brüder Wili und We sowie Loki.

Vor Frigg steht ihr Sohn Baldur, der aus den wiedergeborenen ehemaligen Sonnengott-Göttervater Tyr entstanden ist.

Ganz im Vordergrund sind die „Dienerinnen" der Frigg zu sehen: Fulla mit dem goldenen Haarreif, Gna mit dem fliegenden Pferd und die beschützende Hlin, die wie manchmal auch Frigg ihre Arme beschützend erhoben hat.

Frigg besitzt zumindestens in einer Saga zusammen mit Freya, Thor und Odin einen Tempel. Diesen Tempel kann man evtl. als kleine Halle im Vordergrund des Bildes oder unter ihm, also in Midgard, darstellen.

IV   Die Biographie der Göttin Frigg

Säugetiere   (vor 210 Millionen Jahren)

Der eigentliche Anfang aller Muttergöttinnen liegt in der Entstehung der Säugetiere, durch die sich das Bild der beschützenden und stillenden Mutter gebildet hat. Dieses Mutterbild ist auch der Ursprung der Göttin Frigg.

Muttergöttin   (vor 600.000 Jahren)

Als der Homo erectus zu Beginn der Eiszeit auch Nordeurasien zu besiedeln begann, war er aufgrund der Temperaturen dazu gezwungen, Hütten zu erfinden und zu bauen. Dies war der erste Innenraum im Leben der Menschen – außer dem Bauch der Mutter vor der Geburt. Diese Hütten wurden mithilfe von Steinen erwärmt, die in einem Feuer vor der Hütte zum Glühen gebracht wurden.

Auf diese Weise entstand die Schwitzhütten-Zeremonie, die im Wesentlichen aus der symbolischen Rückkehr in den Bauch der Großen Mutter ist.

Durch Nahtod-Erlebnisse werden die Menschen schon damals festgestellt haben, daß man den eigenen physischen Leib verlassen kann. Dadurch ist die Vorstellung einer Seele entstanden.

Es stellte sich daraufhin natürlich die Frage, wohin diese Seelen nach dem Tod des Menschen gehen – so entstand die Vorstellung von einem Jenseits. Die Ankunft in diesem Jenseits hat man sich als eine zweite Geburt, also eine „Wiedergeburt" vorgestellt. Auf diese Weise wurde die Große Mutter auch zur Jenseitsmutter, zur Jenseitsgöttin. Diese Eigenschaft ist das zentrale Element in den Mythen der Göttin Frigg.

späte Altsteinzeit   (50.000-10.500 v.Chr.)

Zu dieser Zeit ist die Große Mutter vom Homo sapiens, der um 50.000 v.Chr. von Afrika aus in Nordeurasien eingewandert ist, in Ritzungen in Höhlen und als Statuetten dargestellt worden.

Durch ihr fülliges Aussehen und das Horn in ihrer Hand wurde ihre Fruchtbarkeit und ihr Nähren dargestellt, durch ihr vornübergebeugte Haltung vermutlich die sexuelle Vereinigung und durch ihre doppelte Darstellung (wie bei einer Skat-Karte) ihre zweifache Funktion als Mutter der Lebenden bei der Geburt und als Mutter der Toten bei der Wiedergeburt.

Frigg erscheint als Mutter der Lebenden, wenn sie bei Geburten hilft oder die Bitte des Rerir und seiner Frau um ein Kind erhört. Als Wiedergeburts-Mutter der Sonne ist sie auch die Mutter der Toten – zudem ist Freya ausdrücklich eine Totengöttin, der die Hälfte der Toten gehört.

Auch das Motiv des Seelenvogel ist zu dieser Zeit schon aus den Höhlenmalereien bekannt.

<u>Jungsteinzeit (10.500-7.000 v.Chr.)</u>

In den früh-jungsteinzeitlichen Tempeln von Göbekli Tepe, Nevali Cori und Çatal Höyük erscheint die Göttin als Gebärende und als zweifache Frau mit Seelenvögeln.

Eine weitere ihrer Gestalten ist das Geierweibchen, das die Mutter der Sonne und der Seelen ist. Dieses Motiv ist der Ursprung des Falkenhemdes, das Frigg dem Loki leiht, und auch des Adlerhemdes, das Tyr und Odin vermutlich von ihr erhalten haben werden.

Die Jenseitsgöttin und Große Mutter ist in der frühen Jungsteinzeit sehr wahrscheinlich „Ma" für „Mutter", „Aset" für „Sitzende" und „Maruti" für „Mutter mit den beiden Panthern" genannt worden.

<u>Indogermanen (7.000-2.800 v.Chr.)</u>

Die Indogermanen haben das altägyptische Lehnwort „per" für „Haus" um die Bedeutung „Hausmitbewohner" und anschließend auch „Verwandte" und „Geliebte" erweitert. Dieses Wort wurde auch als Beiname und schließlich als Hauptname der Großen Mutter verwendet. Der Aspekt der Wiederzeugungs-Geliebten bei dieser Göttin ist so ausgeprägt gewesen, daß „Priheh" vor allem eine Liebes- und Muttergöttin gewesen ist.

Als Erdgöttin wurde Priheh „Prithivi" genannt.

Sie ist auch die Mutter des Sonnengott-Göttervaters Dhyaus gewesen, der selber vermutlich auch mit der Maskulin-Form zu „Priheh" benannt worden ist, woraus dann später der Name „Freyr" entstanden ist.

Die Wiederzeugung und die Sonnenmutter sind auch die beiden Hauptaspekte der Göttin Frigg.

West-Indogermanen (ca. 2.200 n.Chr.)

Zwischen 4.000 v.Chr. und 2.500 v.Chr. hatten die Indogermanen ihr ursprüngliches Siedlungsgebiet in der südrussischen Steppe nördlich des Schwarzen Meeres und des Kaspischen Meeres in etwa auf die doppelte Fläche vergrößert.

Ab spätestens 2.200 v.Chr. endete durch diese große Fläche und die vergrößerte Anzahl der einzelnen indogermanischen Stämme die bisherige einheitliche Entwicklung der Indogermanen. Die erste Aufspaltung führte zu der Entstehung der West-Indogermanen (den späteren Kelten, Römern, Germanen, Slawen u.a.), den Süd-Indogermanen (den späteren Hethitern, Luwiern u.a.) sowie den Ost-Indogermanen (den späteren Griechen, Indern, Persern u.a.).

Im Bereich der Ost-Indogermanen wurde die Göttin Priheh nun bei den Indern „Priya" und „Prihtivi" genannt, bei den Persern „Paurwa" und „Peris", bei den Albanern „Perendi" sowie bei den Griechen „Aphrodite". Die Griechen verehrten auch einen Gott mit dem Namen „Priapos".

Bei den Süd-Indogermanen ist aus dem Namen „Priheh" das hethitische „Purulli" geworden.

Bei den ursprünglichen West-Indogermanen wird der Name der Göttin in etwa „Priya" und der Name des Gottes „Priyr" gelautet haben.

Kelto-Germanen (2.000 v.Chr.)

Um ungefähr diese Zeit haben sich die Balto-Slawen von den den Germano-Kelten getrennt und sind nach Norden in die Steppe westlich des Urals gezogen. Bei ihnen hieß die Göttin weiterhin „Priya".

Wahrscheinlich haben sich auch bei den Kelto-Romanen die Namen „Priya" und „Priyr" nicht verändert.

Germanen (1.800 v.Chr.)

Zwischen 1900 v.Chr. und 1800 v.Chr. haben sich die Kelto-Germanen, die in der Ungarischen Tiefebene gelebt haben, in zwei Völker aufgespalten: in die Germanen, die nach Norden bis nach Südskandinavien gezogen sind, das sie um ca. 1.800 v.Chr. erreicht haben, und in die späteren Kelten und Römer, die zunächst noch in der Ungarischen Tiefebene geblieben sind.

Bei den Germanen blieben die Namen „Priya" und „Priyr" noch lange Zeit erhalten. bei den Römern wurde aus „Priyr" der Name „Priapus" und bei den Kelten wurde aus ihm „Pryderi".

Südgermanen (750 v.Chr.)

Erst 1000 Jahre später, d.h. ab 750 v.Chr., begannen die Germanen, die in Südschweden, Südnorwegen, Dänemark und Schleswig lebten, ihr Siedlungsgebiet nach Süden hin auszuweiten. Diese „Auswanderer" wurden zu den Südgermanen; die verbleibenden Germanen waren die Nordgermanen.

Die Namen „Priya" und „Priyr" wurden bei den Nordgermanen zu „Freya" und „Freyr". Bei den Südgermanen wurde aus ihnen „Frigg" und „Fricco".

Der Charakter dieser beiden Gottheiten ist derselbe geblieben wie bei den ursprünglichen Indogermanen, was daran liegen wird, daß die Wiederzeugung und die Wiedergeburt ein sehr zentrales und daher unverändertes Thema der Mythen der Indogermanen gewesen ist.

Um ca. 500-100 v.Chr. wurde Odin der Göttervater der Südgermanen und übernahm von Tyr die Göttin Freya-Frigg als Wiederzeugungs-Geliebte und Wiedergeburts-Mutter, woraus dann schließlich Frigg als Frau des Odin wurde.

Odin wird Göttervater der Nordgermanen (500 n.Chr.)

Als im Verlauf der Völkerwanderungszeit der südgermanische Odin zusammen mit Thor den bisherigen nordgermanischen Sonnengott-Göttervater Tyr absetzte, kehrte die südgermanische Freya unter dem Namen „Frigg" zu den Nordgermanen zurück.

Die Ähnlichkeit und vielleicht sogar die Identität von Frigg und Freya sind von den Nordgermanen zwar erkannt worden, aber beide Göttinnen bleiben dennoch eigenständig.

Die Edda (1225 n.Chr.)

Sowohl in der Prosa-Edda als auch in der Lieder-Edda erscheinen Frigg und Freya als zwei unabhängige Göttinnen, die jedoch manchmal als Paar auftreten und sehr ähnliche Eigenschaften und Mythen haben.

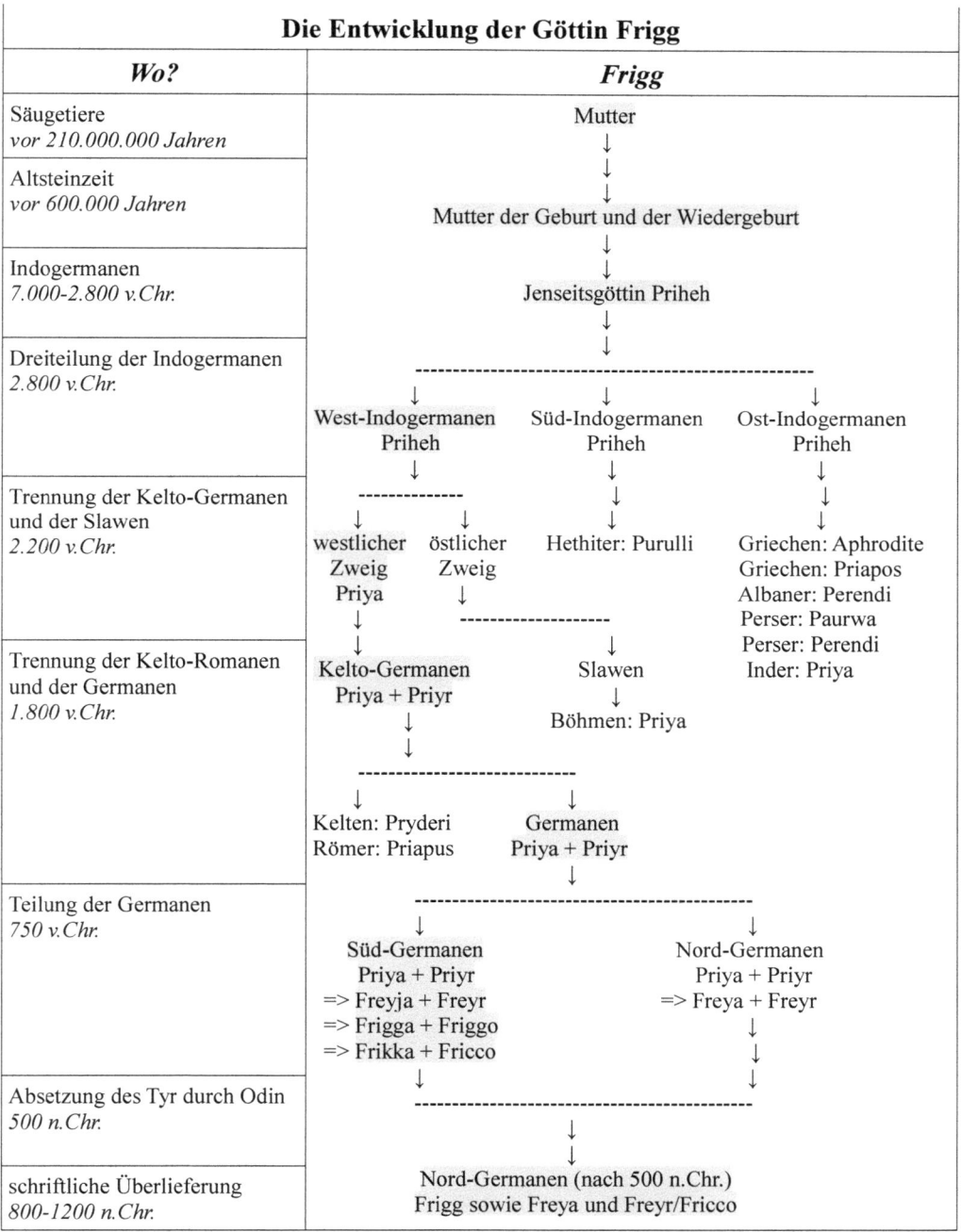

V Zugang

Frigg ist vor allem eine Muttergöttin. Daher ist der Zugang zu ihr derselbe wie bei den meisten anderen Göttinnen – alles, was hilft, zum Urvertrauen und zu der Geborgenheit und dem Genährtsein zurückzukehren: Traumreisen zu der Göttin, Familienaufstellungen zu der eigenen Mutter, Schwitzhütten-Rituale, Sauna, Kuscheln, Massagen, in der Natur auf der Erde liegen, Meditationen über die Erde, das Erschaffen von Heiligen Orten, das Aufsuchen von Kraftorten, die Selbstliebe wiederfinden …

Speziellere Wege, den Zugang zu Frigg zu finden sind Astralreisen, Meditationen über den Tod, Tantra-Yoga (eine Weiterentwicklung der Wiederzeugungs-Symbolik), das Erlernen des Erkennens der Zukunft (Bezug zu den Seherinnen und zu den Nornen), Anrufungen und Invokationen der Göttin Frigg …

VI Hymnen

Die beiden folgenden Gedichte sind keine traditionellen Lieder, sondern Neudichtungen. Sie sind „Gebrauchslyrik" und fassen zum einen das, was über Frigg bekannt ist, in einem annähernd nordgermanischen Stil zusammen, und können zum anderen eine Hilfe bei Anrufungen der Göttin sein.

Die beiden folgenden Lieder sind keine „endgültige Form", die nicht angetastet werden darf – es sollte sich jeder frei fühlen, sie zu kürzen, zu erweitern, umzuschreiben oder auf eine andere Weise so zu verändern, daß sie den eigenen Bedürfnissen entsprechen. Schließlich ist der Wert der Beschäftigung mit einer Gottheit letztlich der konkrete, lebendige Kontakt mit dieser Gottheit – und wenn diese lyrischen Texte ein wenig dazu beisteuern können, daß dieser Kontakt hergestellt wird, dann haben sie ihre Aufgabe erfüllt.

Anrufung der Göttin Frigg

Die folgende Anrufung ist nach folgenden lyrischen Regeln aufgebaut:

- Jede Strophe hat acht Zeilen, die in zwei vierzeilige Halbstrophen zu je zwei Doppelversen gegliedert sind.
- Das Versmaß ist in jeder Zeile vorwiegend der Trochäus.
- Jede Zeile hat ca. 6 betonte Silben, d.h. insgesamt also ca. 12 Silben.
- Die Zeilen 1 und 2 sowie 5 und 6 enthalten eine Beschreibung der Göttin.
- Die Zeilen 3 und 4 sowie 5 und 6 enthalten eine Anrufung der Göttin.
- Die Zeilen 3 und 4 sowie 5 und 6 sind inhaltlich und grammatisch parallel aufgebaut (Zaubergesang-Liedform).
- Jede Zeile beginnt mit einer verschiedenen stabreimenden Kenning für die Göttin.
- Jede Zeile enthält ein weiteres Wort, das sich auf die Göttin-Kenning stabreimt.
- Jedes Zeilen-Paar endet mit einem Endreim (germanisch: „Echo-Reim").
- Die Form der Strophen verschiebt sich von der distanzierten Beschreibung der Frigg („sie") über das Konktakt-aufnehmende Ansprechen der Göttin („Du") und den eigenen Bezug zu ihr („ich bitte Dich" u.ä.) zu der Identifizierung mit der Göttermutter („ich bin"). Von jeder dieser vier Form gibt es je zwei Strophen.

Der Zweck dieser komplexen Lyrik-Regeln ist es, die Anrufung durch ihre Form wie ein gesungenes Lied „zum Schwingen zu bringen" und dadurch die Konzentration und die Wirkung der Anrufung zu erhöhen.

Da eine Anrufung letztlich immer eine Bitte um Hilfe ist, liegt der Schwerpunkt der folgenden Strophen auf Frigg als Erdgöttin, der mit der Ernährung und der Wiedergeburt in der Erd-Unterwelt verbunden ist. Daher gibt es viele Überschneidungen zu Sif, zu Idun und zu den Erdgöttinnen allgemein – was jedoch keine Ungenauigkeit ist, sondern in dem Wesen von Mythen liegt, deren Motive sich mit fast allen anderen Motiven überlagern und ein komplexes Bild ohne klare Grenzen, aber mit mit Schwerpunkten bilden.

An Frigg

Fullas Fürstin[1] ist weit wie das fruchtbare Land,
Fiölnirs Frau[2] ist fernhin allen Müttern bekannt;
Hlins Herrin[3] hilft allen Fragenden mit ihrem Rat,
Hermodrs Huld[4] hilft allen Suchenden mit ihrer Tat.
Sigtyrs Seherin[5] schützt auf den Feldern das Getreide,
Svafnirs Schützerin[6] hegt Schafe und Pferde auf der Weide;
Wilis Walküre[7] vermehrt das Vieh auf den Feldern,
Wes Wunschmaid[8] vermehrt das Wild in den Wäldern.

---

1 Fullas Fürstin = Fulla ist die Dienerin der Frigg
2 Fiölnirs Frau = Fiölnir ist Tyr/Odin; seine Frau ist Frigg
3 Hlins Herrin = Hlin ist die Dienerin der Frigg
4 Hermodrs Huld = Hermodr besaß Friggs Gunst, weil er für sie in das Jenseits gereist ist, um zu versuchen, Baldur zurückzuholen
5 Sigtyrs Seherin = Sigtyr ist Tyr/Odin; er wird von Frigg (meistens) unterstützt
6 Svafnirs Schützerin = Svafnir ist Odin
7 Wilis Walküre = Wili ist Odins Bruder; „Walküre" steht hier für „Geliebte"; Frigg vereinte sich einst mit ihm
8 Wes Wunschmaid = We ist Odins Bruder; „Wunschmaid" („Walküre") steht hier für „Geliebte"; Frigg vereinte sich einst mit ihm

Hangatyrs Helferin⁹ gibt allen Hungrigen Speise,
Hlidskialfs Hüterin¹⁰ hilft den Wanderern auf ihrer Reise¹¹;
Geirröds Geliebte¹² gibt uns Wind auf dem Schwanenweg¹³,
Gnas Gebieterin¹⁴ gibt uns Sonne auf dem Bergessteg.
Svidrirs Schöne¹⁵ erfüllt mit Saft die Äpfel und Birnen,
Svipals Schützerin¹⁶ leuchtet dem Schiffer aus allen Gestirnen;
Fimbultyrs Frau¹⁷ gibt Reichtum beim Gebären der Rinder,
Fensalirs Fürstin¹⁸ gibt Fülle beim Säugen der Kinder.

---

9   Hangatyrs Helferin = Hangantyr ist Odin
10   Hlidskialfs Hüterin = Hlidskialf ist der Sehersitz, von dem aus Odin und Frigg in das Jenseits blicken
11   Wanderer auf ihrer Reise = Tote auf dem Weg zur Hel
12   Geirröds Geliebte = Geirröd ist Tyr, dessen Wiederzeugungs-Geliebte und Wiedergeburts-Mutter Frigg einst gewesen ist
13   Schwanenweg = Meer; Wind auf dem Schwanenweg = guter Wind für die Seefahrer
14   Gnas Gebieterin = Gna ist Friggs Dienerin
15   Svidrirs Schöne = Svidrir ist Tyr/Odin
16   Svipals Schützerin = Svipal ist Odin
17   Fimbultyrs Frau = „Fimbultyr" bedeutet „mächtiger Tyr" und ist ein Titel des Tyr und ein Beiname des Odin
18   Fensalirs Fürstin = Fensalir ist die Halle der Frigg

Bölverks Beraterin[19], Du bist die Mutter der Sonne;
Baldurs Beschützerin, Du bringst den Menschen die Wonne;
Spindel-Skadi[20], Du lenkst stets der Nornen Rat[21],
Sonnen-Snotra[22], Du bestimmst des Schicksals Pfad[23].
Methorn-Marnar[24], Du kennst die Lieder, Mythen, Geschichten,
Mühlen-Mona[25], Du bist die Mutter Meilis des Lichten[26];
Apfelbaum-Alfe[27], Du weißt den Inhalt der alten Sagen,
Adlerhemd-Asin[28], Du weißt die Antwort auf tiefe Fragen.

---

19 Bölverks Beraterin = Bölverk ist Odin
20 Spindel-Skadi = die Spindel ist das Symbol der Nornen und der Frigg; Skadi ist eine Erdgöttin
21 Rat der Nornen = Festlegung des Schicksals
22 Sonnen-Snotra = Snotra ist eine Göttin; die Sonnen-Snotra, also die Sonnengöttin ist die Frigg, die Mutter der Sonne (Tyr)
23 Pfad des Schicksals = Hel-Weg, Jenseitsreise-Weg
24 Methorn-Marnar = Marnar ist ein Beiname der Erdgöttin Skadi; eine Erdgöttin mit einem Methorn ist die Jenseitsgöttin, die den Toten bei seiner Ankunft im Jenseits mit einem Horn voll Met begrüßt, womit hier Frigg gemeint ist
25 Mühlen-Mona = Mona ist eine Erdgöttin; eine Erdgöttin mit einer Mühle ist entweder Frigg-Fenja oder Freya-Menja; hier ist Frigg gemeint
26 Meili der Lichte = Baldur; Meilis Mutter = Baldurs Mutter Frigg
27 Apfelbaum-Alfe = eigentlich Idun, aber hier Frigg
28 Adlerhemd-Asin = Frigg verwandelt Tyr bei seiner Wiedergeburt in einen Adler-Seelenvogel, d.h. sie gibt ihm eine „Adlerhaut" oder ein „Adlerhemd"

Labkraut-Laufey²⁹, Du leitest uns auf den Wegen durch die Nacht³⁰,
Lokis Geliebte³¹, Du führst uns, bis das Licht erneut erwacht³²;
Dvalins Dise³³, Du kennst den Ort, an dem Heidrek³⁴ im Diesseits wohnt,
Dains Drifa³⁵, Du kennst den Ort, an dem Surtur³⁶ im Jenseits thront.
Gürtel-Gyma³⁷, Du gibst Zeugung und Geburt und Stillen,
Gerstenhaar-Göttin³⁸, Du gibst sie hier und dort³⁹ nach Deinem Willen;
Bauch-Behüterin⁴⁰, Du bist die Rettung in der Not,
Brust-Entblößerin⁴¹, Du bist die Hoffnung nach dem Tod⁴².

---

29 Labkraut-Laufey = das Labkraut ist eine Pflanze der Frigg; Laufey ist eine Jenseitsgöttin
30 Wege durch die Nacht = Hel-Weg
31 Lokis Geliebte = Frigg war einst die Wiederzeugungs-Geliebte und die Wiedergeburts-Mutter des Sommergottes Tyr und des Wintergottes Loki
32 neu erwachendes Licht = Morgensonne
33 Dvalins Dise = Dvalin ist einer der vier Zwerge, die Frigg-Freyas goldenen Halsreif Brisingamen angefertigt haben; eine Dise ist eine Göttin
34 Heidrek = der Name „Lichtkönig" ist ein Titel des Sonnengott-Göttervaters Tyr
35 Dains Drifa = Dain erschuf Freyas Reit-Eber; Drifa ist eine Meeres-Riesin
36 Surtur = Tyr als Riese in der Unterwelt
37 Gürtel-Gyma = Gyma ist eine Erdgöttin; der Gürtel ist ein Symbol der Frigg
38 Gerstenhaar-Göttin = eigentlich ist Sif die Korngöttin; hier ist Frigg gemeint
39 hier und dort = Diesseits und Jenseits
40 Bauch-Behüterin = Frigg als Sonnenmutter und als Beschützerin der Schwangeren
41 Brust-Entblößerin = Frigg als stillende Mutter
42 Hoffnung nach dem Tod = Wiedergeburt durch Frigg

Stab-Sinmara[43], ich sehe den Stab in Deiner Hand,
Sonnen-Skadi[44], ich kenne die Mistel – sie ist allzu bekannt ...
Brising-Besitzerin[45], ich sehe den Sonnengürtel an Deinem Bauch
Baldurs Behüterin, ich kenne die Mythe – und der Asen Beste[46] auch ...
Früchte-Freya[47], ich sehe des Adlerhemdes Gefieder,
Fülle-Folde[48], ich erkenne das Falkenhemd wieder ...
Alfödrs Asin[49], ich sehe Loki als Falke nach Utgard[50] fliegen,
Alfrids Alfin[51], ich weiß Thiazi[52] als Adler in Asgard liegen[53] ...

Sonnenbarken-Saga[54], ich rufe Dich zum Schutz für Leute und Land,
Sumpfsaal-Sigyn[55], ich rufe Dich, sei für uns Wall und Wand!
Falkenhemd-Folde[56], laß' Lämmer, Ferkel, Küken Gräser raufen,
Fruchtbarkeits-Freya, laß', Zicklein, Fohlen, Kälber Wasser saufen!
Dinkel-Dise[57], ich bitte Dich um Eschen-Kisten voller Korn,
Daunen-Dufa[58], ich danke Dir für den goldnen Met im Horn[59]!
Rapunzel-Rindr[60], laß' Mangold und Rüben wachsen – voller Kraft,
Reichtums-Rygi[61], laß' Äpfel und Schlehen reifen – voller Saft!

---

43 Stab-Sinmara = Sinmara ist eine Jenseitsgöttin; der Stab ist Friggs Seherinnen-Symbol
44 Sonnen-Skadi = Skadi ist eine Erdgöttin; Frigg ist einst die Erdgöttin gewesen, die die Sonne wiedergebiert
45 Brising-Besitzerin = das Brisingamen ist der Halsschmuck der Frigg-Freya
46 Bester der Asen = Baldur
47 Früchte-Freya = Frigg-Freya als Erdgöttin
48 Fülle-Folde = Folde ist eine Erdgöttin
49 Alfödrs Asin = Afödr ist Odin
50 Loki fliegt nach Utgard = Jenseitsreise zu den Tyr-Riesen Thrym, Geirröd, Thiazi usw.
51 Alfrids Alfin = Alfrid ist Odin
52 Thiazi = Tyr
53 Thiazi liegt in Asgard = Thiazi wurde in Adlergestalt von den Asen vor den Toren von Asgard verbrannt
54 Sonnenbarken-Saga = die Göttin der Sonne (Tyr) und des Sonnenschiffes ist Frigg
55 Sumpfsaal-Sigyn = Sigyn ist eine Asin; der Sumpfsaal ist Friggs Halle
56 Falkenhemd-Folde = Folde ist eine Erdgöttin; das Falkenhemd gehört Frigg-Freya
57 Dinkel-Dise = eine Dise ist eine Göttin; die Getreide-Göttin ist eigentlich Sif, aber hier ist Frigg gemeint
58 Daunen-Dufa = Dufa ist eine Meeresriesin; eine Riesin/Göttin, die die Gaben des Ackerbaus und der Viehzucht gibt, ist eine Erdgöttin; hier ist Frigg gemeint
59 Met im Horn = Begrüßungstrank im Jenseits
60 Rapunzel-Rindr = Rapunzel ist Feldsalat; Rindr ist die Erdgöttin; hier ist Frigg gemeint
61 Reichtums-Rygi = Rygi ist eine Riesin; eine Gaben-gebende Göttin ist Frigg

Ich bin die Göttin in Grendels Gemach[62] – *ich spende alle Gaben,*
Ich bin die Gebieterin in Geirröds Gemäuern[63] – *ich gebe Honig in die Waben;*
Ich bin die Var der Wiederzeugung[64] – *ich werde alle versorgen,*
Ich bin die Vardrun der Wiedergeburt[65] – *bei mir seid ihr wohl-geborgen.*
Ich bin die Hlidskialf-Hlin[66] – *die die Schläfer behutsam bedeckt,*
Ich bin die Haarreif-Hlodyn[67] – *die Baldur in jedem Herzen*[68] *erweckt;*
Ich bin die Heilungs-Herche[69] – *die Hüterin, die über allen wacht,*
Ich bin die Herrin der Hügelgräber[70] – *die Helferin, der Schutz in der Nacht.*

---

62 Göttin in Grendels Gemach = Grendel ist Tyr; die Göttin in seiner Halle ist Frigg
63 Gebieterin in Geirröds Gemäuern = Geirröd ist Tyr; die Gebieterin in seinen Gemächern ist Frigg
64 Var der Wiederzeugung = Var ist eine Göttin; die Göttin der Wiederzeugung ist Freya-Frigg
65 Vardrun der Wiedergeburt = Vardrun ist eine Jenseitsgöttin; die Göttin der Wiedergeburt ist Freya-Frigg
66 Hlidskialf-Hlin = Hildskialf ist Odins Sehersitz; Hlin ist Friggs Dienerin
67 Haarreif-Hlodyn = der Haarreif ist ein Symbol der Frigg und der Fulla; Hlodyn ist eine Erdgöttin
68 Baldur in jedem Herzen = Seele
69 Heilungs-Herche = Herche ist eine Erdgöttin
70 Herrin der Hügelgräber = Frigg als Jenseitsgöttin; die Grabkammer in dem Hügelgrab wurde auch „Friggs Frauenhaus" genannt

Ich bin die Geburten-Göttin – allen guten Alfen bekannt,
Ich bin die Geborgenheits-Geberin – mit den gütigen Asen verwandt;
Ich bin die Sonnen-Schwangere – ich sende Sol auf Sleipnirs Spuren[71],
Ich bin die Sigyn in Sagas Saal[72] – ich sehe die Räder, die auf dem Hel-Weg fuhren[73].
Ich bin die Haarknoten-Huldar[74] – ich halte des Hel-Rosses[75] Zügel,
Ich bin die Hrungnirherz-Hüterin[76] – ich gebe allen in Hyndlas Halle[77] Flügel[78];
Ich bin die Eid-Erce[79] – ich ernähre die Menschen mit meiner Milch[80],
Ich bin die Erd-Eir[81] – ich empfange die Toten mit meinem Met[82].

Ich bin Frigg.

---

71 Sol auf Sleipnirs Spuren = „Sleipnirs Spuren" sind der Hel-Weg; Sol ist die Sonne, die hier ins Jenseits reist
72 Sigyn in Sagas Saal = Sigyn und Saga sind Göttinnen; Sagas Saal in der Wasserunterwelt ist mit Friggs Fensalir („Sumpf-Saal") identisch
73 Räder, die auf dem Hel-Weg fahren = der Streitwagen der Sonne
74 Haarknoten-Huldar = Huldra ist eine göttin; Frigg trug ihr Haar am Hinterkopf zusammengeknotet
75 Hel-Roß = das Pferd der Hel oder des Odin
76 Hrungnirherz-Hüterin = Frigg trägt ein Hrungnir-Herz vor ihrem Bauch, das die noch ungeborene Sonne in ihr symbolisiert
77 Hyndlas Halle = Hyndla ist Hel
78 Flügel = symblisch für den Seelenvogel
79 Eid-Erce = Erce ist eine Erdgöttin; Frigg nahme allen Wesen und Dingen den Eid ab, Baldur nicht zu verletzen
80 Friggs Milch = Nahrung der Lebenden
81 Erd-Eir = Eir ist eine Göttin
82 Friggs Met = Wiedergeburts-Trank der Toten

Die Reise zur Quelle

Dieses lange Lied beruht auf der Jahreszeitenmythe aus dem alten, Tyyr-zentrierten Weltbild der Germanen vor 500 v.Chr., in dem noch Tyr der Göttervater gewesen ist.

Die folgende Übersicht zeigt, welche neueren Mythen und Lieder aus der alten Jahreszeitenmythe entstanden sind.

Die Entwicklung der Jahreszeiten-Mythe	
Tyr-zentrierte Mythen *vor 500 n.Chr.*	*Odin-zentrierte Mythen* *nach 500 n.Chr.*
Sommeranfang: Tyr tötet Loki	Fest bei Ägir: - „Lokasenna": Fesslung des Loki in der Hel - Loki/Hödur tötet Baldur - „Wieland-Lied" - „Heimdalls Zauberlied" - Baldurs Rückkehr nach dem Ragnarök
Sommer (3 Monate)	
Sommerende: Wiederzeugung und Wiedergeburt des Loki	- Baldurs schwere Träume - „Odins Rabenzauber" - „Wegtam-Lied" - „Lokasenna" (Verführung der Göttinnen durch Loki) - „Ragnarök"
Winteranfang: Loki tötet Tyr	Fest bei den Asen: - Loki raubt das Brisingamen - „Wieland-Lied" - Odin tötet Tyr („Grimnir-Lied") - Odins Rätselkämpfe gegen Tyr („Heidrek-Saga", „Wafthrudnir-Lied") - Thor tötet den Tyr-Riesen („Hrimnir-Lied", „Riesenbaumeister-Mythe", „Haustlöng", „Thialfi-Mythe", „Hrungnir-Lied", Alvis-Lied", „Thrym-Lied") - „Hyndla-Lied" (Jenseitsreise) - Abbeißen von Tyrs Hand durch Fenrir - (Tyrs Schwert zerbricht) - Ragnarök

Winter (9 Monate)	
Winterende: Wiederzeugung und Wiedergeburt des Tyr	Wiederzeugung und Wiedergeburt des Odin - „Gunnlöd-Mythe" - „Havamal" - „Fiölswin-Lied" - „Groas Zaubergesang" - „Skirnir-Lied" (Brautwerbung)

In den folgenden Versen haben die Strophen jeder Gottheit ihre eigene Strophenform, die sich an dem Charakter dieser Gottheit orientiert. Dabei sind manche Strophenform offensichtlich gut für eine Gottheit geeignet, während andere Strophenformen nur Annäherungen an den Charakter der betreffenden Gottheit sind.

An manchen Stellen werden jedoch auch andere, einfachere Strophenformen benutzt.

Eine ausführliche Darstellung der verschiedenen Strophenformen findet sich in dem Kapitel „Hattatal" in Band 77 über die Edda.

Ägir: Ein Stabreim in den beiden ersten Worten der ungeraden Zeilen und dann im zweiten Wort der folgenden, geraden Zeile. Der Doppel-Stabreim in den ungeraden Zeilen weckt Aufmerksamkeit und der verzögerte Stabreim in den geraden Zeilen (im zweiten statt im ersten Wort) läßt den Zuhörer sozusagen auf die Fortsetzung und die Schlußfolgerungen warten.

Baldur: Je zwei sich folgenden Verse enthalten zusätzlich zu dem üblichen Stabreim einen Endreim als lyrisches Symbol für die Schönheit und Ordnung, die Baldur verkörpert.

Forseti: Der Richtergott Forseti ist um eine gute Begründung seiner Urteile bemüht und läßt daher jede seiner Strophen mit einem Sprichwort enden. Zudem haben je zwei Zeilen einen Endreim, die die Ausgewogenheit seiner Urteile auf lyrische Weise verdeutlichen.

Frigg: Die Autorität dieser Göttin zeigt sich darin, daß sie häufig „unterstützte Wahr-Kenningar" benutzt, also Substantive mit einem Adjektiv im Superlativ wie z.B. „sehr scharfe Klinge".

Freya: Diese Göttin benutzt in ihrer Rede am Anfang der ungeraden Zeilen je zwei Stabreime, die nur durch eine Silbe getrennt sind („Schüttelreim"). Diese Form hat einen aufweckenden Effekt.

<u>Fulla</u>: Die Fülle, die diese Göttin gibt, wird dadurch ausgedrückt, daß in jedem Doppelvers vier oder mehr Stabreime stehen.

<u>Gerdr</u>: Diese Riesin-Göttin benutzt viele „Wahr-Kenningar" wie z.B. „scharfe Klinge", um ihrer Rede Nachdruck zu verleihen.

<u>Gna</u>: Die Eile dieser Schamanen-Dienerin der Frigg wird lyrisch dadurch zum Ausdruck gebracht, daß sich in jeder Zeile drei stabreimende Worte befinden, die durch jeweils ein Wort voneinander getrennt sind und mit dem ersten Wort in der Zeile beginnen – der Reim ahmt sozusagen ein galloppierendes Pferd nach. Dieses Reimschema war bei den Germanen nicht üblich.

<u>Heimdall</u>: Der Stabreim am Anfang und am Ende der ungeraden Zeilen ist symbolisch sozusagen die Brücke, auf der Heimdall steht. In den geraden Zeilen steht der Stabreim im ersten Wort.

<u>Hel, Hyndla, Hyrrokkin, Sinmara</u>: Diese Jenseitsgöttinnen benutzen alle dieselbe Strophenform. Ihre Schwere drückt sich darin aus, daß meistens am Anfangsie einer Zeile je einen aus drei Substantiven zusammengesetzten Begriff wie z.B. „Drachenschiffsegel" verwenden. Die Macht der Jenseitsgöttin wird dadurch deutlich, daß die beiden letzten Zeilen jeweils im „Galdrlag", also in der „Zaubergesangs-Form" stehen, d.h. daß sie grammatisch parallel gebildet sind und dieselbe Aussage enthalten wie z.B. in „Der Tag bricht an; die Sonne geht auf."

<u>Hermodr</u>: Dieser Schamanengott ist viel unterwegs und hat daher keine Zeit, komplizierte Reimformen zu suchen. Daher spricht er in der „Reiseform", die nur unregelmäßig verteilte, gelegentliche Stabreime enthält.

<u>Hödur</u>: Dieser blinde Gott drückt seine Desorientierung dadurch aus, daß er zwar ein Versmaß, aber fast keine Stabreime benutzt.

<u>Hymir</u>: Als eher grober Jenseitsriese benutzt der Tyr-Vater in seiner nur lose gefügten Rede nur jeweils am Zeilenanfang einen Stabreim.

<u>Idun</u>: Diese Göttin der Äpfel der ewigen Jugend benutzt in ihrer Rede stets zweizeilige Sätze und beendet jeden Satz mit einem Wort, das etwas Erfreuliches und Ersehntes ausdrückt, wobei dieses Wort noch durch ein ihm vorausgehendes Adjektiv („Wahr-Kenning") verstärkt wird.

<u>Kwasir:</u> Dieses klügste aller Geschöpfe spricht in zweizeiligen Sätzen, wobei das letzte Wort eines Satzes jeweils wieder als das erste Wort des Folgesatzes erscheint. Dadurch entsteht schon aus lyrischer Sicht der Eindruck einer konsequenten Schlußfolgerung.

<u>Loki:</u> Jeder zweiter Vers enthält eine „Fuchskehre", also einen Widerspruch wie „hoch – tief", „heiß – kalt", „Tag – Nacht" usw. Die Stabreime sind Lokis unstetem Charakter gemäß sehr unregelmäßig verteilt.

<u>Mimir:</u> Der Name dieses Tyr-Riesen bedeutet „Erinnerung". Dazu passend spricht er in Fragen, die er sich in der Folgezeile dann selber beantwortet.

<u>Modgud:</u> Diese Walküre/Göttin ist die Wächterin auf der Jenseitsbrücke. Dementsprechend spricht und argumentiert sie kurz und bündig und mit Nachdruck, was sich darin zeigt, daß sie nur einzeilige Sätze benutzt.

<u>Nanna:</u> Die Unruhe und Trauer dieser Göttin zeigt sich darin, daß die ungeraden Zeilen doppelt so lang sind wie die geraden Zeilen, die sozusagen vorzeitig abbrechen, weil Nanna die Stimme versagt. Diese ungeraden, kurzen Zeilen enden zudem meistens mit einem Wort des Leides.

<u>Odin:</u> In jeder geraden Zeile stehen zwei Worte mit einem Endreim, was seinen Aussagen auf lyrische Weise Nachdruck verleiht.

<u>Ran:</u> Sie benutzt eine Variante der „Trollfrau-Form", bei der jede Zeile mit einem Adjektiv im Superlativ beginnt, das sich auf ein zusammengesetztes Substantiv bezieht wie z.B. „himmelhohe Meereswogen". Dadurch erhält ihre Rede Schwere und Unausweichlichkeit, was eine passende Qualität für eine Jenseitsgöttin in der Wasserunterwelt ist.

<u>Rindr:</u> Das letzte Wort der ungeraden Zeilen ist dasselbe wie das erste Wort der geraden Zeilen. Das ruft den Effekt des Innehaltens, Festigens und Fortfahren hervor – die Erdgöttin Rindr ist auf Ruhe und Sicherheit bedacht.

<u>Segen, Flüche, Eide:</u> Die beiden letzten Zeilen stehen jeweils im „Galdrlag", also in der „Zaubergesangs-Form", d.h. daß sie grammatisch parallel gebildet sind und dieselbe Aussage enthalten wie z.B. in „Windzeit – Wolfzeit".

<u>Sigyn:</u> In ihren Strophen findet sich der Stabreim im ersten und letzten Wort der ungeraden Zeilen und dann im zweiten Wort der geraden Zeilen, was den Eindruck

einer gewissen Zurückhaltung hervorruft.

<u>Skadi:</u> Diese Erdgöttin sichert ihre Rede dadurch ab, daß sie an jede ihrer Strophen ein Sprichwort anhängt, das ein Hinweis auf eine Mythe ist.

<u>Thökk:</u> Die einzige Strophe, die Thökk (Hel) spricht, ist wörtlich von Snorri übernommen worden. Da Thökk eigenlich Loki ist, findet sich auch in ihrer Strophe das Widerspruch-Wortpaar („Fuchskehre").

<u>Thor:</u> Seine große Kraft drückt sich in lyrischer Hinsicht dadurch aus, daß in Zeile vier, die etwas länger ist als die anderen Zeilen, am Ende ein Superlativ steht. Der Stabreim steht in den ersten beiden Worten der ungeraden Zeilen, die dadurch sozusagen mit einem „Donnerschlag" beginnen, sowie am Anfang der geraden Zeilen.

<u>Tyr:</u> Der ehemalige Sonnengott-Göttervater benutzt in seiner Rede das „Neu-Erschaffene", also ein Gleichnis oder eine Allegorie. Dies erreicht er dadurch, daß er in jeder Strophe ein einziges Thema für alle Bildungen von Kenningarn benutzt. So kann z.B. ein Kampf ausschließlich mit Kenningarn beschrieben werden, die sich auf ein Trinkfest beziehen.

<u>Wali Odin-Sohn:</u> Dieser Gott, der ursprünglich die wiedergeborene Sonne ist, benutzt, um seinen unaufhaltsamen morgendlichen Aufstieg zu unterstreichen, jeweils am Versanfang einen Stabreim in zwei aufeinander folgenden Worten.

<u>Wyrd:</u> Diese Norne macht durch die Verwendung von Doppelworten am Ende der Zeilen mit Stab- und Endreim deutlich („Schattenreich – schwächebleich"), daß das, was sie sagt, unangreifbare Beschlüsse sind.

Reise zur Quelle

1. Das Fest bei Ägir und Ran[83]

Ägir:
„Asgards Asen – seid willkommen in Ägirs Halle!
Kommt, alle sollen hier bei uns fröhlich sein und feiern!
Milder Met und Ale wartet auf euch in Fülle,
so mancher Braten, manche Speise will jetzt gegessen werden!

Odin, oberster der Regin[84], nimm Platz auf dem Hochsitz,
denn ohne Dich ist keine Runde ganz, kein Fest voll Glanz!
Thor Thursen-Töter, mächtigster Midgard-Segner,
Du Tüchtigster in Asgard, setzte Dich neben Deinen Vater.

Baldur, berühmter Ase mit der goldenen Braue,
Dir bereitet habe ich einen Platz auf Odins anderer Seite.
Hödur, hoher Gott, Herr des Winters, blinder Ase,
Du Hort der stillen Weisheit, nimm nun Platz!

Tyr, tapferer Schwinger des Schwertes, Wolfs-Krieger,
Winter-Träumer[85], für Dich ist die Bank bereitet neben Baldur.
Heimdall, hehrer Wolkenbrücken-Wächter hoch am Himmel,
Mein Heim steht Dir offen, laß Dich nieder, ergreife ein Horn!

Njörd, Nordlicht-Liebender, Möwenschrei-Ase, Meeresgott,
Hier neben Hödur laß Dich nieder, und lasse es Dir schmecken!
Widar, Weitgewanderter, Deine Weisheit ist weithin bekannt,
Kehre wieder an Deinen Platz neben Heimdall und trink!

Freyr, Fruchtbarkeits-Förderer, segne den Eber, den Braten beim Fest,
Du fördert die Fülle, den Reichtum, die Ernte – und so auch den Met.
Bragi, Bester der Skalden, Bringer der Reime, Dichter des Odin,
die Bank wartet – erfreue uns mit Deinen Liedern wie schon so oft!

---

83 Am Ende des dreimonatigen Sommers feierten die Asen ein Fest bei Ägir in der Unterwelt.
84 Regin = Herrscher, Götter
85 Der ehemalige Sonnengott-Göttervater Tyr lag im Winter in der Unterwelt gefangen.

Forseti, Friedens-Ase, Erhalter des Rechts mit klaren Augen,
Thing-Führer, genieße das Fest, die Reden, die Speisen, den Trank!
Loki, listigster aller Asen, setze Dich nieder, wo es Dir behagt,
und lasse Deine Zunge nicht allzu frei laufen und reden!"

   Ran:
„Allerbeste Eberbraten warten hier auf euch,
Himmelhohe Trankeswogen sind für euch bereitgestellt;
Das allerletzte Asenfest ist schon drei Monde her,
die herzerfreuende Götterrunde im Frühjahr in Asgard.

Sternenschöne Asenfürstin, Frigg, sei uns willkommen,
Alleswissende Spindelgöttin, nimm Platz an unsrer Tafel!
Goldglänzende Brisingamen-Göttin, Freya, heil,
allermildeste Wanengetränke stehen für Dich bereit!

Hochwillkommene Gabengeberin, Gefion, Landbehüterin,
Hellglänzende Eschenbänke stehen bereit, nimm Platz, Du Gute!
Segenbringende Getreidegöttin, Sif, weihe die Speisen,
Gestenlockige Felder-Asin, sei uns von Herzen willkommen!

Lebenserhaltende Apfel-Asin, Idun, was wären die Götter ohne Dich?
Todvertreibende Hasel-Herrin, erfreue die Asen mit Deiner Gegenwart!
Sommerhelle Baldurbraut, Nanna, erfreue uns mit Deinem Gesang,
Allerklarste Saitenklänge aus Bragis Harfe werden Dich begleiten![86]

Midgardweite Erdengöttin, Jörd, es ist uns eine Ehre, daß Du bei uns weilst!
Weitbekannte Donnerer-Mutter, nimm Platz auf unsren Bänken.
Waldgelockte Ebenen-Asin, Rindr, weit war Dein Weg zu uns,
Bratenduftende Götterspeise nimm Dir und Trank – greif' zu!

Schnellfahrende Schneeschuh-Asin, Skadi, Jägerin in hohen Bergen,
Adleräugige Schneewald-Göttin, komm' zu uns in die Wärme, ans Feuer!
Goldgelockte Himmelsöffnerin, Gerdr, Botin der Morgensonne,
Nächtewachende Tores-Wächterin am Horizont, willkommen![87]

---

86 Nannas Harfenspiel beruht nur auf ihrer Verbindung mit dem „schönen Asen" Asen Baldur, aber nicht auf der germanischen Überlieferung.

87 Die einstige Sonnenmutter Gerdr öffnete am Morgen das Himmelstor am Horizont für die Sonne (Tyr).

Füllebringende Haarband-Fulla, Dank Dir für Dein Kommen!
Wachstumsfördernde Segens-Asin, alles wird voller durch Dich und reicher!
Loki-treue Schweigsamkeits-Asin, Sigyn, nimm Platz in unserem Saal,
Jenseitskundige Weisheitswahrerin, sei willkommen hier bei uns!"

  Ägir:
„Was wißt ihr Neues zu sagen über die Asen?
und was gibt es Neues bei den Wanen?
Hohe Hüter Midgards – erzählet beim Met!
Bewohner des Himmels, berichtet eure Kunde!"

  Thor:
„Mächtiger Mjöllnir – er klang auf meinen Ostlandfahrten
zermalmend den Riesen, den Felsbewohnern in den Ohren;
Niemals nötigten sie mich zur Flucht im fernen Utgard,
nimmer werden sie mich vergessen – in der Hel kauern sie nun auf immer!"

  Loki:
„Du kündest das Beste, verschweigst bebend das Arge,
Hammer-Thor – auch Du warst schon einmal Amboß!
Soll ich von Utgardloki sprechen, da Du von ihm schweigst?
Vielleicht möchte hier ja jemand hören, was Du nicht sagst ..."[88]

  Thor:
„Schweig! Schlange! Sonst reiße ich Dir die Zunge raus!
Schwingen soll mein Hammer auf Deinen Schädel!
Lügende Laus! Beißender Floh! Elender Wurm! Zwietracht-Säer!
Leid werden Dir Deine Worte noch tun, wenn Du in Hel reglos gefangenliegst!"

  Odin:
„Laß gut sein, Jörd-Sohn, und hör' nicht auf den Listenreichen,
lausche der weisen Kunde der Asen so manche Stunde;
Viel haben wir erlebt, noch mehr getan, so manches erschaffen,
auf der Höhe der Berge und in den Höhlen der Zwerge.

---

88 Loki spielt hier auf Thors Begegnung mit dem Tyr-Riesen Skrymir an.

Weit unten in Hels Halle, im fernen Utgard bin ich gewesen,
über den Gjallar⁸⁹ bin ich gegangen, bei Hreidmar lag ich gefangen;
doch ich kehrte stets wieder nach Walhalla zurück,
weiser durch meine Fahrten – heim in Iduns Garten."

  Frigg:
„Fenrirs Fesselung war eine Großtat aller Asen,
derer wir uns alle frohen Mutes rühmen können;
Und reichlich mehrte sie Tyrs unsterblichen Ruhm,
er hat die Asen gerettet – im gebührt als allererstem Lob!"

  Heimdall:
„Viel haben wir getan und viel erreicht – fürwahr;
vor allem Jörmungandr versenkt im tiefen Meer.
Wer wäre eine größere Gefahr als er für Asen und Wanen?
Welche Tat kann größer sein als diese? Sprecht!"

  Tyr:
„Wir hämmerten Ymir wie Eisen, wie Erz in die rechte Gestalt,
wir erhoben den Kessel des Riesen auf den Amboß der Zwerge;⁹⁰
erschufen Midgard durch das Essen-Feuer und das Eimer-Wasser,⁹¹
mit dem Hammer formten wir Berge und Hügel und Land.

Wir gossen den Eimer dann aus und erschufen das Meer,
die Zange zwängte den Falz am Rande zurecht;
Mit Steinen haben wir die Ebene glänzend poliert,
Das Heim für die Menschen auf dem Buckel inmitten."⁹²

  Odin:
„Viel wurde gesprochen, viel wurde getrunken und vieles erzählt,
Ruhmestaten wurden gelobt: Siege wurden errungen, Kämpfe haben getobt;
Nun ist die Sonne schon lange im Meere versunken
Der Mond ist erwacht – nutzt nun zum Schlafe die Nacht!"

---

89 Gjallar = Jenseitsfluß
90 Hier wird die Erschaffung des Himmels aus Ymirs Schädel, der von vier Zwergen getragen wird, beschrieben.
91 Feuer = Muspelheim; Wasser = Niflheim
92 Meer = Ymirs Blut; Falz am Rande = Erdwall am Rand von Midgard zum Schutz gegen die Riesen (Ymirs Augenbrauen); Ebene = Midgard (Schild); Buckel in der Mitte = Zentrum von Midgard = Menschenwelt (Schildbuckel)

Frigg:
„Heim werden wir kehren munter am morgigen Tag,
den sehr mühsamen Weg hoch nach Walhall.
Der Wind der Riesin[93] will die Asen verlassen,
und in dem weithin gelobten Garten der Idun ruhn."[94]

2. Baldurs Träume

Baldur:
„Vater, Odin, höre, was Deinem Sohn wiederfuhr
welche Träume ich hatte: sah ich der Nornen Spur?
Beim Tafl[95] verlor ich, das Brett wurde rot
der König wankte, schwankte, fiel, war tot.

Ein Hirschgeweih[96] durchstach mein Herz,
hier in Asgard sank ich nieder voller Schmerz;
Ein Pfeil hat mich durchbohrt, gepfählt,
für den Pfad zu Hel hat die Norne mich erwählt!

Ich stürzte in eine tiefe Quelle steil hinab,
die Asen standen reglos – ist das mein Grab?
Ich fuhr nach Westen an einen Inselstrand[97]
Verbannt war ich – einsam auf dem Sand …

Ich lag, die Sehnen der Knie war'n durchtrennt[98]
weise ist, wer den Sinn der Bilder erkennt;
Reglos war ich auf einem Schiff, wurde verbrannt,
es trieb im Winde schaukelnd fort vom Land."

---

93 Wind der Riesin = Atem, Seele, Bewußtsein
94 Die Seelen ruhen beim Schlaf in Iduns Apfelbaumgarten. Dieses Motiv ist weit verbreitet, aber nicht von den Germanen überliefert worden.
95 Tafl = Brettspiel-Orakel (Kampf des Tyr gegen Loki)
96 Der Sonnengott-Riese Beli, der Baldur entspricht, wurde mit einem Hirschgeweih erstochen.
97 Die Insel ist Walaskialf („Toteninsel") im Westen, zu der der ehemalige Sonnengott-Göttervater Tyr jede Nacht zurückkehrt.
98 Tyr-Wieland wurden von Loki die Kniesehnen durchtrennt. Dies ist eine Variante von Tyrs abgebissener Hand.

Odin:
„Arges künden die Träume dem Asen-Sohn,
alles spricht von Not, deutet auf Tod ...
Ich werde erforschen, was die Träume bedeuten!
ich will Dir Hilfe holen, sei solange Frigga anbefohlen!"

Odin:
„Übel sind die Omen, ich brauche Klarheit über sie,
Überall will ich fragen und hören, was die Weisen sagen.
die Träume künden vom Ende der Sommer-Tage,
vom Tod der Asen, vom Ende der Wanen!"

Odin:
„Lang ist der Weg zur Brücke über den lauten Gjallar,
nicht leicht ist der Pfad zu Dir, Idun: eng ist der Grat!
Sprich, was bedeuten Baldurs Träume – ist das Nornen-Spiel?
Sag, was lindert die Not? Was verhindert den Tod?"

Idun:
„Unentrinnbar ist der Spruch der Urd,
unten in der Höhle spinnt sie das Leben;
Fäden verknoten und Fesseln reißen,
feste Schnüre bringen Not und strahlendes Glück."

Odin:
„Du redest viel und Du sagst nur wenig;
weit war die Reise zu Dir: Sprich nun zu mir!
Was wird mit Baldur geschehen, was wollen die Nornen?
Was quillt aus dem Born? Verdandis[99] Zorn?"

Idun:
„Ich habe gesagt, was ich sagen kann,
schweigen werde ich nun fortan,
denn es kommt, was nun kommen muß:
vielleicht Leid, vielleicht Herz-weitender Segen ..."

---

99 Verdandi = eine der drei Nornen

Odin:
„Wohin soll ich mich suchend wenden?
Zum Weltenbaum: Wyrd kennt den Traum!
Sie will ich suchen und sie befragen,
ob Unglück droht, ob sie hilft in der Not."

Odin:
„Wala[100], Wyrd[101], alte Weise, Weltenkennerin!
Allvater sucht Dich! Allvater ruft Dich!
Norne, Neri, Nidregin, Nifelheim-Greisin!
Wegtam will Deine Ruhe brechen! Wegtam will Dich sprechen!"

Wyrd:
„Was schallt in den Hügel? Ich bin schwächebleich ...
Wer stört mich hier in meinem Schattenreich?
Laß' mir meine dunkle, lange Friedensruhe;
Was verlangst Du? Trägst Du Jenseitsschuhe?"[102]

Odin:
„Sag mir, was Baldurs Träume bedeuten!
Bedenke und sprich, höre und berate mich!
Was droht meinem Sohn von Skulds Sprüchen?
Schließe auf Dein Tor und zeige Dich, komme hervor!"

Wyrd:
„Laß mich schlafen! Was willst Du Schicksalsworte?
Laß mich schlummern! Verlaß die Schreckenspforte!
Er wird kommen, der ungeliebte Leidensspruch ...
doch warte nicht auf diesen unerwünschten Lebensbruch!"

Odin:
„Wyrd ist schweigsam, Idun auch – was tun?
Wohin soll ich mich wenden? Ich steh hier mit leeren Händen ...
Nun muß ich zu ihr selber gehen, zur Niflheim-Herrin:[103]
Nur Hel kann ich noch fragen – was wird sie sagen?"

---

100 Wala = „die mit dem Stab", „Stabträgerin" = Seherin
101 Wyrd = Urd („Schicksal") = die ursprüngliche Norne
102 Den Toten wurden Schuhe für die Wanderung auf dem Hel-Weg angezogen.
103 Niflheim = Unterwelt

Odin:
„Nun steh' ich am hohen Hügel, am alten Grab,
Hinein und hinab geht es von hier – was bringt sie mir?
Hel! Hyndla! Hyrrokkin! Thökk! Toten-Herrin!
Herauf! Komme zu mir! Ich will Worte wechseln mit Dir!"

Hel:
„Hügelgrabheuler hör ich, Hymirschädelkrächzer ahn' ich;
Achtbeinroß kenn ich, Einaugenase[104] sah ich ...
Warum kommst Du? Was willst Du?
Was gibst Du? Wann gehst Du?"

Odin:
„Sag, Alte, was bedeuten Baldurs schwere Träume?
Was tust Du durch sie kund? Was spricht in ihnen Dein Mund?
Sag, Alte, warum sendest Du diese Schlafesbilder?
Was willst Du damit sagen? Das will ich Dich fragen!"

Hel:
„Nornenfädenknoten sind verborgen, Urdgewebemuster sind versteckt,
Walkürenwortedeutung ist schwer, Helwissenerlangung gelingt niemand.
Was sein wird, wird sein. Wenn es kommt, dann handle.
Du kannst es nicht ändern, was Du auch tust. Doch tue, was Du willst."

Odin:
„Die Reise war vergeblich, rein gar nichts hab ich erreicht,
Wie soll ich den Regin-Sohn[105] schützen? Was kann mir da nützen?
Ich werde den Rat der weisen Asen versammeln;
Es wird einen Weg geben – Baldur muß leben!"

Odin:
„Meilis Bruder[106], ich bin zurück aus Bergen und Tal,
doch, Baldur, mein Sohn, die Fahrt brachte mir keinen Lohn.
Nichts konnte ich erfahren – Hel wollte ihr Wissen bewahren ...
Nun werde ich die Asen zusammenrufen, die Midgard erschufen."

---

104 Hügelgrabheuler = Odins Wölfe Geri und Freki; Hymirschädelkrächzer = Odins Raben Hugin und Munin (Anspielung auf die Raben-Kenning „Picker an Hymirs Schädel");
Achtbeinroß = Sleipnir; Einaugenase = Odin
105 Regin = Herrscher = Gott, Ase; Sohn des Regin = Baldur (unpräzise Kenning)
106 Meilis Bruder = Baldur

Baldur:
„Ich ahne Übles, die Sonne am Abend war rot,
Raben schrien, sie künden von Tod!
Ich werde die Wege gehen, die Wyrd mir bestimmt;
möge jeder Urds Worten folgen, der sie vernimmt!"

3. Der Rat der Asen

Odin
„Asen und Asen-Frauen, Wanen und Wanen-Frauen:
Willkommen in Walhall – wir brauchen gegen Wyrd einen Wall!
Guter Rat tut dringend not, trübe werden sonst die Tage werden:
Baldur hat Todes-Träume, Hel zieht ihn in ihre Räume!"

Thor:
„Gegen Gegner wie Hel selber kämpfen?
Gut kämpfte ich nicht einst gegen Elli[107] ...
Wie wollen wir da siegen können?
ihr wißt, mit mangelt es nicht an weltbewegendem Mut!

Schickt schreckliche Riesen zu mir,
schändliche Thursen, wilde Weiber, was immer –
selbst schnelle Apfelräuber[108] kann ich bezwingen
doch sagt, was können wir tun gegen die allmächtige Wyrd?"

Tyr:
„Nutze den viel-sehenden Verstand beim Kampf!
Vor dem Feind trägt man den Schild zum Schutz,
das Schwert schwingt man, um Wunden zu fügen,
schnell wechselt der Krieger zwischen beidem.[109]

---

107 Elli = das Alter (gegen sie kämpfte Thor bei Utgardloki vergeblich)
108 Anspielung auf den Raub der Äpfel der Idun, die den Göttern ihre ewige Jugend verleihen, durch den Tyr-Riesen Thiazi
109 Das goldene Sonnenschwert und der goldene Sonnenschild sind die Waffen des ehemaligen Sonnengott-Götterfaters Tyr.

Wir können Wyrd nicht mit der Wunden-Flamme zwingen,
vergeblich wäre solch ein törichtes Tun!
Drum laßt uns die Krieger-Klippe[110] nutzen
und kühn und kräftig einen Schutz erschaffen!"

  Frigg:
„Gut hast Du gesprochen, Tyr, allerweiseste Worte!
Wie wollen wir das nun erschaffen, ihr ruhmreichen Rater?
Welcher Berg ist so hoch, welche Burg so gut gefügt,
so Blitz-sicher, Donner-abwehrend, Erdbeben-fest?"

  Heimdall:
„Wie soll Wyrd in Asgard Baldur Schaden wirken?
Wenn wir Frieden halten, kann uns kein Übel befallen.
Wir haben die Erde erschaffen, das Ymir-Schädel-Wunder[111]!
Des Weltenbaumes Festigkeit wird uns alle vor allem bewahren!"

  Freya
„Gab es Gier und Streit unter den Asen? Ja!
Gab es Hader und Haß unter den Regin? Ja!
Deshalb taugt Dein Rat, o Heimdall, nicht viel – nein!
Deshalb traut Deinen Worten kein Weiser, o Rig – nein!"

  Skadi:
„Wir brauchen die Hilfe aller Wesen,
wollen wird Baldurs Leben bewahren!
Fest sollten wir unsere Taten fügen – und:
'Es gibt immer eine Furt.'

Nun sollten wir unsere Not gut bedenken,
nur so können wir das Übel vertreiben!
Recht betrachten müssen die Regin die Lage – denn:
'Es wird nicht alles Regen, was am Himmel dunkel wird.'

---

110 Krieger-Klippe = das Breite/Aufrechte vor dem Krieger = Schild
111 Ymirs Schädel = Himmel

Odin hat uns gesagt, was wir ohne ihn nicht wüßten,
Omi[112] hat gesucht und ergründet und ist gewandert;
Besser ist es, das Gefürchtete zu betrachten als zu fliehen – weil:
'Besinnung ist die sicherste Antwort auf drängende Umstände.'[113]

Thor hat den Mut und auch Tyr und ein jeder Ase,
trefflich seid ihr darin, auch Widar und Heimdall;
Hier brauchen wir ein hehre Entschlossenheit – denn:
'Ein zaghaftes Herz läßt die Hand scheitern.'

Freya hat gezeigt, daß Frieden wanken und schwanken kann,
Fest sollten wir ihn daher fügen unter allen Wesen;
Und wir sollten diese Tat auf die rechte Weise tun – denn:
'Greife nicht neben der Tür nach dem Riegel!'"

  Frigg:
„Danke, Skadi, Deine Worte haben mir den allerbesten Weg gezeigt:
Wir müssen von allen Wesen, allen Dingen ewige Eide nehmen,
daß Baldur von niemandem bedroht, verletzt, getötet wird –
dies sollten wird unverbrüchlich beschließen!"

  Odin:
„Dies werden wir nun dauerhaft vollbringen.
Das ist ein guter Rat. Das ist die beste Tat!
So ist Baldur am besten für immer geschützt.
So endet die Not. So vergeht der Tod!"

  Frigg:
„Gna und Hlin und Fulla und Röskwa, gehet nun[114]
und laßt euch von allen Eide geben, Baldur ewig zu schonen:
von Feuer und Wasser, Eisen und Erz, Steinen und Erde,
ein jedes soll sich an den Willen der Götter binden!

---

112 Omi = Beiname des Odin
113 Die Sätze in der Rede der Skadi und später auch des Forseti, die mit '...' gekennzeichnet sind, sind germanische Sprichworte.
114 Gna, Hlin und Fulla sind die Dienerinnen-Priesterinnen der Frigg; Röskwa ist die Dienerin-Priesterin der Sif

Skirnir und Atli, Hermordr und Thialfi, hurtig nun[115]
und laßt euch von allen heilige Eide geben, Baldur zu schützen:
von Tieren und Vögeln und Würmern, von Bäumen und Krankheit und Gift,
weithin soll alles diesen nie zerbrechenden Schwur ablegen!"

4. Baldurs Tod

Loki (als alte Frau):
„Frigg, edle Göttin, das Gewand bringe ich Dir,
das Du aus losen Fäden gewoben haben wolltest.
Mit einem Rand aus gold'nen Sonnen und schwarzen Raben,
passend für die Mutter der Lebenden und der Toten."

Frigg:
„Dank Dir, edle Alte für das kunstvolle Kleid.
Sag mir, was treiben die Asen, die Disen dort draußen?
Mir daucht, da wird ein Spaß getrieben;
Das ist ein Lärm und ein Lachen – gar laut!"

Loki (als alte Frau):
„Die Asen und Wanen erproben die Eide,
doch nichts kann den heilen Baldur verletzen.
Es ist keine Klinge ist scharf, keine Spitze so dünn,
daß sie den Hohen niederwerfen könnte."

Frigg:
„Mir ist nicht wohl bei diesem Schießen, diesem Asen-Spiel:
übermütig scheinen mir die Regin[116]*, allzuleichten Sinnes!*
Sie sollten das beenden – wie Knaben tollen sie –
schlagen mit Schwertern, werfen Speere, schießen spitzeste Pfeile ..."

---

115 Skirnir ist der Diener-Priester des Freyr; Atli ist der Diener-Priester des Tyr; Hermodr ist der Diener-Priester des Odin; Thialfi ist der Diener-Priester des Thor
116 Regin = Herrscher, Ase

Loki (als alte Frau):
„Frigg, hohe Asin, der kühne Baldur kann nicht tief stürzen,
er wird durch ein wahrlich großes Wunder geschützt;
Unverwundbar ist der Ase wie einst Tyr – der nur im Winter starb,[117]
niemand braucht mehr Sorge haben wegen dem schönen Gott."

Frigg:
„Nichts kann Baldur Schaden bringen,
Alle brachten ewige Eide dar,
Mein Sohn ist geschützt
ist sicher für alle Zeiten!"

Loki (als alte Frau):
„Schön, daß niemand den Strahlenden verfinstern kann,
sonst wäre das Leid der jetzt Lachenden gar groß.
Gut, daß wirklich alle Geschöpfe geschworen haben –
vom Regenwurm bis hin zum Drachen."

Frigg:
„Niemand wird Baldur verletzen, niemals wird er sterben,
nichts wird ihm schaden, denn alle haben geschworen.
Nur im Osten von Walhall die junge, weiche Mistel,
war mir noch nicht wert, von ihr einen Eid zu fordern."

Loki:
„Nun steh' ich hier am Weltenbaum, dem hohen, weiten,
am dunklen Tor der Sinmara[118] breche ich den weiß-beerigen Zweig,[119]
ich spitze ihn, forme einen Pfeil für den gespannten Bogen,
nicht viel später sollst Du fliegen – noch lange wird man an Dich denken!"

---

117 Loki erinnert sich daran, daß Tyr als Kriegsgott und Göttervater in den alten Mythen unverwundbar gewesen ist – allerdings nur fast, da er als Sonnengott an jedem Abend und in jedem Herbst gestorben ist.
118 Sinmara = Hel
119 Misteln haben weiße Beeren

Loki:
„Kein-Auge, Einauges Sohn, Zweiauges Bruders: hehrer Hödur![120]
höre mich und sage mir: Warum schießt Du nicht auf Baldur?
Warum erweist Du ihm nicht diese Ehre und stehst schmähend fern?
Warum solch eine niedere Tat von einem so hohen Asen?"

Hödur:
„Ich habe keine Waffe
und bin des Kampfes nicht mächtig;
ich sehe nicht, wo Baldur steht
ich weiß auch nicht, was er dort tut."

Loki:
„Ich helfe Dir: hier ist der krumme Bogen, ein gerader Pfeil –
Hödur, ergreife sie mit linker und mit rechter Hand;
Spanne nun des Bogens schlaffe Sehne,
schieße nun den Schuß, der Baldur große Ehre gibt!"

Baldur:
„Weh mir! Weh mir!
Der weiße Pfeil von Dir,
durchbohrte, drang durch mich,
durchschnitten ist mein Lebensfaden durch Dich!

Mein Blut – es strömt hinab,
mein Herz – es stockt,
meine Sicht – wird schwarz,
Mein Leben ... es schwindet ..."

Frigg:
„Nein, das ist nicht wahr!
Das kann nicht sein!
Mein einziger Sohn, Meili,
Warum muß er sterben?"

---

[120] Kein-Auge = Hödur (er ist blind); Ein-Auge = Odin (er hat nur ein Auge); Zwei-Auge = Baldur

Thor:
„Rache! Du! Loki! Ich schlage Dich zu Klump!
Donner und Blitz! Zu Brei haue ich Dich!
Hödur! Deine Blindheit schützt Dich nicht vor meinem Hammer!
Nieder zu Hel sende ich euch! Jetzt sofort!"

Forseti:
„Übel ist Loptrs Sinnen! Schlimm ist Lokis List!
'Doch ist es sinnlos, sich dafür zu tadeln, was schon getan worden ist.'
Doch keine Rache an diesem geweihten Ort – von Asen erbaut.
Und ich frage: 'Ist diese Tat denn wirklich ohne heilendes Kraut?'

Wir dachten, Friggs Rat wäre unser Retter,
Doch: 'Ein starker Sturm kommt oft rasch in schönem Wetter.'
Wyrd war stärker – Baldur ist nicht mehr lebendig ...
Nun wissen wir: 'Auch der Asen Leben ist oft unbeständig.'

Last uns nicht verzweifeln! Solch ein unerwartetes Weh!
Wie man sagt: 'In die meisten Schutzräume fällt Schnee ...'
Laßt uns schweigend suchen nach einer Antwort auf diese Tat,
denn: 'Für jede Schwierigkeit gibt es einen Rat.'"

Thor:
„Laß lieber Dein hohles Reden! Hammer-Sprache paßt für Loki!
Geweihte Lichtung oder nicht! Mjöllnir soll ihn zermalmen!
Haß auf Hödur hab ich! Er schoß den Pfeil!
Hinab zu Hyndla soll er gehen und dort modern allezeit!"

Odin:
„Schlimm ist, was geschah, ärger noch als ihr schon ahnt!
Schon wankt die Ordnung der Asen, droht noch mehr Blut auf heiligem Rasen!
Thor halt inne! Zerstöre nicht auch noch die Weihung des Tempels!
Ich ahne Zeiten des Wandels! Blitze auf der Spitze des Gipfels!"

Frigg:
„Hört, ihr Asen und ihr Wanen! Wer will den Hel-Weg reiten
und Hyndla befragen, für was sie Baldur wieder gehen läßt?
Wer will zu Sinmara gehen und mit der weisen Alten reden:
Für welche Gabe sie Meili wieder nach Asgard ziehen läßt?"

Hermodr:
„Ich gehe den Weg hinab,
wie weit er auch reichen mag.
Ich will die Halle der Hel besuchen
sie um Freiheit des Baldur bitten."

Odin:
„Nimm mein Roß, den achtbeinigen Renner[121],
Er kennt die Wege der Nacht – von Geistern bewacht.
Er weiß die Pfade im Nebel, im Düsterwald[122]:
Er wird die Brücke finden über den Fluten, die sich durch Felsen winden."

Hermodr:
„Dank Dir Göttervater, weiser Odin!
Ich werde den Weg durch das Nachttal reiten,
über die goldene Brücke ins andere Land,
und ich werde Baldur bald finden!"

Odin:
„Holt Hringhorni, Baldurs Roß der Schwanenwege[123];
Hinab zum Strand, schiebt es über den Sand,
Das größte aller Schiffe für die letzte Fahrt
für Baldur, meinen Sohn – sei es sein letzter Thron!"

Thor:
„Wieso weicht das Schiff nicht unserer Kraft?
Was ist das? Es rührt sich nicht!
Reglose Rollen?[124] Obwohl Widar und Thor schieben?
Ihr Regin hört: Das muß übelster Zauber sein!"

---

121 achtbeiniges Roß = Sleipnir
122 Düsterwald („myrkvid") = der Wald zwischen Diesseits und Jenseits
123 Schwanenweg = Meer; Roß des Meeres =Schiff
124 Die Drachenboote wurden im Winter in Bootsschuppen aufbewahrt, in die sie auf Rollen hineingeschoben wurden und auch wieder auf Rollen hinab zum Strand geholt wuden.

Odin:
„Hel, komme zu uns hinauf nach Asgard,
Komme ans Meer, bewege den Wogen-Bär,[125]
Daß Baldur zu Dir reisen kann,
auf schmalem Steg, auf langem Weg ..."

Hyrrokkin:
„Die Helhallenherrin naht den Asensöhnen,
auf Hügelheulerbruder[126] kommt sie zu der Wanensippe,
mit Grabeskammerschläfer[127] lenkt sie[128] Graurücken
aus Grüntalheim[129] holt sie das, was ihr gehört.

Ein Jenseitshändegriff[130] – und jähe Funken fliegen,
Ein Jötunweiberschieben[131] – und jeder Bug bewegt sich;
Ein Niflheimfüßestoß[132] – und Nachen-Stämme[133] rollen,
Ein Nachtbewohnertritt[134] – Hringhorni schwimmt im Meer!"

Thor:
„Feuer flammt aus den Stämmen, das Land erbebt;
fort mit diesem starken Weib! Ich will es nicht mehr sehen!
Stärker stets als Thor? Mein Hammer soll sie zermalmen!
So wie einst Elli?[135] Nein! Tod der Thursentochter!"[136]

---

125 Wogen-Bär = Schiff
126 Hügelheuler = Wolf; der Fenriswolf ist Hels Bruder
127 Der Bewohner („Schläfer") einer Grabkammer ist ein Totengeist in der Gestalt einer Schlange oder eines Drachen. Hier ist Hels Bruder, die Midgardschlange Jörmungandr gemeint.
128 Graurücken = Wolf
129 Grüntalheim = Midgard
130 Jenseitshändegriff = Hels Hände
131 Jötun = Riese; Jötunweib = Hel
132 Niflheim = Jenseits; Niflheimfüßestoß = ein Stoß durch Hels Fuß
133 Nachen = Boot, Schiff; Nachen-Stämme = Rollen unter dem Kiel des Schiffes, wenn es geschoben wird
134 Nachtbewohner = Jenseitsbewohner = Hel
135 Elli = das Alter (gegen sie kämpfte Thor bei Utgardloki vergeblich)
136 Thursentochter = Riesentochter (hier ist Hel gemeint)

Odin:
„Thor! Halt ein! Sie tat nur das, was wir erbeten haben!
Tragt nun Baldur auf das Deck, sein Roß auf das Heck,
Hißt das Segel und das schöne, goldene Banner,[137]
bringt sein Schwert, sein Horn – des Trankes Born."

Nanna:
„Mein Mann, er ist tot, er ist tot! Er reist gen Hel!
Möge auch ich nun sterben!
Ich werde nicht hier bleiben bei den Asen und den Wanen.
Ich werde mit ihm gehen ..."

Odin:
„Nanna sinkt nieder! Sie fällt! Die Augen sind leer ...
Ihr Atem schwindet, daß sie sich an Baldur bindet ...
Ihr Asen, legt sie neben Asgards Sohn,
Der Alte[138] muß sie jetzt gehen lassen ..."

Odin:
„Baldur, ich sitze auf dem Boden neben Dir,
bedächtig raunend, lausche staunend:
was ich Dir flüstere in Dein Ohr,
das wird Dir nützen, das wird Dich stützen,

auf Deiner Reise ins ferne Reich der Hel
Ich raune Dir Worte, Weiheits-Horte,
daß Du den Weg findest durch dunkle Weite,
Sie haben vielen genützt! Auch Du bist durch sie beschützt!

Nimm Draupnir, ich lege ihn nieder auf Deine Brust:
Möge er Dir als Sonne scheinen, auch wenn die Asen weinen,
Er wird Dir den Weg weisen auf Deiner weiten Reise,
Er wird Dein Herz wärmen, wenn Totengeister um Dich schwärmen."

---

137 Das goldene Banner auf dem Jenseitsreiseschiff, über das im Beowulf-Epos berichtet wird, war ein Symbol der Sonne – und Baldur hat diese Sonnensymbolik von Tyr übernommen.
138 der Alte = Odin

Odin:
„Ihr Asen, entfacht das Feuer auf des Asensohnes Schiff,
Asgard muß er nun verlassen und Hels Methorn fassen.[139]
Zur Toteninsel fährst Du, den Totenweg gehst Du
Durchs Totentor trittst Du, in der Totenhalle wohnst Du."

Thor:
„Flamme! Feuer! Brenne hell!
Funken – von Mjöllnir geweiht.
Trage Thors Bruder auf seinem Weg![140]
Vertreibe die Schatten von seinem Pfad!

Lit! Lonis Verwandter![141] *Ein Tritt und Du*
liegst unter dem Schiff dicht bei Baldur!
Du darfst dem Asen in Niflheim dienen!
Das ist das rechte für einen Zwerg – so wie Dich!"[142]

5. Hermodrs Jenseitsreise

Hermodr:
„Lang ist die Reise, neun Nächte, neun Tage,
nirgends Licht, alles Finsternis;
dunkle Täler, düsterer Wald,
der kein Ende zu nehmen scheint.

Nun höre ich Rauschen und Tosen hier unten
dort hinten am Ende des Tals.
Die Klamm-Wände weiten sich,
wogende Gischt ist zu sehen.

---

139 Es ist das Horn voll Met gemeint, das Hel oder eine Walküren dem Toten bei seiner Ankunft im Jenseits reicht.
140 Baldur ist Thors Halbbruder.
141 Lit und Loni sind beides Zwerge.
142 Diese Szene geht auf die Menschenopfer bei Fürstenbestattungen zurück.

Der Gjallar ergieß sich über die Felsen,
grollend tost das Wasser dort unten.
Ein blasser Mond scheint über der Brücke,
gebaut aus behaunem Fels und uralt ...

Golden leuchtet der Boden der Gjallarbrücke
Glänzt von innen her, leuchtet wie von Sonnenlicht.
Dort muß ich weiter, das ist das Tor zwischen den Welten,
da muß ich hinüber, das ist mein Weg.

Ein Frau steht dort auf dem Felsensteg,
auf dem Pfad über das Wasser.
Eine Hüterin des Reiches der Hel?
Eine Wächterin der ältesten Brücke?"

  Modgud:
„Wer bist Du? Was ist Dein Name?
Wer Deine Sippe? Wo liegt Dein Heim?
Gestern kamen fünf Scharen von Totengeistern.
Doch die Brücke grollt mehr unter Dir!

Welchen Pfad kommst Du hier gefahren?
Du hast nicht die Farbe der Toten.
Was ist Dein Ziel? Wohin willst Du?
Warum reitest Du auf dem Hel-Weg?"

  Hermodr:
„Ich reite zur Hel, Baldur zu holen,
Hyndla zu bitten, ihn gehen zu lassen.
Hast Du Baldur gesehen hier unten
auf den Wegen zur Hel?"

  Modgud:
„Baldur hat die Brücke betreten.
Bald schon ist er weitergezogen.
Nach Norden am Fluß entlang:
Das ist der nahe Weg zur Hel."

Hermodr:
„Dank für Deinen Rat und Deine Hilfe,
nun werde ich rasch finden, was ich will.
Ich reite flußaufwärts am Ufer
nicht fern ist nur der Helhalle Tor."

Hermodr:
„Da ist das Gitter, von dem Odin sprach,
das gräßliche Tor zur Grube der Hel.
Den Sattel fester gegürtet,
werde ich Graben und Gitter bezwingen.

Spring, Sleipnir! Bestes der Rosse!
Schnell hast Du das Gitter bezwungen!
Nun sind wir im Nachtreich der Hyndla,
warte neben dem Tor hier auf mich!

Ich grüße Dich, Hel, ich bin Gangleris Bote![143]
Ich komme den Sohn des Gauti[144] *zu sehen.*
Ich grüße Dich, Baldur, Bester der Asen,
Auf dem Hochsitz dort zwischen den Bänken."

Hel:
„Willkommen, Helwegreiter, Weitgereister!
Der Honigtrankkessel[145] *wurde Baldur gebracht,*
Der Himmelsfeuerschild[146] *auf ihm wurde herabgenommen,*
Der Sonnenringträger[147] *hat den Met getrunken – und bleibt.*

Solange der Ymirschädelwanderer[148] *schläft,*
soll der Göttervaterbote bleiben dürfen:
wenn sich das Regendachauge[149] *erhebt,*
soll der Asgardbewohnergesandte gehen."

---

143 Gangleri = Odin
144 Gauti = Odin
145 mit dem Met, mit dem die Toten bewirtet wurden (siehe Wegtam-Lied)
146 der Metkessel ist mit einem Sonnenschild bedeckt (siehe Wegtam-Lied)
147 Baldur besitzt nun den Ring Draupnir
148 Ymirs Schädel = Himmel; der Wanderer an ihm = Sonne
149 Regendach = Himmel; dessen Auge = Sonne

Hermodr:
„Schlaf ist willkommen nach dem langen Weg,
durch Täler, durch Wälder, über Wogen.
Gerne nehm ich die Gastfreundschaft an,
auch wenn bisher nur wenig Lebende hier lagerten."

Hermodr:
„Der Schlaf hat mich erfrischt
im Totengeistersaal.
Der Aufbruch ist nun nah,
mit Hel muß ich nun sprechen."

Hermodr:
„Hel, Herrin des Saales,
laß Baldur von hier gehen,
all die Asen trauern,
alle Wesen weinen um ihn!"

Hel:
„Wer die Niflheimhalle erreichte, wird bleiben:
Kein Hügelgrabbewohner[150] verließ sie je wieder.
Doch wenn wirklich alle Midgardwesen weinen,
dann soll der Göttervatersohn wieder gehen.

Doch wenn ein lebender Sonnenhallenbewohner[151] sich weigert,
wenn ein toter Mondsaalbewohner[152] sich wehrt,
wenn nur einer des Midgardvolkes nicht weint,
wird der Göttermuttersohn hier bei mir bleiben!"

Hermodr:
„Ich danke Dir, Hel, Hnydla, Hyrrokkin,
Für Deine Worte, für die Bewirtung hier!
Ich danke Dir, Sinmara, für Dein offenes Ohr,
und für den freundlichen Empfang!"

---

150 Tote
151 Sonnenhalle = Luftraum; dessen Bewohner = alle atmenden Lebewesen
152 Mondsaal = Himmelsraum; dessen leblose Bewohner = alle Gegenstände

Baldur:
„Nimm den Ring hier nun zum Gruß für meinen Vater;
Noch ist Hoffnung auf meine Rückkehr in den Kreis der Rater.[153]
Danke Frigg, daß sie Dich mir gesendet hat!
Und Danke Dir für diese mutige Tat!"

Nanna:
„Bringe Frigg diesen Umhang hier nach Fensalir,[154]
zum Trost für den Verlust;
Trag zu Fulla diesen Ring aus feinem Gold,
zum Gedenken an die ferne Tote."

Hermodr:
„Lebt wohl, ihr beide! Bis bald!
Ich werde jetzt reiten nach Bilskirnir und Brimir![155]
Den Asen werde ich berichten, was sich begeben hat,
und wir werden euch bald aus der Hel befreien!"

Hermodr:
„Lang ist der Weg, weit ist der Pfad,
durch wilde Wälder von Hel nach Asgard;
Die Götter warten, die auf dem Idafelde weilen,[156]
neunzehn Tage währt die Reise ..."

Hermodr:
„Heil euch Asen! Heil euch Asinnen!
Aus der Hel kehre ich nach Asgard zurück.
Hört Hyndlas Spruch! Sie spricht:
„Wenn alle Wesen weinen, soll Baldur frei werden."

---

153 Rater = Ratgebende = Asen
154 Fensalir = Friggs Halle
155 zwei Hallen in Asgard
156 Idafeld = Ort, an dem Asgard steht

Frigg:
„Gna und Hlin und Fulla und Röskwa, geht nun[157]
und bittet alle Geschöpfe zu weinen, um Baldur zu befreien:
Feuer und Wasser, Eisen und Erz, Steine und Erde,
ein jedes soll die Augenflut für meinen Sohn vergießen!

*Skirnir und Atli, Hermordr und Thialfi, hurtig nun[158]
und verlangt von allen Wesen, Baldur aus Niflheim zu holen:
Tiere und Vögel und Würmer, Bäume und Krankheit und Gift,
weithin soll alles den Salzquell Baldur zum Segen öffnen!"*

Gna:
*„Weit sind wir schon gewandert;
Alle Wesen haben geweint für Widrirs Sohn.
Trauerst auch Du, Thökk, um Thridis Erben?
Ist die Riesin hier ratlos vor riesigem Kummer?"*

Thökk:
*„Thöck muß weinen mit trocknen Augen
Über Baldurs Ende.
Nicht im Leben noch im Tod hatte ich Nutzen von ihm:
Behalte Hel, was sie hat."*

Fulla:
*„Dann kehren wir heim voll Kummer:
keine Frucht trägt unser Weg – üble Kunde
bringen wir den Asen nun bald,
Baldur muß bleiben, wo er ist ...*

*Kalt weht der Wind,
über weite Wälder;
Schnee fällt in Fülle,
fast verborgen sind die Pfade.*

---

157 Gna, Hlin und Fulla sind die Dienerinnen-Priesterinnen der Frigg; Röskwa ist die Dienerin-Priesterin der Sif

158 Skirnir ist der Diener-Priester des Freyr; Atli ist der Diener-Priester des Tyr; Hermodr ist der Diener-Priester des Odin; Thialfi ist der Diener-Priester des Thor

*Baldur ist gegangen, bitter
ist Abschied von der Blütenzeit;
jetzt herrschen Hödur und Loki:
Frost in den Hügeln, Eis auf den Höhen ...*

*Ich ahne Windzeit, Wolfszeit ...
Eisriesen wandern, Stürme wehen;
Die Sonne wird schwach,
schläft bei Sinmara ..."*

Fulla:
*„Ihr Asen, Thökk lehnte ab zu weinen,
die arge Riesin in der alten Höhle;
So wird Baldur bei Hel bleiben,
bloß von Blättern steht nun der Wald ..."*

Odin:
*„Loki ist in die Ferne geflohen, auch Hödur ist fort,
mein Sohn ist gefangen; Frigg hat Tränen auf den Wangen;
Nanna ist in der Halle der Hel – was bleibt außer der Rache?
Wir werden Loptr suchen und ihn auf ewig verfluchen!"*

6. Lokis Gefangenschaft

Odin:
*„Neun Monde haben wir nach Loki geschaut:
jetzt gibt es eine erste Spur, wohin er fuhr ...
Nun, wo des Winters Ende naht:
Not soll Loki finden, Tod soll Loki binden!"*

Loki:
*„Ich barg mich tief in einem hohen Berg,
in einem Bollwerk mit vier weiten Toren;
Dort saß ich in der Mitte und blickte nach vier Seiten,
sehnte nichts weniger, als Asen zu sehen.*

*Im Hügelgrab saß ich – freiwillig gefangen,
in der Kammer – bedroht und geborgen;
Ich fürchte das Ende des Winters, den Sommeranfang:
Dann werden die Asen aus ihren Löchern kriechen.*

*Tags bin ich ein springender Lachs im tosenden, fallenden Wasser,
und bedenke, wie Odin wohl trachtet, mich zu fangen, mich zu töten.
Wer mag so weise sein, daß er nicht nur den Hammer schwingt?
Was mag Kwasir denken, der Klugheits-Wicht?*

*Bei Ran sah ich einst ein Falle für Fische:
gefangen in einem Geflecht aus Löchern;
Werden die Mächte solch ein Netz für mich machen?
Wie hat Ran es erschaffen? Wie kann ich es zerstören?*

*Was ist das in der Ferne? Wer naht mir?
Wund-Möwen[159] flattern auf aus tiefem Tal!
Svidrir[160] kommt und Skadi,
der schweigsame Widar, der schreiende Thor!*

*Das Netz ins Feuer, die Schnur in die Flammen!
Und fort, tief in das Wasser, in Franang;[161]
Dort werden die Suchenden mich niemals finden,
Die Fluten sind meine feste Burg!"*

   Kwasir:
*„Das ist das Haus des höhnischen Asen,
hier lebte er in des Hügelgrabs Kammer.
Die Kammer wird zeigen, was Loki kann,
was er plante, was er erdachte – welche List.*

*Listen haben Spuren; was er hinterließ,
wird Loptr verraten: es bringe ihm Unheil!
Unheil fürchtet er von den Asen –
Wovor ist er auf der Flucht?*

---

159   Möwe der Wunden = Rabe
160   Svidrir = Odin
161   Franang („Glitzernder") = Wasserfall, in dem Loki als Lachs lebte

Flucht wollen wir ihm verhindern,
was also tut er fliehend dagegen?
Gegen die Flucht erbaut man Gräben und Zäune,
Was wird Loptr wohl fürchten?

Furcht hinterläßt ebenfalls Spuren, was kann ich finden
in Lokis verlassener Festung?
Fest ist hier nichts ... Was ist das im Feuer,
das Muster aus Asche in flackernder Glut?

Die Glut erhellt grobe Fäden aus Asche, ein Netz ...
Zum Fangen? Zum Greifen? Für Vögel? Für Fische?
Fischen kann man damit die Wege versperren ...
das ist es, was Loki jetzt fürchtet!

Furcht macht Fenrirs Vater[162] *eilig und kopflos:*
Hier liegen Seile und Schnüre – lang und auch fest!
Fest kann ich auch knüpfen und fügen ein Netz,
das werden wir nutzen zum Fang eines Asen!

Asen, kommt her! Ich habe die Lösung!
Loki ist schon halbwegs gefangen!
Gefangen wird er durch seine eigene List:
Das, was er fürchtet, wird sein Ende werden!

Sein Ende werden wir ihm jetzt bereiten
mit dem aus Seilen geworbenen Netz.
Das Netz ergreife, Thor, an einem Ende,
haltet es am anderen, ihr Asen!

Asen, laßt das Netz ins Wasser nieder, zieht es
und kesselt nach und nach den Loki ein.
Loki liegt als Lachs flach auf dem Boden
und verbirgt sich listig zwischen zwei Steinen.

---

162 Loki ist der Vater des Fenris-Wolfes, der Jörmungadr-Riesenschlange und der Hel.

*Steine müssen wir unten an das Netz anbinden,
dann kann Loki nicht mehr entkommen den Fäden.
Die Fäden versperren ihm nun völlig den Weg,
während wir das Netz ziehen durch das Wasser.*

*Durchs Wasser kann er nicht fliehen, dort schaut,
dort springt er hoch über unsere Leinen!
Die Leinen treiben ihn, sich uns zu zeigen:
Thor, geht Du in die Mitte des Netzes, fang Loki!"*

Thor:
*„Der waidwunde Wolfsvater
wird sich nicht mehr lang winden!
Den frechen Flüchtigen fang ich
flugs mit der Hand!"*

Kwasir:
*„Teilt euch, Asen, auf beide Seiten des Tauwerks
und zieht's durch das tosende Wasser.
Wasser muß er dann meiden und springen,
Meilis Bruder[163] wird ihn dann fangen!"*

Thor:
*„Dort! Da springt er! Ich faß ihn!
Ich habe ihn! Der Lachs ist gefangen!
Nals Nachkomme[164] ist nun in meiner Gewalt!
Nieder zur Hel soll er nun fahren für immer!"*

Odin:
*„Bringt ihn in die Höhle, in den Hügel, zur Hel[165]:
dort soll er in Fesseln verharren, wo ihn Tote anstarren!
Stellt drei Felsen aufrecht, schlagt ein Loch in jeden,
dort soll er liegen bis sich seine Glieder biegen!*

---

163 Meilis Bruder = Thor
164 Nal/Laufey ist Lokis Mutter
165 Das Hügelgrab, die Höhle und die Hel („Höhle") bezeichnen alle die Unterwelt als die Grabkammer in einem Hügelgrab.

Holt Wali und Nari her, Lokis Söhne!
Seine Erben – auch sie sollen sterben!
Wali werde ein wütender Wolf,
er sei seines Bruders Not und sein Tod!

Mit den Därmen bindet den Üblen
auf drei Steine: an Hals, Bauch und Beinen.
Mögen die Fesseln zu festem Eisen werden!
Ihn ewig binden! Soll er sich in Schmerzen winden!"

  Skadi:
„Eine Schlange soll über ihm hängen,
und speien ihr Gift auf den Üblen!
'Es wäre besser für Dich gewesen, Loki,
vorher zu bedenken, als nachher zu bedauern.'"

  Sigyn:
„Loki, ich bleibe bei Dir, mein Liebster,
halte eine lindernde Schale über Dich;
das Gift fange ich auf in dem Gefäß,
daß es nicht gar so arg Dich peinigt."

  Skadi:
„Wenn die Schale voll ist, muß Sigyn sie leeren,
Dann wirst Du vor Schmerzen erbeben,
und Jörd wird jäh zucken mit Dir![166]
'Jeder erhält die Frucht seiner Taten.'"

---

166 Wenn Jörd, d.h. die Erde, jäh zuckt, gibt es ein Erdbeben.

7. Walis Rache[167]

Odin:
„Nun sitze ich hier auf Hlidskialf,
schaue umher, das Herz ist mir schwer ...
Baldur ist fort, die Rache nicht vollendet:
Hödur lebt – und wer weiß, was die Norne webt ...

Was zeigt die Zukunft mir, was kann ich sehen?
Zaudern hilft nicht ... jetzt klärt sich die Sicht:
Ich kann sehen, wer Baldur sühnend rächt:
Der Sohn der Göttin der Erde – der starke Thor?

Nein, nicht der Sohn der Jörd – der Sohn der Rindr!
Mein Kind? Ein Schnelles? Weht daher Wyrds Wind?
Und die Zeit ist reif ... ich soll zu Rindr ziehen ...
Ich muß es noch zeugen ... dann will ich mich Urdas Willen beugen.

Wie kann ich Rindrs Gunst erringen?
Die Braut, die zu allen Freiern grimmig schaut?
Als Krieger werd' ich zu ihr kommen,
Dann wird sie mich wollen – und nicht grollen."

Odin:
„Rindr, Königstochter, weitgerühmte Schöne!
Ich bin der größte Führer der Heere! Der beste Schleuderer der Speere!
Ich bitte um Deine Hand, werd' meine Braut!
Komm mit nach Asgard, Rindr, edel und zart!"

Rindr:
„Ich will Dir meine Hand nicht reichen, nein!
Nein, ich will nicht mit Dir geh'n!
Ich will nicht mit Dir nach Asgard fahren!
Fahr' Du alleine nach Walhall!"

---

167 Die folgenden Szenen werden am ausführlichsten in der „Geschichte der Dänen" des Mönches Saxo der Schriftkundige geschildert.

Odin:
„Wie kann ich Rindrs Gunst erringen?
Die Braut, die zu allen Freiern grimmig schaut?
Als Schmiedemeister werd' ich zu ihr kommen,
Dann wird sie mich wollen – und nicht grollen."

Odin:
„Rindr, Königstochter, weitgerühmte Schöne!
Ich bin der größte Schmied! Über mich singt so manches Lied!
Ich bitte um Deine Hand, werd' meine Braut!
Komm mit nach Asgard, Rindr, edel und zart!"

Rindr:
„Ich will Dir meine Hand nicht reichen, nein!
Nein, ich will nicht mit Dir geh'n!
Ich will nicht mit Dir nach Asgard fahren!
Fahr' Du alleine nach Walhall!"

Odin:
„Wie kann ich Rindrs Gunst erringen?
Die Braut, die zu allen Freiern grimmig schaut?
Als Kräuterjungfrau werd' ich zu ihr kommen,
Dann wird sie mich wollen – und nicht grollen."

Odin:
„Rindr, Königstochter, weitgerühmte Schöne!
Ich bin die größte Kräuterfrau! Ich kenne jede Pflanze ganz genau!
Ich kann Dir waschen, pflegen, kochen, heilen:
Laß mich Dir dienen! Ich bin fleißig wie die Bienen!"

Rindr:
„Du kannst bei mir bleiben, ja!
Ja, ich brauche eine Heilerin.
Du kannst mich Pflicht-erfüllend pflegen,
pflegen mit Wasser und mit Salben."

Odin:
„Nun bin ich in ihrem Haus, in ihrem Heim,
in ihrer Halle – und sie in meiner Falle!
Ich werde sie des Nachts verführen,
die spröde Maid – bald kommt die Zeit!"

Rindr:
„Was hast Du Wilder getan in letzter Nacht?
Nacht war es, als Du Deine Wahrheit zeigtest!
Du bist keine Frau, Du bist ein Mann!
Ein Mann, ein Dieb der Lüste!"

Odin:
„Neun Wechsel des Mondes – dann wird Wali geboren:
Ein Kind der Sonne, den Asen eine Wonne!
Im Alter von nur einer Nacht wird der Starke
den Hödur töten, den Mörder röten!"

Odin:
„Neun Monde sind vergangen, der Winter endet,
Wali wurde geboren vor Dellings Toren![168]
Er zieht in den Helden-Kampf gegen Hödur:
die Sonne hebt sich wieder, der Diar singt die alten Lieder[169]*."*

Wali:
„Der in Niflheim Neugeborne besiegt den alten Gott,
nichts nutzt mehr dem blinden Asen!
Die strahlende Sonne vertreibt den Winter,
schwach scheint mir das Dunkel – und tot!"

Odin:
„Nun ist Baldur gerächt, die Ehre gerettet,
Doch ich ahne das Ende durch des Surtur Hände;
aber nun ist erst noch Frieden,
in meiner Halle – bevor ich schließlich falle ..."

---

168 Delling = Morgensonne; seine Tore = das Himmelstor am östlichen Horzont, an dem die Morgensonne aus der Unterwelt heraustritt

169 Diar = Priester des ehemaligen Sonnengott-Göttervaters Tyr; er sang des Morgens die Sonnenaufgangshymne

8. An Mimirs Quelle

Freya:
„Trauer und Tränen sehe ich,
wenig Trost, liebe Freundin.
Baldurs Verlust bringt viel Kummer
zu Breidabliks Gast[170]."

Frigg:
„Mein einziger Sohn, Odins Erbe,
in der Enge der Hel gefangen!
Düster und dunkel ist es dort
am dämmrigen Ort der Toten."

Freya:
„Laß uns lieber Hilfe suchen
als nur lange weinen;
Wir können weit und breit fragen,
was diese Wunde heilen kann."

Frigg:
„Wohin sollen wir uns wenden?
Wo haben wir noch nicht gesucht?
Wer könnte uns denn wirklich Hilfe geben?
Was könnte diese Not noch enden?"

Freya:
„Laß uns zur leidgeprüften Idun[171] gehen,
ihre Äpfel geben langes Leben.
Vielleicht kennt die Vielwissende den Weg ...
die Apfelbaum-Vardrun[172] weiß viele Dinge."

---

170 Breidablik ist die Halle des Baldur; der Gast dort ist Frigg
171 leidgeprüft = Sie wurde einst von Loki und dem Tyr-Riesen Thiazi entführt.
172 Vardrun = eine Jenseitsgöttin; Apfelbaum-Vardrun = Idun

Frigg:
*„Idun, wir sind zu Dir gewandert,
Dich um Deinen weisen Rat zu bitten:
Was können wir tun, um Baldur
aus Hels Wohnstatt zu holen?"*

Idun:
*„Wandel ist das Wesen der Dinge,
die Äpfel der Hel, die Äpfel des Lebens ...
Goldene Äpfel – diese Gabe wollen alle erlangen:
die Schwarzsonne, die Goldsonne ..."*[173]

Frigg:
*„Idun, wir sind zu Dir gewandert,
Dich um Deinen weisen Rat zu bitten:
Was können wir tun, um Baldur
aus Hel Wohnstatt zu holen?"*

Idun:
*„Mehr können meine Worte nicht sagen,
Meinen Mund muß ich schließen ...
Ich muß schweigen, ganz und gar –
ich kann ihn nicht geben, den goldenen Apfel."*

Frigg:
*„Wohin sollen wir uns wenden?
Wo haben wir noch nicht gesucht?
Wer könnte uns denn wirklich Hilfe geben?
Was könnte diese Not noch enden?"*

Freya:
„Laß uns zum Lieder-weisen Hymir[174] *gehen,
seine Worte geben den Gedanken klares Licht.
Vielleicht kennt der Vielwissende den Weg ...
der Kessel-Vidblindi*[175] *weiß viele Dinge."*

---

173 Die Antwort dieses Rätsels ist der Zyklus von Tod und Wiedergeburt.
174 Hymir = Tyrs Vater, d.h. Tyr als Riese in der Unterwelt; Tyr ist weise und kennt die alten Mythen
175 Vidblindi = der Name eines Tyr-Riesen; Thor raubte Hymir seinen Braukessel

Frigg:
„Hymir, wir sind zu Dir gewandert,
Dich um Deinen weisen Rat zu bitten:
Was können wir tun, um Baldur
aus Hel Wohnstatt zu holen?"

Hymir:
„Goldner Met in goldenem Horn
für den goldenen Gott bringt Gold hervor.
Der Schild ist dunkel, der Schild ist hell,
auf dem Schild ist ein Kreis und ein Kreuz."[176]

Frigg:
„Hymir, wir sind zu Dir gewandert,
Dich um Deinen weisen Rat zu bitten:
Was können wir tun, um Baldur
aus Hel Wohnstatt zu holen?"

Hymir:
„Mehr können meine Worte nicht sagen,
Meinen Mund muß ich schließen ...
Ich muß schweigen, ganz und gar –
ich kann es nicht geben, das goldene Horn."

Frigg:
„Wohin sollen wir uns wenden?
Wo haben wir noch nicht gesucht?
Wer könnte uns denn wirklich Hilfe geben?
Was könnte diese Not noch enden?"

Freya:
„Laß uns zur lebensfrohen Nanna gehen,
ihre Herz enthält eine Quelle des Lebens.[177]
Vielleicht kennt die Vielwissende einen Weg ...
die Mutter-Vör[178] weiß viele Dinge."

---

176 Die Antwort auf dieses Rätsel ist die Wiedergeburt der Sonne; der Kreis mit dem gleichschenkligen Kreuz in ihm ist ein Sonnensymbol.
177 Dieses Motiv ist frei erfunden, auch wenn es zu der Muttergöttin paßt, da das Herz der Wohnort der Seele ist, die von der Muttergöttin (wieder-)geboren wird.
178 Vör = eine Göttin; Mutter-Vör = Nanna („Nanna" bedeutet „Mutter")

Frigg:
„Nanna, wir sind zu Dir gewandert,
Dich um Deinen weisen Rat zu bitten:
Was können wir tun, um Baldur
aus Hel Wohnstatt zu holen?"

Nanna:
„Das Licht wird Drache,
der Drache wird Licht;
Stirb und erwache!
Mehr sage ich nicht."

Frigg:
„Nanna, wir sind zu Dir gewandert,
Dich um Deinen weisen Rat zu bitten:
Was können wir tun, um Baldur
aus Hel Wohnstatt zu holen?"

Nanna:
„Mehr können meine Worte nicht sagen,
Meinen Mund muß ich schließen ...
Ich muß schweigen, ganz und gar –
ich kann es nicht geben, das goldene Wort."

Freya:
„Warum ist uns diese Weisheit verschlossen?
Wie und wann ist das entstanden?
Welcher Ase, welche Riesin,
welches Wesen hat das vollbracht?"

Frigg:
„Wir müssen wieder wissen,
was die Antwort ist.
Wir müssen wieder sehen,
was das Rätsel bedeutet."

Freya:
„Wissen wir nicht alles?
Was ist uns verborgen?
Wer kann uns die Weisheit zeigen?
Wohin sollen wir uns wenden?"

Frigg:
„Wir müssen uns wieder erinnern.
Ganz weit zurück ...
von der Mündung bis zur Quelle gehn
die Wasser verfolgen, wie sie fließen ..."

Freya:
„Wie sollen wir das vollbringen?
Weißt Du einen Weg?
Wie sollen wir damit beginnen?
Was ist der erste Schritt?"

Frigg:
„Wir gehen miteinander zu Mimir
zu dem mächtigen Riesen.
Er hat den Namen, er hat den Quell
der Erinnerung ..."[179]

Freya:
„Laß uns zu Glasir[180] gehen,
dort ruht Gangleris Schatz.[181]
Vielleicht hat er die Gabe,
die unsre Augen glänzen läßt ..."

Frigg:
„Hier steht Glasir der Große,
an dem Gedächtnis-Quell.
Dort ruht Mimirs Riesen-Schädel
in der Höhle in des Baumes Rinde."

---

179 „Mimir" bedeutet „Erinnerung"; Sein einbalsamierter Schädel spricht mit Odin und erzählt ihm alles, was er über die früheren Zeiten weiß, was für Odin sehr wichtig ist, da Mimir eine Form des ehemaligen Göttervaters Tyr ist – Odin ist Tyrs Nachfolger.
180 „Glasir" = „Glänzender" = der Weltenbaum Yggdrasil
181 Gangleri = Odin; sein Schatz = Mimirs sprechender Schädel

Freya:
„Mimir, wir möchten einen Trank
aus Deinem munter fließenden Quell.
Wir wollen uns erinnern,
warum Wyrd einst Baldurs Tod bestimmte."

Mimir:
„Ihr wollt von dem Wasser trinken?
Das steht euch frei nach eurem Willen.
Ihr wollt weise werden?
Dann werdet ihr euch bald verändern.

Wißt ihr, wo Odin sein Auge verlor?
Odin verlor sein Auge beim Trinken.
Wißt ihr, was das bedeutet?
Er wurde halb sehend, halb blind.

Wißt ihr, was seitdem anderes ist?
Der Weltenwanderer[182] sieht nun alle.
Wundert ihr euch, was das bedeutet?
Widrir[183] sieht nun die, die leben – und die Toten.

Ihr wollt von dem Wasser trinken?
Das steht euch frei nach eurem Willen.
Ihr wollt weise werden?
Dann werdet ihr euch bald verändern."

Frigg:
„Ich will von dem Wasser trinken,
wenn mich das wissend und weise macht.
Alles ist besser als in Wut und Tränen versinken ...
Ich werde mich von den Wogen verwandeln lassen."

---

182 Weltenwanderer = Odin; die Welten sind das Diesseits und das Jenseits
183 Widrir = Odin

Freya:
„Auch ich will von dem Wasser trinken,
wenn mich das weiter sehen läßt.
Ich will tiefer in die Wahrheit schauen
und wissen, warum was geschieht."

Frigg:
„Der Trank ist klar und kühl,
Was wird nun kommen?
Mein Wind der Riesin[184] weht jetzt stärker,
Mein Blick wird weiter, wissender ..."

Freya:
„Das Labsal löscht den Nebel
in meinem lebendigen Herz;
er öffnet die Augen,
er löst alle Grenzen ..."

Frigg:
„Ich sehe uns beide sitzen,
als Fenja und Menja schwitzen:
Wir mahlen das Mehl,
das Salz und das Gold – in Mengen ..."

Freya:
„Ich sehe uns suchen,
den schweren Hel-Weg gehen[185];
Ich sehe uns Frauen und unseren Mann:
Frigg und Odin, Freya und Odr[186]."

---

184 Wind = Atem, Hauch, Seele; Riesin = Muttergöttin; Wind der Riesin = Leben, (wiedergeborene) Seele
185 Frigg und Freya sind beides Totengöttinnen, die nach den Toten suchen – isnbesondere nach Odin/Odr und nach Baldur.
186 Odin und Odr sind genauso miteinander identisch wie Frigg und Freya.

Frigg:
*„Du, Freya, bist Hel-Hyndlas Schwester,
Die Göttin der Hügel-Halle[187]:
Du gebierst die Toten, gibst ihnen die Federn,
sie werden Seelenvögel im Grab."*

Freya:
*„Du Frigg, bist die Riesin Ran,
Fensalir ist der Räuberin[188] Halle.
Das ist auch Sagas Saal[189],
in dem Odin den Honig-Saft[190] trinkt."*

Frigg:
*„Du warst Hel und Hyndla und Hyrrokkin –
Wer ist dann Fenrir Hel-Bruder?
Ich sehe: Der Wolf ist Tyr als Krieger.
Die Lieder wurden wirklich sehr verwandelt ..."*

Freya:
*„Wir sind wie Schwestern, Frigga,
wenn ich uns so sehe ...
Wir leben auf ähnliche Weise,
dieselben Worte schildern uns're Leben ..."*

Frigg:
*„Ich sehe Hymir, Mimir, Hrungnir –
sie alle sind Tyr in Hels Halle.
Ich sehe Thrym, Geirröd, Thiazi –
sie alle sind Tyr im Totenreich."*

Freya:
*„Tyr war unser treuer Mann vor Odin,
unser tatendurstiger Geliebter;
Waren wir eigentlich wirklich zwei?
Weiter zurück sind wir wie eins ..."*

---

187 Hügel-Halle = Grabkammer im Hügelgrab
188 Der Name „Ran" bedeutet „Räuberin".
189 Die Halle der Göttin Saga liegt unter Wasser.
190 Honig-Saft = Met

Frigg:
„Tyr und Loki: beide waren einst Brüder:
waren warmer Sommer, bitt'rer Winter;
Odin und Loki; beide wurden Brüder durch Eid:
beste Freunde und Feinde zugleich ..."

Freya:
„Als Odin in Asgard König wurde,
verblaßte Tyr: der Alte wurde zum Riesen,
der Junge wurde zum tapferen Thor,
sein Rest wurde zum tüchtigen Odin-Sohn."

Frigg:
„Als Odin Herrscher der Hohen wurde,
holte er die Toten nach Walhall;
Doch Du behielst noch immer die Hälfte,
Freya in der Hügel-Halle!"

Freya:
„Ich war Gefion, Heimdalls Geliebte,
Ich war Gerdr, die Sonnenmutter;
Ich gab Freyr die Wiedergeburt,
froh wurden die Toten durch mich."

Frigg:
„Wir waren die Mutter,
Wir waren die Norne;
Wir waren Walküren,
Wir waren die Göttin!"

Freya:
„Sollen wir noch weiter forschen?
Noch tiefer nach der Weisheit suchen?
Wohin führt uns dieser Weg?
Was wird er in uns verwandeln?"

Frigg:
„Laß uns noch weiter forschen.
Noch tiefer nach der Weisheit suchen,
Schauen, wohin der Weg uns führt,
Erleben, in was er uns verwandeln wird!"

Freya:
„Wir waren Gerdr, Ran und Grendels Mutter,
und das war unsere Gabe: die Geburt der Sonne!
Die Tag-Sonne im Schiff oben am Himmel,
Die Nacht-Sonne als Drache unten im Meer!"

Frigg:
„Grendel-Tyr als Hirsch – wir als Hindin;
Frigg als Stute – Tyr als Hengst
Freyr als Eber – Freya als Sau
der Gott als Stier – die Göttin als Kuh."

Freya:
„Wir waren Audhumbla,
die Große, die Weiße, die Kuh;
die Mutter von allen Menschen
und Riesen und mächtigen Asen."

Frigg:
„Wir waren Asin und Asin,
Wir waren Freundin und Freundin,
Wir waren Schwester und Schwester,
Wir sind die Göttin."

Freya:
„Wir waren Tod und Geburt,
Wir waren Tag und Nacht,
Wir waren Sommer und Winter,
Wir sind der Wandel."

Frigg:
„*Baldur ist das Helle, das Bleiche,
er ist die Sonne, die Blüte des Himmels;
er wird stets sterben
und stets wiedergeboren werden.*"

Freya:
„*Heusos[191] am Himmel nannte man uns,
viele Hundert Jahre ist das her ...
Und Dehnu[192], die Göttin der Unterweltwasser,
der Seen und Flüsse ...*"

Frigg:
„*Wir waren die Göttin der Gerste,
der Erde, des Meeres, der Gaben;
die Mutter der Sonne, der Saat,
des Saftes der Früchte, des Korns ...*"

Freya:
„*Wir waren die Göttin in Geier-Gestalt[193]
im gewölbten Tempel[194];
die zweifache Frau
mit dem Füllhorn[195].*"

Frigg:
„*Wir waren die Göttin
der Geburt, der Wiedergeburt,
Wir gaben Milch den Lebenden
und den Toten im Grab.*"

---

191 „Heusos" ist der indogermanische Name der Himmelsgöttin, die die Sonnenmutter gewesen ist.
192 „Dehnu" ist der indogermanische Name der Flußgöttin. Nach ihr sind die Donau, der Don, der Dnjepr und der Dnjestr benannt worden.
193 In der frühen und mittleren Jungsteinzeit in Mesopotamien (Göbekli Tepe, Çatal Höyük u.a. Orte) und z.T. bis in das Königtum hinein (Ägypten) ist die Göttin als Geierweibchen angesehen worden, die die Toten holt und die die Sonne gebiert.
194 gewölbte Tempel = Die ersten Tempel der Menschen in Göbekli Tepe waren Schwitzhütten in der Form einer Halbkugel, die teilweise aus Stein errichtet worden sind.
195 Die zweifache Frau (zwei Oberleiber wie auf einer Skatkarte) und die Frau mit dem Füllhorn sind Bilder der Göttin aus der Zeit der spät-altsteinzeitlichen Höhlenmalerei.

Freya:
„Frigga, meine Freundin,
laß unsere Fahrt hier nun enden:
Weit genug sind wir gereist,
Wir wissen genug über die Wurzeln."

Frigg:
„Müssen wir wissen, was die Zukunft bringt?
Müssen wir mehr für meine Heilung finden?
Mir ahnt, daß der Sonnentod und ihre Geburt
zu einem mächtigen Kampf[196] werden wird."

Freya:
„Laß uns langsam gehen,
genug von Mimirs Labsal tranken wir;
laß uns zurückkehren,
mit Licht und Leben in uns."

Frigg:
„Ja, ich weiß nun wieder,
daß der Tod nur wandelt,
nichts für immer endet ...
endlos wandelt ..."

Freya:
„Müssen wir nun etwas machen?
Müssen wir etwas erschaffen?
Etwas von den Wurzeln zu den Zweigen bringen?
Etwas den Asen und den Wanen künden?"

Frigg:
„Nein, der Wandel wird uns tragen.
Wir sind die weite Erde ...
und die Erde ist in uns
und das Sterben und das Werden.

---

196 mächtiger Kampf = die Umdeutung von Tyrs Tod zum Ragnarök

Freya:
*„Wir können einfach wir selber sein
und das leben, was das Leben blühen läßt;
Das bringen wir mit aus Mimirs Quell
den Asen und den Menschen."*

9. Baldurs Rückkehr

Hel:
*„Nach neun Himmelslichtwechseln[197]
kam nun Loki zu mir hier herab.
Einer von euch ist immer hier unten:
Feuer und Eis können nicht beide herrschen.[198]*

*Trinkt den Bienenspeisensaft[199] bei mir,
aus dem Brau-Krug[200] unterm Himmelsfeuerschild[201];
der Muttergöttintrank[202] wird euch wieder Leben geben
und eure Wangenhimmelsterne[203] leuchten lassen.*

*Baldur, Du kannst nun wieder wandern,
Nanna, Du kannst nun wieder gehen,
wohin ihr auch immer wollt,
der Unterwelt Tore weiten sich für euch."*

---

197 Himmelslicht = Mond, seine Wechsel = Monate
198 Tyr/Baldur ist der Sommer (Feuer, Muspelheim); Loki ist der Winter (Eis, Niflheim)
199 Bienenspeise = Honig; Honigsaft = Met
200 Brau-Krug = Kessel
201 Himmelsfeuer = Sonne (auf dem Metkessel der Hel lag ein Schild)
202 Muttergöttintrank = eigentlich Milch, hier der Met
203 der Himmel über den Wangen ist der obere Teil des Gesichtes; die Sterne dort sind die Augen

Gerdr:
„Kommt, ich öffne für euch die Flügel des Tores,
des dunklen Tores der Halle der Hel;
Ich weite die eiserne[204] Walheim-Pforte[205],
der Weg ist nun offen für euch.

Das Licht kann nun leuchten
über die Breite und Länge der Welt;
der Morgen kann kommen –
und der König des Himmels[206]."

Baldur:
„Ich trete durch das Tor,
ich schreite hervor.
Ich sehe es von dieser Seite
nun in seiner ganzen Breite:

Es ist das hohe Himmelstor
aus ihm steigt die Sonne hervor!
Nun stehe ich hier am Himmelsrand,
und blicke über Hügel und Land.

Wo bin ich hier? Wer bin ich nun?
Wo ist mein Weg? Was ist zu tun?
Wie Heimdall den Himmel hinauf:
das ist hier der Dinge rechter Lauf!"

Nanna:
„Höre, Baldur, des Diar[207] hehren Morgengesang[208]!
Er singt die Hymne der aufgehenden Sonne:
den Alfen zur Stärkung, den Asen zur Kraft
dem allesbescheinenden Goldlicht[209] zu seiner Geburt!

---

204 In den alten Kulturen bestand der Himmel und das Jenseits aus Eisen, da man die eisenhaltigen Meteoriten für herabgefallene Stücke des Himmels hielt.
205 Wal = Tote; Walheim = Jenseits (so wie „Walhall" die Totenhalle ist)
206 Himmelskönig = Sonne
207 Diar = Priester; einst der Priester des Sonnengott-Göttervaters Tyr
208 die morgendliche Sonnenanrufung
209 Goldlicht = Sonne

Odin:
„Willkommen in Asgard, ihr Asen,
kommt zu dem Fest, von Ost nach West[210]:
Der Sommer voll Sonne beginnt:
das Eis flieht in weite Ferne – drei Monde Wärme!"

Frigg:
„So folgt Sommer auf Winter,
so folgt die Drei auf die Neun[211];
Heut' wechselt Baldur mit Hödur,
heut' wechselt Thiazi mit Loki[212]."

Freya:
„Der Wechsel ist endlos
und weit wie das Windheim[213]:
das Fest bei den Asen im Frühjahr,
die Feier bei Ägir im Herbst."

---

210 Die Sonne (Baldur) zieht von Osten nach Westen.
211 Bei den Nordgermanen bestand das Jahr aus den drei Sommermonaten und aus den neun Wintermonaten.
212 Baldur/Thiazi(Tyr) ist der Sommer; Hödur/Loki der Winter.
213 Windheim = Luftraum

VII   Traumreise

Eine Traumreise ist sozusagen ein bewußter Traum – so wie der lebhafte Tagtraum vom letzten Urlaub am Meer, aus dem man plötzlich in das Hier und Jetzt zurückgeholt wird, wenn man bei einer Bahnfahrt vom Schaffner nach der Fahrkarte gefragt wird. In demselben Zustand befindet man sich auch, wenn man morgens aus einem Traum erwacht, aber der Traum noch fünf Sekunden in seiner Eigendynamik weiterläuft und man ihm bewußt wie einem Film zuschaut.

Diese Form des Bewußtseins, in der das Wachbewußtsein und das Traumbewußtsein miteinander koordiniert sind, läßt sich mit ein wenig Übung zu einem hilfreichen Werkzeug für viele Gelegenheiten entwickeln. Diese Möglichkeiten sind vor allem deshalb sehr umfassend, weil die Fähigkeit der Telepathie in dem Traumbewußtsein verankert ist.

Die Traumreise zu der Göttin Frigg enthielt ungewöhnlich viele längere Pausen, in denen ich nur geschaut und gelauscht und gewartet habe, weshalb der folgende Text zwar recht kurz ist, aber die Traumreise trotzdem 22 Minuten gedauert hat.

Ich schließe die Augen und entspanne mich.
„Frigg, bitte leite mich zu Dir."
Ich kann sie spüren, aber nicht so recht sehen. Sie ist wie hinter einem Vorhang, den ich öffnen muß.
Ich öffne den 'Vorhang'.
Da ist wie ein Druck. Ich kann sie nicht klar erkennen. Was ist das?
Das, was ich von Frigg spüre, hat etwas Herrscherin-artiges. Es ist auch etwas Abweisendes ... nein, nichts Abweisendes, aber etwas ... Strenges ... ja.
„Frigg, ich würde Dich gerne kennenlernen. Magst Du mir etwas über Dich sagen oder mir etwas zeigen, was mir dabei hilft?"
„Leg Dich hin. Sitzen ist dafür nicht gut."
„O.k."
Ich habe mich jetzt hingelegt und ich merke, das das stimmt – das ist besser.
Ich werde müde.
„Komm mit in die Halle."
Das ist die Halle in Asgard, in der ich auf einer früheren Reise schon einmal gewesen bin.
„Gut."
„Ist das Deine Halle?"
„Nein, das ist Odins Halle."

„Hm. Hier bin ich das letzte Mal zerstückelt und in einen Kessel geworfen worden. Daran erinnere ich mich sehr gut. ... ... Frigg, auf was soll ich achten?"

„Stell Dich rechts neben meinen Hochsitz und schaue in dieselbe Richtung wie ich."

„Hm ..."

Lange Pause ...

Ich stehe da und spüre und ich kann fühlen, wie Frigg die Verantwortung für all die Götter und Göttinnen hier drinnen trägt – die Verantwortung, die eine Mutter hat für ihre Kinder ... wie sie sie alle in ihrem Bewußtsein hat. Und wie sie ab und zu eingreift, indem sie etwas sagt, etwas fragt oder etwas macht. Sie beeinflußt sehr viel, aber auf eine unscheinbare Art, die nicht auffällt.

Sehr lange Pause ...

„Gibt es noch etwas zu sehen hier?"

„Warte."

Ich sehe Holz, in das ein Muster graviert ist, das dann mit Golddraht ausgelegt worden ist, eine goldene Einlegearbeit.

Das scheint ein Teil des Seelenweg-Tores zu sein, des 'Öndvegissula', das innen im Tempel am Eingang steht und hinter dem Hochsitz des Herrschers.

Längere Pause ...

Ich sehe Szenen wie Baldurs Tod oder ... ich sehe Loki und Hödur, die hier vorbeigehen ... aber ich weiß immer noch nicht genau, auf was ich achten soll.

„Warte."

„O.k."

Ich sehe Fenrir vor dem Tor ...

Längere Pause ...

Ich spreche Fenrir an: „Was machst Du hier?"

„Ich bin Tyr."

„Dann ist ja die Mythe, in der Du Tyr die Hand abbeißt, ganz schön verdreht worden!"

„Ja, genau in ihr Gegenteil – so macht man das."

„Du bist hier als Wolfskrieger."

„Ja. Als Tyr abgesetzt wurde, hat man die beiden Motive (Tyr als Gott und Tyr als Wolfskrieger Fenrir) gegeneinander gestellt – dadurch verloren sie ihre Macht."

„Was hast Du mit Frigg zu tun?"

„Sie ist meine Wiedergeburts-Mutter. Ich bin Fenrir aus Fensalir."

„Ja ... ja ..."

Lange Pause ...

„Frigg?"

Lange Pause, mehrere tiefe Seufzer ...

„Schaue nach Widar."

„*Ich soll nach Widar schauen?*"
„*Schau nach Widar.*"
„*Ist er Tyr im Jenseits?*"
„*Ja.*"
„*Das heißt ... er ist Dein Sohn?*"
„*Ja. Aber nur in den alten Mythen.*"
„*Und Loki?*"
„*Ist ab und zu mein Geliebter.*"
„*Bei seiner Wiederzeugung am Sommerende?*"
„*Ja.*"
„*Hm.*"
Längere Pause ...
„*Frigg, woran liegt es, daß so wenig geschieht?*"
„*Ich bin die Muttergöttin.*"
„*Und da geschieht wenig?*"
„*Wenig Dynamik. Ich bin da und gebe Halt.*"
„*Ja, das verstehe ich.*"
Pause ...
„*Gibt es hier noch etwas, das gut wäre, wenn ich das sehen würde?*"
„*Geh' dort vorne an die Tafel.*"
„*O.k.*"
Ich gehe dahin. Da stehen Trinkhörner.

Ein Mann mit Bart, mit dichtem, etwas buschigem Haar sitzt dort auf der Bank an der Tafel, zeigt rechts neben sich und sagt mir: „*Hier ist Dein Platz.*"
„*Danke.*"
Ich setzte mich da hin.

Ich will meinen Namen sagen, aber da höre ich ihn innerlich mir telepathisch sagen: „*Den weiß ich.*"
„*Darf ich fragen, wer Du bist?*"
Längere Pause ...
„*Hm.*"
Er scheint seinen Namen nicht sagen zu wollen. Seine Qualität ist sehr deutlich: Er ist entschieden, er hat eine innere Ruhe – er läßt sich nicht so schnell provozieren, er ist stark, zielgerichtet, er ist auch weitsichtig (vorausschauend) ... Ja, aber seinen Namen will er für sich behalten.

„*Gibt es etwas, was Du mir zeigen möchtest?*"
„*Daß das hier Dein Platz ist. Hier kannst Du herkommen und Dich hier hinsetzen.*"
„*Gibt es Gelegenheiten, bei denen Du mir das empfehlen würdest?*"
„*Zum Beispiel, wenn Du die Geborgenheit verloren hast oder wenn Du Dich alleine fühlst. Dann kannst Du hier herkommen.*"

Ich drehe mich um, und sehe, wie Frigg halb zu mir herschaut und leise lächelt.
„Heißt das, daß ich hier so was wie Heimat habe?"
Jetzt lächelt auch mein Banknachbar und lacht leise und warmherzig.
„Ja."
„Ich kann hier in die Halle kommen und einfach hier sitzen ... Das ist schön!"
Kleine Pause ...
„Bist Du Baldur?"
„Ich sage Dir nicht meinen Namen – zumindestens jetzt nicht."
„Ich nehme an, daß das Wissen um Deinen Namen irgendeinen Entwicklungsschritt bei mir verhindert oder erschweren würde?"
„Genau so."
„O.k. Dann ist mir das recht so."
Ich fange an zu begreifen, daß Heimat und Sippe und Familie etwas sind, was Frigg mir geben möchte.
Da spüre ich Wärme, die von ihr zu mir kommt ...
Längere Pause ...
„Jetzt ist es gut. Danke Frigg! Und Danke, mein Tischnachbar!"
Längere Pause ...
Ich habe das Gefühl, daß ich hier noch lange sitzen könnte, aber das es gerade nichts zu tun gibt. Aber ich werde bestimmt noch oft hierher zurückkehren. Das gefällt mir hier!
„Danke Frigg! Und Danke, mein Tischnachbar!"
Dann kehre ich zurück.
„Ho!"

VIII Frigg heute

Die Mutter ist ein zeitloses Urbild für alle Menschen. Auch die Aspekte der Erdgöttin und der Sonnenmutter sind so gut wie weltweit verbreitet. Frigg entspricht daher dem Archetyp der „Großen Göttin".

Es gibt jedoch kaum Besonderheiten, die sie von anderen Muttergöttinnen unterscheidet – oder anders formuliert: Frigg entspricht recht genau dem „reinen Archetyp". Im Gegensatz dazu liegt z.B. bei der Göttin Idun die Betonung auf den „Äpfeln der Wiedergeburt" oder bei Jörd auf dem Aspekt der Erdgöttin.

Die Muttergöttin und auch Frigg verkörpern die Geborgenheit und das Urvertrauen, ohne die es schwer ist, ein glückliches Leben zu führen.

Man kann Frigg in Meditationen, Traumreisen, Schwitzhüttenzeremonien und in anderen Ritualen begegnen und in weniger persönlicher Form auch in Therapien, wie Familienaufstellungen, Rückführungen u.ä.

Nanna

I Die Göttin Nanna in der germanischen Überlieferung

I 1. Der Name „Nanna"

Der Name dieser Asin bedeutet „Mutter". Er ist eine Variante der weltweit verbreiteten Bezeichnung der Mutter als „Ma". Dieses Wort entsteht, wenn man mit geschlossenem Mund einen Ton von sich gibt und dann den Mund öffnet, damit der Ton lauter wird. „Ma" bedeutet daher in etwa „die, die gerufen wird".

„Ma" ist das einfachste aller Worte und bezeichnet daher das wichtigste aller Dinge – eben die Mutter. Daher findet sich „Ma" in fast allen Sprachen als Bezeichnung der Mutter wieder und ist auch der Name oder ein Bestandteil des Namens der Muttergöttin auf allen Kontinenten.

Eine sehr archaische Methode, einem Wort eine größere Bedeutung zu geben bzw. aus einem Verb oder Adjektiv ein Substantiv zu machen, ist die Verdoppelung. Daher findet sich auch „Mama" in sehr vielen Sprachen wieder.

Da der Buchstabe „n" dem „m" sehr ähnlich ist, gab es mehrfach die Verschiebung von „Mama" zu „Nana" – die Veränderung von „Ma" zu „Na" scheint es hingegen nicht gegeben zu haben. Auf diese Weise ist z.B. der sumerische Göttinnenname „Inanna" und der phrygische Name der Muttergöttin „Nana" entstanden. Das „I" am Anfang von „Inanna" ist eine Vokativ-Vorsilbe, also ein Anrufungs-Laut wie das deutsche „O" in „O Gott!"

„Nanna" ist somit der älteste germanische Name der Mutter und der Muttergöttin. Man kann davon ausgehen, daß es diese Bezeichnung von der Altsteinzeit bis zu der germanischen Asin zu jeder Zeit gegeben haben wird, aber es ist unsicher, ob damit immer dieselbe Göttin bezeichnet worden ist. „Nanna" kann auch einfach eine allgemeine Bezeichnung für alle Muttergöttinnen gewesen sein, die sich zu der Zeit der Wikinger auf die Frau des Baldur eingeengt hat.

Diese Bedeutungs-Einengung könnte darauf hinweisen, daß die Mutter-Funktion der Göttin bei Baldur am wichtigsten gewesen ist. Da dieser Ase am deutlichsten von allen germanischen Göttern den Tod, die Wiederzeugung und die Wiedergeburt verkörpert (deren Urbild der Sonnenlauf ist), könnte sich in seiner Mythe der archaische Name der Muttergöttin erhalten haben.

Die Umdeutung von der Mutter zu der Frau eines Gottes ist eine sehr häufige

Entwicklung in den Mythen, da die Große Mutter im Jenseits aufgrund der Symbolik der Wiederzeugung auch die Geliebte des gestorbenen Gottes im Jenseits war.

I 2.   Die Sippe der Nanna

I 2. a)   Skaldskaparmal

Nanna ist eine der Asinnen, die im Skaldskaparmal aufgezählt werden:

Da kamen die Asen zu ihrem Gelage und zwölf der Asen, die da zu Richtern bestellt waren, und setzten sich auf ihre Hochsitze. Dies sind ihre Namen: Thor, Niörd, Freyr, Tyr, Heimdall, Bragi, Widar, Wali, Ullr, Hönir, Forseti, Loki. Desgleichen heißen die Asinnen: Frigg, Freyja, Gefion, Idun, Gerd, Sigyn, Fulla, Nanna.

I 2. b)   Skaldskaparmal

Nanna war die Frau des Gottes Baldur:

„Wie soll man Baldur umschreiben?"
„Indem man ihn Sohn des Odin und der Frigg nennt, Mann der Nanna, Vater des Forseti ..."

I 2. c)   Skaldskaparmal

Da Baldur der Sohn der Frigg ist, ist Nanna die Schwiegertochter der Frigg:

„Wie soll man Frigg umschreiben?"
„Nenne sie Tochter der Fiörgyn, Frau des Odin, Mutter des Baldur, Mit-Frau der Jörd und der Rindr und der Gunnlöd und der Gridr, Schwiegermutter der Nanna, Oberste der Asen und Asinnen, Herrin der Fulla und des Falken-Gewandes und von (ihrer Halle) *Fensalir.*

I 2. d) Gylfis Vision

Forseti heißt der Sohn Baldurs und der Nanna Nepsdottir (Tochter des Nepr).

„Nepsdottir" bedeutet „Tochter des Nepr". Der Name dieses nur an zwei Stellen erwähnten Gottes ist verwandt mit dem römischen „Neptun", der wiederum auf indogermanisch „Hepom nepots" („Enkel des Wassers") zurückgeht. Bei Nanna selber und bei ihrem Vater finden sich somit zwei sehr alte Götternamen.

Da das Wasser, als dessen Enkel Nepr angesehen wird, die Unterwelt ist, ist Nepr ein Gott in der Unterwelt. Im Zuge der Entstehung der patriarchalen Gesellschaftsstrukturen beim Übergang von der Organisation als Stamm zum Königtum wurde die Muttergöttin (Nanna) oft zunächst von der Mutter des Sonnengott-Göttervaters zu seiner Geliebten und schließlich zu seiner Tochter.

Vermutlich werden Nanna und Nepr daher ursprünglich einmal die Große Mutter und die zu einem Götter-Urbild zusammengefaßten wiedergeborenen Ahnen im Jenseits gewesen sein. Nepr wäre somit der Vorgänger des Baldur, der zur Zeit der Wikinger der „sterbende und wiedergeborene Gott" gewesen ist.

Die engere Familienkreis der Nanna zur Wikingerzeit ist somit schon recht deutlich:

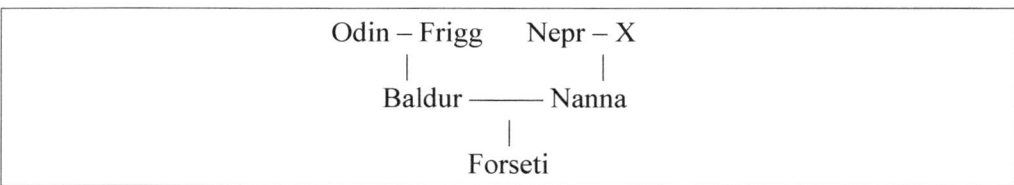

I 2. e) Hyndla-Lied

Hyndla (zu Freya):
„Die nächste war Nanna, Nöcks Tochter,
Ihr Sohn der Vetter Deines Vaters."

„Nöck" ist offenbar ein anderer Name für „Nepr". Da ein „Nöck" ein „Wassermann", d.h. die männliche Entsprechung zu einer Nixe ist, bestätigt dieser Name die Deutung des Nepr als die germanische Form des indogermanischen „Enkels des Wassers" („Hepom Nepots").

Die Bedeutung der Verwandtschaftsangabe in der zweiten Zeile ist nicht gleich offensichtlich, aber sie läßt sich schrittweise erfassen:

- Nannas Sohn ist Forseti.
- Forseti ist Hyndla zufolge der Vetter des Vaters der Freya.
- Freyas Vater ist Njörd.
- Wenn Forseti und Njörd Vettern sind, müssen sie dieselben Großeltern haben.
- Forsetis Großeltern sind väterlicherseits Odin und Frigg sowie mütterlicherseits Nepr und seine nicht namentliche bekannte Frau. Eines dieser beiden Paare muß demnach auch die Großeltern des Njörd sein.
- Der Name des Gottes Njörd ist mit dem Namen der Göttin Nerthus eng verwandt, der wiederum einer der vielen Formen von „Hepom Nepots" ist. Dieser Name bedeutet „Enkel des Wassers" – und Njörd und Nepr, die Großvater und Enkel sein sollen, sind beide Erscheinungsformen des „Enkels des Wassers".
- Nanna und Njörds Vater sollten daher Geschwister sein. Sie könnten eine weitere Generation in der Geschwister/Ehegatten-Folge „Njörd-Vater/Nanna – Njörd/Nerthus – Freyr/Freya" sein.

Es ist fraglich, ob Nepr und Njörd tatsächlich als Großvater und Enkel angesehen worden sind, auch wenn die Aussage der Hyndla sich so deuten läßt.

Die Verwandtschaftszusammenhänge zwischen Nanna und Freya, die noch durch einige andere bekannte Gottheiten ergänzt werden können, sehen graphisch dargestellt wie folgt aus:

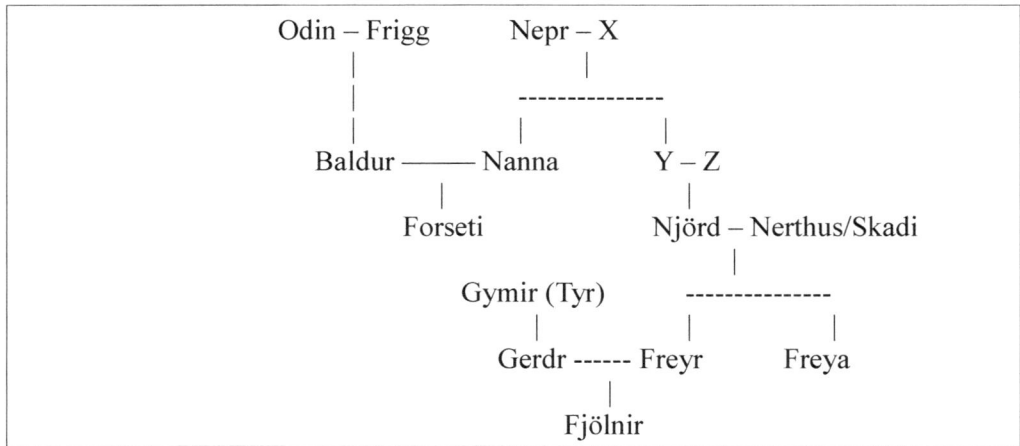

Diese Betrachtung zeigt, daß es in der germanischen Mythologie die Vorstellung einer Wasserunterwelt gegeben hat, in der die Toten wohnen, die z.T. zu Göttern geworden sind. Insbesondere der ehemalige Sonnengott-Göttervater befand sich des Nachts in der Wasserunterwelt, d.h. in den Tiefen des Meeres.

Die Göttin Nanna wird in diesem Zusammenhang zumindestens schemenhaft als die „Große Mutter in der Wasserunterwelt" sichtbar.

Da man einerseits bei der Muttergöttin im Jenseits aufgrund der Wiedergeburt der Toten sowohl im Diesseits als auch im Jenseits Hilfe suchte, aber sie aufgrund ihrer Verbindung mit dem Tod auch fürchtete, spaltete sie sich (nicht nur) in der germanischen Mythologie in zwei Göttinnen auf: in die Todesgöttin und in die Geliebte im Jenseits.

Auf diese Weise entstand zum einen im Zusammenhang mit dem älteren Bild der Wasserunterwelt das Paar Nanna und Ran und zum anderen im Zusammenhang mit dem Hügelgrab-Jenseits das Paar Freya und Hel.

Der ersehnte und idealisierte Aspekt der Großen Mutter wurde zur Göttin (Frau, Geliebte), während der dämonisierte und gefürchtete Aspekt zu einer Riesin wurde. Der Aspekt der Jenseits-Geliebten (Wiederzeugung) bildet die Grundlage der vielen Vereinigungen der Götter mit den Riesinnen.

Mit den Göttinnen und Riesinnen, die einen der Aspekte der „Großen Mutter im Jenseits" darstellen, ist auch jeweils ein „sterbender und wiedergeborener Gott" oder ein „Gott in der Wasserunterwelt" verbunden.

Die Aufspaltung des Bildes der „Großen Mutter im Jenseits"				
Thema des Bildes	*die Geliebte bei der Wiederzeugung*		*die Riesin des Todes*	
	Göttin	*Gott*	*Riesin*	*Gott*
Wasserunterwelt (Meer, Quellen)	Nanna	Baldur/Tyr	Ran	die im Meer Ertrunkenen
Hügelgrab-Jenseits (Walhalla, Fensalir)	Freya	Odr, die Hälfte aller Krieger	Hel	Baldur, die Toten

I 3.   Nanna in den Mythen

I 3. a)   Odins Rabenzauber

Die Sieggötter sehen die Sorge Nannas
Um die niedre Wohnung: sie geben ihr ein Wolfsfell.
Damit bekleidet verkehrt sie den Sinn,
Freut sich der Auskunft, erneut die Farbe.

Das Wolfsfell soll wohl Nannas Reise in die Unterwelt bzw. ihren Aufenthalt in der Unterhalt ausdrücken: die „niedere Wohnung". Hier werden anscheinend Nanna und Idun gleichgesetzt.

Das Wolfsfell gibt Nanna offenbar wieder Hoffnung, sodaß sie wieder Farbe bekommt und „ihren Sinn verkehrt", d.h. ihre Stimmung ändert. Diese Aussage gibt eigentlich nur dann einen Sinn, wenn man hier von der Funktion des Wolfes als Helfer auf dem Weg ins Jenseits ausgeht und das Motiv als Anspielung auf die spätere Rückkehr aus dem Jenseits auffaßt.

Die Verbindung mit dem Wolfsfell rückt Nanna auch in die Nähe der Wolfsreiterin Hel und der Fenris-Mutter Angrboda. Offensichtlich hat sich bei der „Großen Mutter als die Geliebte im Jenseits" der hilfreiche Aspekte des Jenseitsführer-Wolfes erhalten können, während sich mit der „Großen Mutter als Todesgöttin" der gefürchtete Aspekt des Wolfes als Wächter am Tor der Unterwelt verbunden hat.

I 3. b)   Gylfis Vision

Die Göttin erscheint ausschließlich im Zusammenhang mit der Baldur-Mythe, die am ausführlichsten in „Gylfis Vision" beschrieben wird:

Und er hieß Hermod, der schnelle, Odins Sohn, der diese Fahrt übernahm. Da ward Sleipnir, Odins Hengst, genommen und vorgeführt, Hermod bestieg ihn und stob davon.

Da nahmen die Asen Baldurs Leiche und brachten sie zur See. Hringhorni hieß Baldurs Schiff, es war aller Schiffe größtes. Das wollten die Götter vom Strande stoßen und Baldurs Leiche darauf verbrennen; aber das Schiff ging nicht von der Stelle.

Bei Baldur werden die Seebestattung in einem Schiff und die Brandbestattung, die beide sehr alte Traditionen sind, wie der archäologische Befund zeigt, kombiniert.

Da wurde gen Jötunheim nach dem Riesenweib gesendet, die Hyrrockin hieß, und als sie kam, ritt sie einen Wolf, der mit einer Schlange gezäumt war.

„Hyrrokkin" bedeutet „die Rußgeschwärzte". Dies bezieht sich vermutlich zum einen auf die Brandbestattung und zum anderen auf den Brauch, die Frau eines Fürsten oder eine Stellvertreterin für sie bei dem Tod des Fürsten zu töten und sie mitzubestatten, d.h. mitzuverbrennen – sie ist dann die „rußgeschwärzte Frau".
Eine Frau, die eng mit dem Tod verbunden ist, einen Wolf reitet und dabei eine Schlange als Zaumzeug benutzt, kann nur Hel sein, deren beide Geschwister der Fenris-Wolf und die Midgardschlange sind.
Die Asen rufen also Hel selber zu der Bestattung herbei, damit sie Baldur ins Jenseits holt.

Als sie vom Rosse gesprungen war, rief Odin vier Berserker herbei, es zu halten; aber sie vermochten es nicht anders als indem sie es niederwarfen. Da trat Hyrrockin an das Vorderteil des Schiffes und stieß es im ersten Anfassen vor, daß Feuer aus den Walzen fuhr und alle Lande erzitterten.
Da ward Thor zornig und griff nach dem Hammer und würde ihr das Haupt zerschmettert haben, wenn ihr nicht alle Götter Frieden erbeten hätten.
Da wurde Baldurs Leiche hinaus auf das Schiff getragen und als sein Weib Nanna, Neps Tochter, das sah, da zersprang sie vor Jammer und starb. Da wurde sie auf den Scheiterhaufen gebracht und Feuer darunter gezündet, und Thor trat hinzu und weihte den Scheiterhaufen mit Miölnir, und vor seinen Füßen lief der Zwerg, der Lit hieß, und Thor stieß mit dem Fuß nach ihm und warf ihn ins Feuer, daß er verbrannte.

In dieser Szene ist die Tötung der Frau des Fürsten zu einem Sterben aus Kummer umgedeutet worden.
Hier erscheinen der „gute Aspekt" der Großen Mutter und ihr „böser Aspekt" gleich nebeneinander: Nanna und Hel.
Der von Thor getötete Zwerg könnte auf die Krieger zurückgehen, die manchmal bei den Indogermanen getötet und zusammen mit dem Fürsten in dessen Hügelgrab bestattet worden sind. „Zwerg" („dwergaz") bedeutete wörtlich „Totengeist".

Und diesem Leichenbrand wohnten vielerlei Gäste bei: zuerst ist Odin zu nennen, und mit ihm fuhr Frigg und die Walküren und Odins Raben, und Freyr fuhr im Wagen und hatte den Eber vorgespannt, der Gullinbursti hieß oder Slidrugtanni. Heimdall ritt den Hengst Gulltopp und Freyja fuhr mit ihren Katzen. Auch kam eine große

Menge Hrimthursen und Bergriesen.

Es ist beachtenswert, daß auch die Riesen zu Baldurs Bestattung kamen, da sie doch sonst die Feinde der Asen und insbesondere des Thor waren. Sie hatten hier anscheinend noch in ihre ursprüngliche Bedeutung von „Ahnen aus der Frühzeit".

Odin legte auf den Scheiterhaufen den Ring, der Draupnir hieß, der seitdem die Eigenschaft gewann, daß jede neunte Nacht acht gleich schöne Goldringe von ihm tropften. Baldurs Hengst wurde mit allem Geschirr zum Scheiterhaufen geführt.

Draupnir ist das Symbol der Götter und vor allem der bestandenen Jenseitsreise gewesen.

Von Hermod aber ist zu sagen, daß er neun Nächte lang durch tiefe dunkle Täler ritt, so daß er nichts sah, bis er zum Giöllfluß kam und über die Giöllbrücke ritt, die mit glänzendem Gold belegt ist.
Modgud heißt die Jungfrau, welche die Brücke bewacht: die fragte ihn nach Namen und Geschlecht und sagte, gestern seien fünf Haufen toter Männer über die Brücke geritten, „und nicht donnert sie jetzt minder unter Dir allein, und nicht hast Du die Farbe toter Männer: warum reitest Du den Helweg?"
Er antwortete: „Ich soll zu Hel reiten, Baldur zu suchen. Hast Du vielleicht Baldur auf dem Helweg gesehen?"
Da sagte sie, Baldur sei über die Giöllbrücke geritten, „aber nördlich geht der Weg hinab zu Hel."

Der Eingang zur Hel lag im Norden in Niflheim unter der nördlichen Wurzel des Weltenbaumes Yggdrasil.

Da ritt Hermod dahin, bis er an das Helgitter kam: da sprang er vom Pferd und gürtete es fester, stieg wieder auf und gab ihm die Sporen: da setzte der Hengst so mächtig über das Gitter, daß er es nirgends berührte. Da ritt Hermod auf die Halle zu, stieg vom Pferd und trat in die Halle.
Da sah er seinen Bruder Baldur auf dem Ehrenplatze sitzen. Hermod blieb dort die Nacht über.
Aber am Morgen verlangte Hermod von Hel, daß Baldur mit ihm heim reiten solle, und sagte, welche Trauer um ihn bei den Asen sei. Aber Hel sagte, das solle sich nun erproben, ob Baldur so allgemein geliebt werde als man sage, „und wenn alle Dinge in der Welt, lebendige sowohl als tote, ihn beweinen, so soll er zurück zu den Asen fahren; aber bei Hel bleiben, wenn eins widerspricht und nicht weinen will."
Da stand Hermod auf und Baldur geleitete ihn aus der Halle und nahm den Ring

Draupnir und sandte ihn Odin zum Andenken, und Nanna sandte der Frigg einen Überwurf und noch andere Gaben, und der Fulla einen Goldring.

Der Goldring, den Nanna der Fulla sendet, zeigt, daß sie eine Jenseitsgöttin ist, da der goldene Ring die erfolgreiche rituelle Jenseitsreise symbolisierte.
In den Isländersagas wird berichtet, daß die hölzernen Statuen der Göttinnen Goldringe, Schmuck und (Kopf?-)Tücher aus Leinen trugen.

Da ritt Hermod seines Weges zurück und kam nach Asgard und sagte alle Dinge, die er da gehört und gesehen hatte.
Danach sandten die Asen Boten in alle Welt und geboten, Baldur aus Hels Gewalt zu weinen. Alle taten das, Menschen und Tiere, Erde, Steine, Bäume und alle Erze; wie Du schon gesehen haben wirst, daß diese Dinge weinen, wenn sie aus dem Frost in die Wärme kommen.
Als die Gesandten heimfuhren und ihr Gewerbe wohl vollbracht hatten, fanden sie in einer Höhle ein Riesenweib sitzen, das Thöck (Dunkel) *genannt wurde. Die baten sie auch, den Baldur aus Hels Gewalt zu weinen.*
Sie antwortete:

„Thöck muß weinen mit trocknen Augen
Über Baldurs Ende.
Nicht im Leben noch im Tod hatt ich Nutzen von ihm:
Behalte Hel was sie hat."

Man glaubt, daß dies Loki, Laufeyjas Sohn, gewesen sei, der den Asen so viel Leid zugefügt hatte.

I 3. c) Gesta danorum

Um 1.185 n.Chr. wurde der Mönch Saxo von seinem Bischof damit beauftragt, eine Geschichte Dänemarks zu schreiben. Sein Beiname „grammaticus" bedeutet, daß er des Schreibens mächtig war. Der Titel der daraufhin von dem Mönch verfaßten mehrbändigen Schrift lautet „Gesta danorum" („Geschichte der Dänen").
Im dritten Band erscheint Baldur (Balder) als Gott, Hödur (Hother) und Nanna jedoch als Menschen: Aus der Götter-Mythe ist in der Gesta Danorum eine Heldensage geworden. Die Auffassung der heidnischen Götter als Könige und Helden früherer Zeiten war um 1200 n.Chr. in Nordeuropa weit verbreitet.

Nachdem Hiarthuar gestorben war, wurde Hother, den ich bereits oben erwähnt habe, der der Bruder des Athisl und außerdem der Ziehbruder des Königs Gwear war, König beider Reiche. Es wird einfacher sein, seine Zeit zu beschreiben, wenn ich am Anfang seines Lebens beginne. Denn wenn die frühen Jahre seines Schicksals nicht dem Schweigen verdammt werden, können die späteren ausführlicher und besser berichtet werden.

Als Helgi Hodbrodd getötet hatte, verbrachte sein Sohn Hother seine ganze Kindheit unter der Obhut König Gwears. Als er noch ein unerfahrener Jüngling war, übertraf er an Körperkraft all seine Ziehbrüder und die Gleichaltrigen, die mit ihnen waren. Er war sehr geschickt im Schwimmen und Bogenschießen und ebenso mit den Handschuhen (Boxen); *und er war beweglich wie ein solcher Jüngling nur sein konnte und seine Übung in diesen Dingen war genauso groß wie seine Kraft. Obwohl er noch nicht zu seinen vollen Jahren gekommen war, übertraf sein reichbegabter Geist alle anderen.*

Niemand war geschickter auf der Leier oder der Harfe; und er konnte sehr gut mit dem Tamburin, der Flöte und jedem Saiteninstrument umgehen. Mit dem Wechsel der Tonarten konnte er die Gefühle der Menschen in die Leidenschaften führen, in die er sie bringen wollte; er wußte, wie man die Herzen der Menschen mit Freude oder Trauer erfüllte, mit Mitleid oder mit Haß und er hüllte die Seelen seiner Zuhörer oft in den Schrecken und das Entzücken des Ohres.

Alle diese Vollkommenheiten des Jünglings gefielen Nanna, der Tochter des Königs Gwear, sehr und sie begann seine Umarmungen zu suchen. Denn der Heldenmut eines Jünglings entflammt oft eine Jungfrau und der Mut von denen, die kein so gutes Aussehen haben, macht sie dennoch akzeptabel. Denn die Liebe hat viele Wege; der Pfad der Lust wird für manche durch Anmut geöffnet, für andere durch eine mutige Seele und für wieder andere durch eine vollendete Fertigkeiten. Höflichkeit bringt einigen den Segen der Liebe, aber den meisten öffnet sich die Liebe durch das Strahlen der Schönheit. Und die Tapferen verursachen auch keine geringeren Wunden bei den Jungfrauen als die Gutaussehenden.

Nun geschah es, daß Balder, der Sohn des Odin, beim Anblick der badenden Nanna in Unruhe geriet und von unbändiger Liebe zu ihr ergriffen wurde. Er wurde entzündet von ihrem schönen und scheinenden Körper und sein Herz entbrannte beim Anblick ihrer ihm geoffenbarten Schönheit. Daher beschloß er, Hother mit dem Schwert zu erschlagen, der, wie Baldur fürchtete, sicherlich seine Wünsche behindern würde, damit seine Liebe, die keinen Aufschub duldete, nicht durch irgendein Hindernis an der Erfüllung seiner Begierde gehindert würde.

Um diese Zeit herum geschah es, daß Hother, als er auf Jagd war, von einem Nebel in die Irre geführt wurde und zu einer Hütte gelangte, in der Waldjungfrauen lebten; und als sie ihn mit seinem Namen begrüßten, frug er, wer sie seien. Sie erklärten ihm, daß es vor allem ihre Führung und Herrschaft war, die das Kriegsglück entschied.

Denn sie nahmen oft unsichtbar an den Schlachten teil und gewannen für ihre Freunde die begehrten Siege.

Sie offenbarten ihm, daß sie wirklich Siege schenken und Niederlagen verhängen konnten wie sie wollten; und weiterhin erzählten sie ihm, wie Balder seine Ziehschwester Nanna gesehen hatte, als sie badete und in Leidenschaft für sie entzündet worden war; aber rieten Hother, ihn nicht im Krieg anzugreifen, auch wenn er seinen tödlichsten Haß verdiente, denn sie verkündeten ihm, daß Baldur ein Halbgott war, der im Geheimen aus göttlichem Samen entsprungen war.

Als Hother dies gehört hatte, löste sich der Ort auf und ließ ihn ohne Hütte um ihn herum zurück. Er fand sich im Freien stehend wieder, mitten in den Feldern ohne irgendeinen Überrest eines Schattens. Am meisten wunderte er sich über das schnelle Verschwinden der Jungfrauen, die Veränderung des Ortes und die trügerische Erscheinung des Gebäudes. Denn er wußte nicht, daß alles, was um ihn her geschehen war, nur ein Spott und ein Werk magischer Künste gewesen war.

Als er heimkehrte, berichtete er König Gewar das Täuschungswerk, das er nach seiner Verirrung gesehen hatte, und bat ihn geradeheraus um die Hand seiner Tochter.

Gwear antwortete ihm, der er ihn von Herzen gern bevorzugen würde, aber daß er fürchte, daß er, wenn er Balder zurückweisen würde, seinen Zorn entflammen würde; denn Balder habe, sagte Gewar, ihn ebenfalls um seine Tochter gebeten. Und Gear sagte, daß die geheime Stärke von Baldurs Körper ihn sogar vor Stahl schützte. Aber er ergänzte, daß er ein Schwert kenne, daß ihm den Tod bringen könne, das aber so gut wie nur möglich bewacht würde. Dieses Schwert befand sich im Besitz des Miming, eines Satyrs aus den Wäldern, der auch einen Armreif besaß, der die geheime, magische Gabe besaß, den Wohlstand seines Besitzers zu mehren.

Außerdem waren die Pfade zu dieser Gegend unwegsam und voller Hindernisse und daher für sterbliche Menschen nur schwer zu begehen. Der größte Teil des Weges war ständig von außergewöhnlicher Kälte umgeben. Daher riet er ihm, ein Rentier-Gespann zu benutzen, durch dessen große Geschwindigkeit er die hartgefrorenen Berge schnell überwinden könne. Und wenn er dann schließlich an den Ort komme, solle er sein Zelt solcherart fern von der Sonne aufschlagen, daß der Schatten der Höhle, in der Miming lebte, auf das Zelt fallen würde. Aber er solle auf keinen Fall den Schatten seines Zeltes auf Miming fallen lassen, damit keine ungewohnte Dunkelheit auf den Eingang falle und den Satyr am herauskommen hindere.

So würde er sowohl den Armreif als auch das Schwert in seine Hände bekommen. Das eine würde ihm Gedeihen des Wohlstandes bringen und das andere Glück im Krieg – beide würden somit ihrem Besitzer einen großen Schatz verschaffen.

So sprach Gwear und Hother zögerte nicht, diese Anweisungen auszuführen. Nachdem er sein Zelt in der eben beschrieben Weise errichtet hatte, verbrachte er die Nächte mit gespanntem Warten und die Tage mit Jagen. Aber zu beiden Zeiten blieb er sehr wach und ohne Schlaf – er verbrachte die Zeiten des Tages und Nacht solcherart, daß er in der einen gespannt auf das lauerte, was geschah, und in der andern Nahrung für seinen Körper beschaffte.

Einmal, als er die ganze Nacht über wachte und seine Sinne durch die viele Anspannung schläfrig und dämmerig geworden waren, warf der Satyr einen Schatten auf sein Zelt. Er zielte mit dem Speer auf ihn und warf ihn mit dem Wurf zu Boden. Dann ergriff und fesselte er ihn, sodaß er nicht fliehen konnte. Dann drohte er ihm mit fürchterlichen Worten das schlimmste an und verlange von ihm das Schwert und den Armreif.

Der Satyr zögerte nicht, ihm das Lösegeld für sein Leben zu zahlen, das von ihm verlangt wurde, denn allen ist ihr Leben mehr wert als ihr Reichtum – nichts wird von den Sterblichen höher geschätzt als der Atem ihres eigenen Lebens. Hother frohlockte über den Schatz, den er errungen hatte und zog wieder heim mit seinen Kostbarkeiten, die zwar nur wenige waren, aber dafür edle.

Als Gelder, der König der Sachsen hörte, daß Hother diese Dinge erlangt hatte, drängte er seine Krieger dazu, auszuziehen und diese herrliche Beute zu rauben – und die Krieger machten gemäß dem Befehl ihres Königs eilends eine Flotte bereit zum Auslaufen.

Gwear, der sehr bewandert in der Wahrsagung und sehr erfahren im Deuten von Omen war, sah dies voraus. Daher rief er Hother zu sich und riet ihm, daß er, wenn Gelder den Kampf mit ihm eröffnete, dessen Speere mit Geduld abwarten und sich seine eigenen Geschosse aufsparen solle bis die des Gegners erschöpft waren. Außerdem solle er die gebogenen Sichel-Schwerter mitnehmen, mit denen die Schiffe eingeschlagen werden konnten und mit denen auch die Helme und Schilde von den Kriegern gerissen werden konnten.

Hother folgte diesen Ratschlägen und sah, daß sie gute Früchte trugen. Denn als Gelder mit seinem Angriff begann, befahl er seinen Männern, stehen zu bleiben und ihren Körper mit ihren Schilden zu schützen. Er versicherte ihnen, daß der Sieg mit Geduld errungen werden mußte. Die Feinde sparten sich jedoch nirgends ihre Speere auf und verschossen sie alle in ihrer großen Kampfeswut. Um so geduldiger sie Hother ihre Speere und Wurfspieße empfangen sahen, um so wütender begannen sie, sie gegen ihn zu werfen.

Einige von ihnen steckten in den Schilden und andere in den Schiffen, aber sie verursachten nur wenige Wunden. Man konnte sehen, daß viele von ihnen ohne Mühe abgewehrt wurden und keinen Schaden anrichteten. Denn die Krieger folgten dem Befehl ihres Königs und wehrten den Angriff mit den Speeren durch ein Schutzdach von sich überlappenden Schilden ab und nicht wenige der Speere schlugen nur leicht gegen die Schildbuckel und fielen in die Wogen.

Als Gelder seinen ganzen Vorrat an Speeren erschöpft hatte und sah, daß seine Feinde die, die er zu ihnen hinübergeworfen hatte, aufsammelten und sie nun geschwind zu ihm zurückwarfen, bedeckte er die Spitze seines Mastes mit einem blutroten Schild als Zeichen des Frieden und der Unterwerfung, um sein Leben zu retten. Hother empfing ihn mit dem freundlichsten Gesicht und gütigen Worten, durch die er seinen Gegner genauso sicher unterwarf wie vorher durch sein Kampfgeschick.

Zu dieser Zeit sandte Helgi, der König von Halogaland (Nordnorwegen), immer wieder Boten zu Kuse, dem König von Finnland und Permland (ein Königreich südöstlich von Moskau), um um die Hand seiner Tochter Thora anzuhalten.

Wie auch hier kann Schwäche immer daran erkannt werden, daß nach Hilfe von anderen gesucht wird. Denn während in dieser Zeit alle anderen jungen Männer mit ihren eigenen Lippen nach einer Heirat suchten, war dieser Mann mit einem solchen Sprachfehler geschlagen, daß er sich schämte, von Fremden gehört zu werden und nur mit den Menschen in seinem eigenen Haus sprach. Eine Behinderung scheut Zeugen, denn körperliche Behinderungen irritieren um so mehr, je größer sie sind.

Kuse wies seine Anfragen zurück und antwortete, daß ein Mann keine Frau verdient, der nicht in seine Mannheit vertraut und statt dessen die Hilfe anderer sucht, die sein Anliegen verfolgen.

Als Helgi dies hörte, bat er Hother, von dem er wußte, daß er ein vollendeter Redner war, sich für sein Verlangen einzusetzen und versprach ihm für die Erfüllung seines Wunsches alles, was er von ihm verlangte. Die flehentlichen Bitten des Jünglings bewegten Hother schließlich und er zog mit einer bewaffneten Flotte nach Norwegen, um das, was er mit Worten nicht erreichen konnte, mit Waffen zu erlangen.

Als er mit den süßesten Reden für Helgi geworben hatte, bestand Kuse darauf, daß der Wunsch seiner Tochter berücksichtigt werden müsse, damit nicht sein väterlicher Wille etwas gegen ihre Absichten bestimmen würde. Er rief sie zu sich und frug sie, ob sie eine Zuneigung für ihren Freier empfinden würde. Als sie zustimmte, versprach er Helgi ihre Hand. Auf diese Weise öffnete Hother durch seine gut abgestimmten Reden die Ohren des Königs Kuse, die vorher für die Bitten, die ihm vorgetragen worden waren, taub gewesen war.

Während sich dies in Halogaland ereignete, zog Balder bewaffnet nach Gwears Königreich, um Nanna zu erlangen. Gwear bat ihn, Nannas eigene Wünsche kennenzulernen. Da näherte er sich der Jungfrau mit sehr auserwählten und schmeichelhaften Worten und als er keine Gehör für seine Bitten finden konnte, frug er nach dem Grund für ihre Ablehnung.

Sie antwortete, daß ein Gott sich nicht mit einer Sterblichen verbinden könne, denn der große Unterschied in ihrem Wesen würde eine Vereinigung verhindern. Weiterhin würden die Götter manchmal ihre Versprechen nicht halten; zudem würden die Verträge zwischen Ungleichen oft plötzlich zerbrechen. Es könne keine feste Bindung zwischen solchen von verschiedenem Stand geben; denn neben den Großen steht das Schicksal der Kleinen immer im Schatten. Auch würden Mangel und Fülle in verschiedenen Zelten wohnen und es gäbe auch keine feste Verbindung zwischen traumhaftem Reichtum und offenkundiger Armut. Die Dinge der Erde und die Dinge des Himmels können sich aufgrund des von Anbeginn bestehenden großen Abgrundes zwischen ihnen nicht miteinander vereinen – denn unendlichweit seien die sterblichen Menschen von dem Glanz der himmlischen Majestät entfernt.

Mit dieser ausweichenden Antwort wies sie Baldurs Antrag ab und webte geschickte Ausreden, um seine Hand nicht ergreifen zu müssen.

Als Hother dies von König Gwear hörte, beklagte er sich lange bei Helgi über Balders Unverschämtheit. Beide wußten nicht, was sie tun sollten, und zerbrachen sich ihr Hirne über verschiedenen Pläne, denn das Gespräch mit einem Freund an einem Tag der Sorgen läßt das Herz weniger krank sein, auch wenn dadurch die Gefahren nicht beseitigt werden können.

Unter all den Sehnsüchten ihrer Seelen setzte sich schließlich die Leidenschaft des Kampfes durch und es wurde eine Seeschlacht mit Balder ausgefochten. Man sollte es für einen Kampf der Menschen mit den Göttern halten, da Odin und Thor und das ganze Heilige Heer der Götter für Balder kämpfte. Dort konnte man einen Kampf beobachten, in dem sich menschliche und göttliche Macht miteinander vermischten.

Aber Hother war in seine stahlabweisende Rüstung gekleidet und griff die dichtesten Gruppen der Götter an. Er bedrängte sie so hart wie ein Sohn der Erde nur die Mächte des Himmels bedrängen konnte. Thor schwang jedoch seine Keule mit unvorstellbarer Macht und zerschlug alle Schilde, die sich ihm entgegenstellten, und rief genauso laut seinen Feinden entgegen, daß sie ihn angreifen sollten, wie seinen Freunden, daß sie ihm Rückendeckung geben sollten.

Keine einzige Art der Rüstung widerstand seinem Angriff und niemand, der von ihm einen Schlag erhielt, überlebte. Was auch immer seinen Schlag abwehrte, zerbrach; weder Schild noch Helm konnte die Wucht seines Schlages aushalten; weder Körpergröße noch Kraft half.

Deshalb hätten die Götter den Sieg erlangt, wenn nicht Hother, dessen Reihen bereits zurückgefallen waren, vorgesprungen wäre und Thors Keule am Griff abgeschlagen und dadurch nutzlos gemacht hätte. Als die Götter diese Waffe verloren hatten, flohen sie kopflos davon.

Es widerspricht dem allgemeinen Glauben, daß sich die Menschen gegen die Götter durchsetzen können – auch all die alten Geschichten beschwören, daß die Götter die Mächtigeren sind. (Wir nennen sie in einer abergläubischen, aber nicht in einer realen Weise Götter, denn wir haben sie nur deshalb Götter genannt, weil dies der Brauch der Völker ist, und nicht, weil dies ihre wahre Natur ist.)

Balder floh und konnte sich retten. Die Verfolger zerhackten seine Schiffe oder versenkten sie im Meer. Sie waren nicht damit zufrieden, die Götter besiegt zu haben, sondern verfolgten die Reste der Flotte mit solch einer Wut, als ob sie sie zerstören wollten, um ihre tödliche Leidenschaft für den Krieg zu befriedigen. Oft verschärft der Erfolg die Schneide des Erlaubten. Der Hafen, der durch seinen Namen an

Balders Flucht erinnert, ist Zeuge dieses Krieges.

Gelder, der König der Sachsen, der in demselben Krieg sein Ende fand, wurde von Hother auf die Leichen seiner Ruderer gelegt, und dann auf einen Scheiterhaufen, der aus Schiffen aufgeschichtet worden war, gebettet. Er wurde von Hother bei seiner Bestattung königlich geehrt, der seine Asche nicht nur in einen edlen Grabhügel legte und sie wie die Überreste eines Königs behandelte, sondern ihm auch mit der ehrfürchtigsten Totenfeier die Ehre erwies.

Dann kehrte er zu König Gwear zurück. um jede weiteren Störungen zu vermeiden. und erfreute sich der begehrten Umarmungen der Nanna. Nachdem er Helgi und Thora sehr großzügig mit Geschenken bedacht hatte, kehrte mit seiner neuen Königin zurück nach Schweden. Er wurde genauso viel für seinen Sieg geehrt über Baldur wie wegen dessen Flucht gelacht wurde.

Zu dieser Zeit gingen die Edlen der Schweden nach Dänemark, um dort ihren Tribut abzuliefern. Hother, der von seinen Landsleuten wegen den edlen Taten seines Vaters zu ihrem König gewählt worden war, erlebte jedoch, was für ein lügnerischer Zuhälter doch das Glück ist, denn er wurde auf einem Schlachtfeld von Balder besiegt, den er noch kurz zuvor vernichtet hatte.

Daher mußte er zu Gwear fliehen und erlitt eine Niederlage als König, während er noch kurz zuvor einen Sieg als normaler Mann errungen hatte. Der siegreiche Balder stach tief in die Erde und ließ mehrere neue Quellen entstehen, damit seine Männer, die wegen der Trockenheit in dieser Zeit großen Durst litten, ihren Durst stillen konnten. Die durstigen Reihen der Männer machten sich mit weitoffenstehenden Lippen über das Wasser her, das hierhin und dorthin floß. Man sagt, daß die damaligen Quellen, die durch ihren Namen unsterblich geworden sind (Baldur-Quellen), auch heute noch nicht versiegt sind, auch wenn sie nicht mehr so üppig fließen wie in jenen alten Zeiten.

Balder wurde ständig von nächtlichen Gestalten geplagt, die die Gestalt der Nanna annahmen. Seine Gesundheit wurde dadurch so schwach, daß er nicht mehr gehen konnte und deshalb auf seinen Reisen einen zweispännigen Pferdewagen oder einen vierrädrigen Wagen benutzen mußte – so groß war die Liebe, die sein Herz ausgelaugt hatte und ihn beinahe an den Rand des Abgrundes getrieben hatte. Er sann darüber nach, daß sein Sieg ihm nichts genützt haben würde, wenn nicht Nanna der Siegespreis dafür sei.

... ...

Während Hother in Schweden weilte, kam Balder mit einer Flotte nach Seeland und da die Dänen dachten, daß er reich an Waffen und von einmaliger Majestät sei, erfüllten sie ihm jeden Wunsch, den er in Bezug auf die Herrschaft über sie hatte. So wankelmütig waren unsere Vorfahren und zerfielen in zwei Parteien.

Hother kehrte von Schweden zurück und griff ihn an. Beide begehrten die Macht und der heftigste Streit um die Herrschaft entbrannte zwischen ihnen, aber er wurde bald durch die Flucht des Hother beendet. Er zog sich nach Jütland zurück und benannte die Dörfer, in denen er verweilen wollte, nach seinen Namen. Hier verbrachte er den Winter und zog dann alleine und ohne Begleitung nach Schweden zurück.

Dort versammelte er die Großen des Reiches und verkündete ihnen, daß er das Licht des Lebens wegen des zweimaligen Unglücks, durch das Balder ihn besiegt habe, leid sei. Dann verabschiedete er sich von allen und wanderte einen gewundenen Pfad zu einem Ort, der nur schwer zu erreichen war und zog dabei durch wilde Wälder.

Denn es geschieht oft, daß die, die von einem unheilbaren Kummer des Geistes befallen werden, die Größe ihres Leides nicht in der Gesellschaft von Menschen ertragen können und deshalb abgelegene und einsame Orte aufsuchen als ob diese eine Medizin wären, die ihre Trauer vertreiben würde – so lieb ist die Einsamkeit der Krankheit. Denn Schmutz und Verwahrlosung sind nur denen angenehm, die mit Seelenleiden geschlagen sind.

Die Menschen verlangten von ihm jedoch, daß er ihnen von der Spitze eines Hügels aus Rat erteilte, wenn sie mit Fragen zu ihm kamen. Sie tadelten seine Abneigung sich zu zeigen und seine Abwesenheit wurde von allen bitter beklagt.

Hother jedoch wanderte auf den abgelegendsten Seitenwegen und durchquerte einen unbewohnten Wald und kam schließlich zu einer Höhle, in der drei Jungfrauen lebten, die er nicht kannte, aber es stellte sich heraus, das es dieselben waren, die ihm einst die undurchdringliche Rüstung gegeben hatten.

Als sie ihn frugen, warum er zu ihnen gekommen sei, berichtete er ihnen von dem schrecklichen Ausgang des Krieges. Er begann über das Unglück seiner Fehlschläge und über seine Unglück zu weinen und er verdammte ihren Treubruch und klagte, daß die Dinge sich für ihn nicht so entwickelt hätten, wie sie es ihm versprochen hatten.

Die Jungfrauen sagten ihm jedoch, daß er, obwohl er nur selten siegreich gewesen sei, seinem Feind doch genausoviel Schaden zugefügt habe wie er ihm und daß er genausoviele Leichen auf der Seite seines Feindes verursacht habe wie dieser auf Hothers Seite.

Sie sagen ihm weiterhin, daß der Sieg schon bald sein sein werde, wenn er eine bestimmte außergewöhnliche und besondere Speise in seine Hände bekommen könne, die die dafür geschaffen worden war, um Balders Kraft zu vergrößern. Nichts würde mehr schwierig sein, wenn er diese Speise erlangen könnte, die dafür bestimmt war, die Stärke seines Feindes zu erhöhen.

Auch wenn es für Erdgeborene schwer klingen mag, in ihrem Bestreben einen bewaffneten Angriff auf die Götter zu wagen, beflügelten die Worte der Jungfrauen doch sofort den Geist Hothers mit dem Vertrauen, einen Kampf gegen Balder gewinnen zu können. Auch wenn einige seiner eigenen Leute sagten, daß man nicht mit Erfolg mit denen dort oben streiten könne, vertrieb das Feuer des Geistes des Hother all ihre Bedenken wegen der Majestät der Himmlischen. Denn in tapferen Seelen wird die Heftigkeit nicht immer von Vernunft genährt und auch guter Rat verhindert nicht immer die Eile. Hother erinnerte sich auch nicht daran, daß die Macht der Edelsten sich oft als trügerisch erweist und daß ein kleiner Erdklumpen den größten Streitwagen umwerfen kann.

Auf der anderen Seite musterte Balder die Dänen und traf Hother auf dem Schlachtfeld. Beide Seiten verursachten ein großes Gemetzel und die Verluste waren auf beiden Seiten fast gleich, als die Nacht die Schlacht beendete. Um die Zeit der dritten Wache schlich Hother von allen unerkannt um den Feind auszuspionieren – seine Anspannung wegen der drohenden Gefahr hatte all seinen Schlaf verbannt. Diese große Aufregung fördert nicht die Entspannung des Körpers und innere Unruhe erträgt nicht das Ruhen des Leibes.

Als er in Balders Lager kam, hörte er, daß drei Jungfrauen hinausgegangen waren und die geheime Speise des Balder mit sich trugen. Er lief ihnen nach (ihre Fußstapfen im Tau verrieten ihren Weg) und betrat schließlich ihre gewohnte Behausung. Als sie ihn frugen, wer er sei, antwortete er, daß er ein Lautenspieler sei und er fehlte nicht, als sie ihn auf die Probe stellten, denn als sie ihm eine Leier gaben, stimmte er die Seiten, ordnete und beherrschte die Akkorde mit seinem Federkiel und spielte in angenehmer Weise eine Melodie, die dem Ohr erfreulich war.

Die Jungfrauen hatten drei Schlangen, deren Gift sie zur Stärkung in die Speise für Balder mischten, und auch als er in der Behausung war, tropfte das Gift aus den offenen Mündern der Schlangen in die Speise. Einige der Jungfrauen hätten Hother aus Freundlichkeit etwas von der Speise gegeben, wenn es ihnen die älteste nicht verboten und verkündet hätte, daß Balder betrogen werden würde, wenn sie die Körperkraft seiner Feinde stärken würden.

Er hatte nicht gesagt, daß er Hother sei, sondern einer von ihrem Heer. Diese Nymphen gaben ihm aus ihrer Freundlichkeit heraus einen Gürtel von vollkommenem Glanz sowie einen Gürtel, der seinem Träger den Sieg verlieh. Er ging den Pfad zurück, auf dem er gekommen war und als er Balder traf, stieß er ihm sein Schwert in die Seite und warf ihn halbtot nieder.

Als er diese Neuigkeiten seinen Kriegern verkündete, erhob sich auch lautes Triumphgeschrei über dem ganzen Lager des Hother, während die Dänen das Schicksal des Balder beklagten. Balder, der seinen Tod nahen spürte und unter dem Schmerz in seiner Wunde litt, nahm am Morgen jedoch den Kampf wieder auf. Als er heiß tobte, bat er darum, auf einer Trage zu dem Schlachtfeld gebracht zu werden, damit es nicht so aussähe, als ob unbeteiligt in seinem Zelt läge.

In der folgenden Nacht sah er in einer Vision Proserpina (Hel) neben sich stehen und ihm versprechen, daß sie ihn am nächsten Morgen umarmen werde. Die Bilder des Traums trogen nicht, denn als drei Tage vergangen waren, starb Balder an der heftigen Qual seiner Wunde. Seinem Körper wurde eine königliche Bestattung bereitet und sein Heer setzte ihn in einem Hügelgrab bei.

In diesem Text finden sich viele Beschreibungen, die mit denen aus der Edda übereinstimmen. So ist Balder Odins Sohn und Hother der Verursacher seines Todes – in der Edda unabsichtlich und in der Gesta danorum mit Absicht. Die geheime Kraft in Balders Körper, die ihn sogar vor stählernen Klingen und Speerspitzen schützt, entspricht Balders Unverwundbarkeit in der Edda.

In der Gesta danorum ist Miming ein Saryr. Er ist wahrschenlich mit dem Riesen Mimir identisch. Mimir verriet dem Odin die Geheimnisse der Unterwelt, was bedeuten könnte, daß Mimirs Schwert aus dem Jenseits kommt und das magische Schwert des Gottes Tyr ist.

Miming als Satyr könnte eine Umdeutung des Mimir sein, da die unbekannte Wildnis des Waldes ein beliebtes Bild für das den Lebenden unbekannte Jenseits gewesen ist. Das Schwert des Gottes Tyr, der als Baldurs Vorgänger auch ein sterbender und wiedergeborener Gott gewesen ist, wird diese Jenseitsreise-Symbolik des Tyr geteilt haben. Tyrs Schwert wäre somit von seiner Symbolik her der Mistel, die Baldur in der Edda tötete, verwandt.

Der schwere Weg zu dem Satyr im Wald könnte den Jenseitsweg symbolisieren. Dazu würde auch passen, daß der Satyr in einer Höhle wohne, die auf den Eingang zur Hel zurückgehen könnte. Das eisige Gebiet, durch das Hother zudem Satyr reisen muß, würde dann dem Eliwagar („Eiswogen") genannten Gletschern im Norden entsprechen, die von den Germanen ebenfalls als Bild für das Jenseits benutzt wurden. Schließlich sind auch noch die Hörner des Satyrs ein deutliches Zeichen dafür, daß Hothur in die Unterwelt reisen muß, um das magische Schwert zu erlangen, da die Ahnen ihre Hörner durch ihre Identifizierung mit dem für sie bei ihrer Bestattung geopferten Herdentier, das ihre Zeugungskraft sichern soll, erlangt haben.

Die Wahrscheinlichkeit, daß es sich bei Mimings Schwert letztlich um das Schwert des Gottes Tyr handelt, das Hother aus dem Jenseits holt, ist folglich recht groß.

Der Armreif des Satyrs, der den Wohlstand mehrt, ist offenkundig Odins Ring Draupnir, den er Baldur auf seine Fahrt in die Unterwelt mitgab, denn von diesem magischen goldenen Ring tröpfelten jede neunte Nacht acht identische Ringe ab.

In Saxos Bericht über Balder und Hother findet sich auch die Beschreibung der Bestattung des Königs Gelder, der auf einem Scheiterhaufen aus Schiffen bestattet wurde, was der aus der Edda bekannten Bestattung des Baldur in etwa entspricht.

Die Geschichte von Hothers Brautwerbung für Helgi erinnert sehr an das Skirnir-Lied, in dem Skirnir für Freyr um Gerda wirbt.

Die Szene, in der Balder dadurch, daß er in die Erde sticht, Quellen entspringen läßt, ist wohl ein Versuch, die auf Baldur bezogenen Namen dieser Quellen zu erklären. Aus dieser Erklärung ergibt sich jedoch, daß Baldur mit Quellen in Verbindung gebracht wurde – vermutlich in deren Bedeutung als Tor zur Wasserunterwelt.

Die drei Jungfrauen, die dreimal in der Geschichte auftreten, sind offenbar sowohl die drei Nornen, die das Schicksal verkünden und festlegen, als auch drei Walküren. Sie können Rat und magische Gegenstände geben bzw. sagen, wie man sie erlangen kann, und sie können zudem mithilfe von Schlangengift die magische Speise des Baldur, d.h. den Göttermet herstellen. In dieser letzten Funktion sind sie auch der Göttin Idun verwandt, die mit ihren Äpfeln die ewige Jugend der Götter erhält. Man kann zumindestens vermuten, daß sie auch eine große Ähnlichkeit mit den Priesterinnen und Seherinnen der Germanen haben.

Dieser Trank für Baldur wird auch in der Edda im Wegtam-Lied erwähnt, wobei er ihm dort aber erst im Jenseits von Hel kredenzt wird:

Wala:
Hier steht dem Baldur der Becher eingeschenkt,
Der schimmernde Trank, vom Schild bedeckt.

Saxos Kommentar zu der Bezeichnung „Götter" für Odin, Balder, Thor usw. zeigt, daß er zwar einerseits ein christlicher Mönch war und als solcher den alten Glauben ablehnte, daß er aber dennoch darum bemüht war, diese alten Geschichten möglichst sorgfältig und genau aufzuzeichnen.

Über die Göttin Nanna finden sich in dieser Übertragung der Mythe in den Sagenbereich leider keine neuen Einzelheiten, da sie hauptsächlich die Frau ist, um die sich Baldur und sein Bruder Hödur streiten.

Es wäre allerdings denkbar, daß dieser Streit auf eine Mythe zurückgeht, in der Nanna abwechselnd mit dem Sommer/Diesseits-Gott Baldur (ehemals Tyr) und mit dem Winter/Jenseits-Gott Hödur (ehemals Loki) zusammen ist.

I 4. Nanna in den archäologischen Funden

I 4. a) Der Kamm von Setre

Dieser Kamm wurde in Setre in Südwest-Norwegen gefunden. Er wurde um ca. 650 n.Chr. hergestellt.

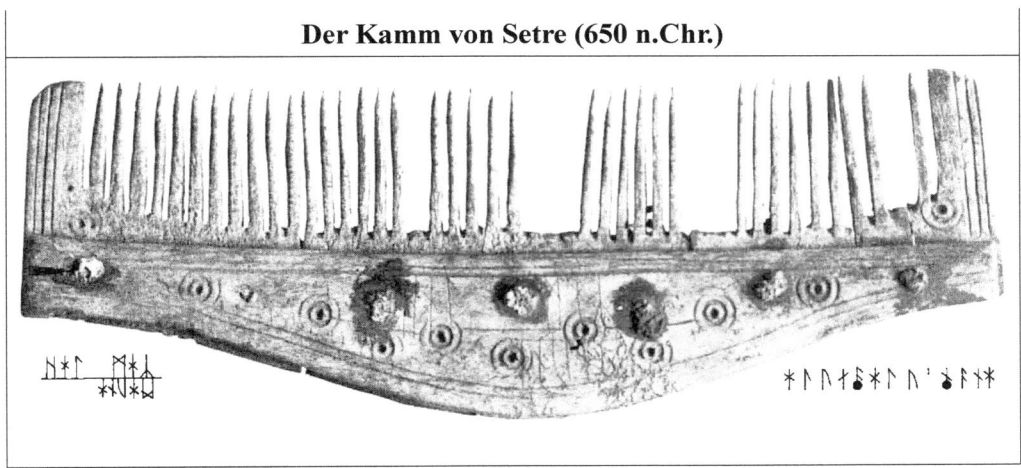

Der Kamm von Setre (650 n.Chr.)

Auf diesem Kamm befinden sich die beiden folgenden Runen-Inschriften:

Inschriften auf dem Kamm von Setre		
	Inschrift	*Bedeutung*
1	hal maR ‖ mauna	Grüße, junges Mädchen ‖ von den jungen Mädchen (?)
2	alu na alu nana	„Magie" Na „Magie" Nana

Die Deutung der ersten Zeile ist sehr unsicher und umstritten. Das Wort „Mauna" steht auf dem Kopf.

Die zweite Zeile ist hingegen zumindestens teilweise verständlich: „Alu" ist eine in den Runeninschriften oft vorkommende magische Segensformel, deren genaue Bedeutung leider unklar ist. „Nana" ist vermutlich der Name der Göttin Nanna.

Ein Kamm ist zunächst einmal zum Kämmen gedacht – er ist also ein täglicher

Gebrauchsgegenstand. Zwar brauchen auch Männer Kämme, aber aufgrund der längeren Haare der Frauen ist die Wahrscheinlichkeit größer, daß dieser Kamm einer Frau gehört hat.

Man wird davon ausgehen können, daß sich die Inschrift auf dem Kamm auf den Kamm selber oder auf die Tätigkeit, die mit ihm durchgeführt wird, bezieht.

Die denkbar einfachste Inschrift dieser Art wäre das Wort „Kamm", das ganz schlicht den Gegenstand bezeichnet – ähnlich wie Kinder, die gerade schreiben gelernt haben, manchmal den Namen eines Gegenstandes auf diesen Gegenstand schreiben.

Eine solche Inschrift findet sich auf dem ca. 300 Jahre älteren Kamm, der in der Nähe von Erfurt gefunden wurde. Die Runen-Inschrift auf ihm lautet „Kaba" und bedeutet schlicht „Kamm".

Der Kamm von Erfurt – ca. 350 n.Chr.

Wenn sich auf einem Kamm die magische Formel „alu" findet, dann kann man davon ausgehen, daß die Benutzung dieses Kammes, d.h. das Kämmen auch eine magische Wirkung haben sollte. Diese Wirkung sollte zudem mit den Haaren in

Verbindung stehen, da eben die Haare gekämmt werden.

Einen Schadenszauber kann man ausschließen, da man dann die Runen verborgen hätte, d.h. im Inneren dieses Kammes angebracht hätte, damit das „Opfer dieses Kammes" (wie Schneewittchen) nicht gleich sieht, mit welcher Art von Kamm sie es zu tun hat.

Für eine solche magische Wirkung des Kammes kämen zwei Möglichkeiten in Frage: Zum einen könnte der Kamm-Zauber ganz materiell gegen Haarausfall gerichtet gewesen sein und zum anderen könnte er die Ausstrahlung der Haare verändert haben. Diese zweite Möglichkeit würde dann wohl bedeuten, daß durch das Kämmen mit dem „magischen Kamm" den Haaren der Frau und somit der Frau selber eine erotischere Ausstrahlung verleihen sollten.

In der Magie ist es üblich, das Erstrebte auszusprechen, darzustellen und auf jede erdenkliche Weise auszudrücken. Da neben der magischen Formel „alu" auf dem Kamm die Worte „na" und „nana" stehen, werden diese beiden Worte das Angestrebte darstellen. „Nana" könnte die Verstärkungsform von „na" sein.

Wenn „nana" tatsächlich die Göttin Nanna bezeichnen sollte, was aufgrund ihres einfachen Namens, der schlicht „Mutter" bedeutet, gut denkbar ist, dann hat sich die Benutzerin dieses Kammes offenbar durch die Inschrift auf ihm einen Segen der Göttin Nanna erwünscht. Dies erinnert wiederum an ein anders Märchen: an Aschenputtel, der ihre tote Mutter von dem Haselbaum (Weltenbaum) auf ihrem Grab (Hel-Eingang) in Gestalt eines (Seelen-)Vogels die schönen Kleider zuwarf.

Da die Göttin Nanna u.a. die Geliebte der Toten im Jenseits war, die in der Edda zur Frau des Baldur geworden ist, könnte Nanna durchaus auch für die Kunst der Verführung zuständig gewesen sein.

Wahrscheinlich wird die erste Zeile, die leider nicht mehr sicher deutbar ist, den Wunsch der Benutzerin des Kammes an die Göttin Nanna näher beschrieben haben.

Es ist denkbar, daß die Worte „hal maR || mauna" wie „alu" evtl. Akronyme sind, d.h. sich aus den Anfangsbuchstaben eines Satzes, einer Segensformel o.ä. zusammensetzen.

I 5. Der Name „Nanna" in Kenningarn

I 5. a) Thorsdrapa

In diesem Lied wird „Nanna" nur als Umschreibung für „Göttin, Frau" benutzt, sodaß an dieser Stelle nicht Neues über die Göttin zu finden ist – außer, daß sie auch schon um 985 n.Chr., als diese Drapa gedichtet wurde, eine bekannte Göttin gewesen ist.

Der Ruhm-Verminderer der Nanna
des Knaufes des Meeres überquerte zu Fuß
die eisführenden, angeschwollenen Flüsse,
die um das Meer des Luchses strömten.

Der „Knauf des Meeres" ist eine Landzunge, die in das Meer hineinragt. Die „Nanna der Landzunge" ist eine Riesin – von den Riesen und Riesinnen wurde oft gesagt, daß sie auf Landzungen oder in den Bergen lebten. Der „Ruhm-Verminderer der Riesinnen" ist der Gott Thor, der die Riesen und Riesinnen tötet.

Das „Meer des Luchses" ist der Bereich, in dem der Luchs lebt, also das Land. Die Skalden schätzten solche widersprüchlichen Bilder.

Diese vier Verse bedeuten folglich, daß Thor einen Fluß mit Hochwasser überquert.

I 5. b) sonstige Kenningar

Der Name „Nanna" wurde in verschiedenen Kenningarn benutzt. Bei der Konstruktion dieser Kenningar wurden vor allem die Verwandtschaftsverhältnisse der Nanna verwendet wurden:

Asin	*Nanna*		Snorri Sturluson	Thulur
			Kalfr Hall-Sohn	Katrinardrapa
			anonym	Heilagra meyja drapa
				Mariuvisur
			Sigvatr Thordar-Sohn	Austrfararvisur
			Thjodolfr von Hvini	Ynglingatal

Asin	*Nauma*		Thorkell Schere Thordarson	Lausavisur
Nanna	*Baldurs Göttin*	„Baldurs G**a**ttin"	Kormak	Kormak-Saga
Baldur	*Gatte der Nanna*		Snorri Sturluson	Skaldskaparmal
Baldur	*Nannas Jüngling*		Sigvat	Heimskringla
Frigg	*Schwiegermutter der Nanna*		Snorri Sturluson	Skaldskaparmal
Frau	*Gold-Nanna*	Meeres-Feuer/Glut = Gold = Schmuck	anonym	Heilagra meyja drapa
Frau	*Meeresfeuer-Nanna*		Kalfr Hallsson	Katrinardrapa
Frau	*Nanna der Glut des Meeres*		anonym	Mariuvisur 1
Frau	*Met-Nanna*		Sigvatr Thordarson	Austrfararvisur
Frau	*Nanna des Bier-Saals*		Thorkell Schere Thordarson	Lausavisa
Frau	*Kopftuch-Nanna*		Kalfr Hallsson	Katrinardrapa

I 6.   „Nanna" als Bestandteil von Frauennamen

I 6. a)   Chronicon Lethrense

In dieser „Geschichte der Könige von Lejre" tritt eine Königin mit dem Namen „Nanna" auf. Es gibt allerdings keinen Hinweis, daß sie die in die Sage übertragene Göttin Nanna ist – zumal in der Chronik lediglich ihr Name erwähnt wird.

Nach Rorik Rake wurde sein Sohn Wighlek König. Der Name seiner Königin war Nanna. In seiner Zeit herrschte Frieden und Ruhe und er starb in seinem Bett.

Das war damals ein sehr untypischer Tod für einen König …

I 6. b) sonstige mit „Nanna" gebildete Frauennamen

Es sind drei Frauennamen bekannt, die mit „Nanna" als zweitem Namensbestandteil gebildet wurden. Dieses die Bedeutung des Namens definierende zweite Wort wurde durch die Worte „kare" für „widerspenstig, lockig", „mare" für „Meer" und „sigur" für „Sieg" modifiziert, sodaß sich die folgenden drei Namen ergaben:

mit „Nanna" gebildete Frauennamen					
Name	*Übersetzung*				*Deutung*
	Nanna	*= Göttin*	*= Frau*	*wörtlich*	
Marenanna	Meer-Nanna	Meer-Göttin	Meer-Frau	Meer-Mutter	die Göttin Nanna in der Wasserunterwelt
Sigurnanna	Sieg-Nanna	Sieg-Göttin	Sieg-Frau	Sieg-Mutter	die Göttin Nanna als Siegfrau, d.h. als Walküre
Karenanna	widerspenstige Nanna	widerspenstige Göttin	widerspenstige Frau	widerspenstige Mutter	Anspielung auf Freya als die Walküre Gondul; „Kara" war auch ein Walküren-Name
	Locken-Nanna	Locken-Göttin	Locken-Frau	Locken-Mutter	

Es ist diesen Frauennamen zufolge denkbar, daß man Nanna als Jenseitsgöttin in der Wasserunterwelt angesehen hat (Baldur wurde in einem Schiff, also im Meer bestattet), sie den Walküren gleichsetzte und sie sich evtl. als lockig vorgestellt hat.

I 7. Witwenverbrennung („Sati")

Siehe zu diesem indogermanischen Brauch auch das Kapitel „Witwen-Selbstmord" in Band 51.

I 7. a) Der Reisebericht des Ibn Fadlan

Die ausführlichste Beschreibung einer Variante der Witwenverbrennung bei den Germanen findet sich in dem Reisebericht des arabischen Kaufmanns und Forschers Ibn Fadlan aus dem Jahr 922 n.Chr. Der Häuptling, dessen Bestattung er beschreibt, gehörte zu den östlichen schwedischen Wikingern, die sich „Rus", d.h. „Ruderer" nannten. Dieser Name ist der Ursprung von „Rußland".

In diesem arabischen Bericht findet sich im Zusammenhang mit der bei der Bestattung getöteten Dienerin auch die Vorstellung der Wiederzeugung. Man wird daher den Tod der Nanna und die Hilfe durch die Riesin Hyrrokkin bei der Bestattung des Baldur recht sicher als Erinnerungen an das Wiederzeugungsmotiv und die damit verbundenen Bestattungsbräuche der Germanen ansehen können.

Es wurde mir mehrfach erzählt, daß, wenn einer ihrer Häuptlinge stürbe, viele Dinge geschehen würden, wovon die Leichenverbrennung die wichtigste sei. Ich war deshalb sehr daran interessiert, etwas genaueres darüber zu erfahren. Eines Tages bekam ich davon zu hören, daß ein angesehener Mann unter ihnen gestorben war. Sie legten ihn in ein Grab und deckten dieses für zehn Tage zu, bis sie mit dem Zuschneiden und Nähen der Leichenkleider fertig waren.

Die Bestattung ging auf folgende Art und Weise vonstatten. Für den Armen unter ihnen machten sie ein kleines Schiff, legten ihn hinein und verbrannten es. Aber wenn es um einen Reichen unter ihnen ging, so sammelten sie sein ganzes Vermögen und teilten dieses in drei gleichgroße Teile. Ein Drittel geht zu der Familie des Verstorbenen, für das zweite Drittel machten sie die Leichenkleider für den Toten und für das letzte Drittel brauten sie Nabid (Met oder Bier), *welches getrunken wird, wenn seine Sklavin sich für ihn tötet und mit ihrem Herrn verbrannt wird.*

Die Rus sind ganz dem Nabid verfallen, welchen sie Tag und Nacht trinken. Oft geschieht es, daß einer von ihnen mit dem Becher in der Hand stirbt.

Wenn ein Häuptling unter ihnen tot ist, so sagt seine Familie zu seinen Sklavinnen und Dienern: „Wer von euch möchte mit ihm sterben?" Eine von denen antwortete: „Ich." Da bekamen zwei andere Sklavinnen den Auftrag sie zu bewachen, wo immer sie auch stand und wohin sie auch ging und wuschen ihr mit ihren eigenen Händen die Füße.

So begannen sie und nahmen sich der hinterbliebenen Dinge des Toten an, um die Kleider für den Toten zu nähen und machten alles fertig, wie es sein sollte. Aber die Sklavinnen tranken und sangen jeden Tag in einer Freude, als ob sich etwas glückliches in naher Zukunft ankündige.

Als der Tag kam, an dem der Fürst und seine Sklavin verbrannt werden sollten, ging ich zum Flußufer, wo sein Schiff lag. Dies war an Land hochgezogen worden und wurde durch vier Stützen aus Birkenholz oder anderen Holzarten aufrechtgehalten.

Weiterhin war etwas aufgebaut worden, das wie ein großes Lager oder Magazin aus Holz aussah. Das Schiff wurde dorthin gezogen und an das Holzgestell angebracht. Und das Volk lief hin und her und sie sprachen eine Sprache, die ich nicht verstand, während der Tote noch in seinem Grabe lag. Sie hatten ihn noch nicht aus dem Grab herausgenommen.

Dann kamen sie mit einer Bank und setzten sie auf das Schiff und bedeckten sie mit Teppichen, mit byzantinischem Dibag (bemalter Seidenstoff) *und mit Kissen aus byzantinischem Dibag. Nun kam eine alte Frau, welche der Todesengel genannt wurde und breitete die Teppiche über der Bank aus. Sie stand vor den Kleidern für den Toten und vor dem Gestell für die Leiche. Das ist auch diejenige, die die Mädchen tötet* (Sklavinnen). *Ich sah, daß sie eine alte, riesengroße Frau, dick und düster vom Aussehen her war.* (Sie ist die Verkörperung der Hel/Hyrrokkin.)

Als sie zu seinem Grab kamen, nahmen sie die gesamte Erde weg vom Holz und danach entfernten sie das gesamte Holz. Und so zogen sie von ihm die Kleider, die der Tote trug. Ich möchte bemerken, das er ganz schwarz aufgrund der Kälte im Lande geworden war. In das Grab hatten sie zusammen mit ihm Bier, Früchte und eine Mandoline hineingelegt. Und all dies nahmen sie nun aus dem Grab. Der Tote roch merkwürdigerweise überhaupt nicht und nichts hatte sich verändert an ihm außer seiner Hautfarbe.

Dann kleideten sie ihn mit Hosen, Überhosen, Stiefeln, Gürtel und einen Mantel aus Dibag mit Goldknöpfen. Sie setzten ihm eine Kappe aus Dibag und Zobelfell auf seinen Kopf und trugen ihn in das Zelt, das auf dem Schiff aufgestellt worden war. Dort setzten sie ihn auf den Teppich und stützten ihn mit Kissen.

Dann kamen sie mit Nabid, Früchten und wohlriechenden Pflanzen und legten diese zu seinen Seiten nieder. Weiterhin brachten sie Brot, Fleisch und Zwiebeln und legten sie vor ihm hin. Dann kamen sie mit einem Hund und schnitten ihn in zwei Teile und warfen ihn ins Schiff. Danach kamen sie mit seinen Waffen und legten sie zu seinen Seiten nieder. Dann nahmen sie zwei Pferde und trieben sie solange bis sie schweißnaß waren. Daraufhin hieben sie diese in Stücke mit ihren Schwertern und warfen das Fleisch in das Schiff. Genauso taten sie es mit zwei Kühen, auch diese hackten sie in Stücke und warfen das Fleisch ins Schiff. (Die Pferde und Rinder sind die Opfertiere, die die Zeugungskraft des Toten magisch sichern sollen.) *Schließlich kamen sie mit einem Hahn und einem Huhn, töteten diese und warfen auch diese auf das Schiff.*

Die Sklavin, die getötet werden wollte, ging währenddessen hin und her. Sie ging in das eine oder das andere Zelt und der Herr des Zeltes hatte sexuellen Umgang mit ihr, während er sagte: „Sage dies zu deinem Herrn: Das habe ich getan aus Liebe zu Dir." (rituelle Wiederzeugung)

Als es Freitag Nachmittag geworden war, nahmen sie die Sklavin mit zu einer Art Türrahmen („Jenseitstor"). Sie setzte ihre Beine auf die Handflächen der Männer, wodurch sie so hoch kam, daß sie über diesen Rahmen hinausragte, woraufhin sie etwas in deren Sprache sagte. Anschließend ließen sie sie herunter. Aber kurz darauf hoben die Männer sie wieder hoch und sie machte dasselbe wie beim ersten mal. Schließlich ließen die Männer sie wieder herunter um sie ein drittes mal hochzuheben und sie tat dasselbe, wie beim ersten und beim zweiten mal zuvor. Da reichten sie ihr eine Henne und sie schnitt dem Huhn den Kopf ab und warf es weg. Die Männer hoben die tote Henne auf und warfen sie in das Schiff. Da fragte ich den Übersetzer, was sie gemacht hatte.

Er antwortete: „Das erste mal, als sie hoch gehoben wurde sagte sie: 'Seht dort, ich sehe meinen Vater und meine Mutter dort (im Jenseits) *sitzen!' Das zweite mal sagte sie: 'Seht dort, ich sehe alle meine toten Verwandten dort sitzen!' Und beim dritten mal sagte sie: 'Seht dort, ich sehe meinen Herrn im Paradies sitzen und das Paradies ist farbig und grün und zusammen mit meinem Herrn sind Männer und junge Diener. Er ruft nach mir. Laßt mich zu ihm gehen!'" Und so gingen sie mit ihr zum Schiff.*

Sie nahm zwei Armreifen von ihrem Arm und gab sie der alten Frau, welche der Todesengel genannt wurde und sie töten sollte. Dann nahm sie von sich zwei Achselringe und gab sie den Töchtern der Frau, welche der Todesengel genannt wurde („Draupnir-Ringe").

Dann führten sie sie hinauf zum Schiff, aber ließen sie nicht ins Zelt. Dann kamen Männer mit Schildern (Symbol der Sonnenscheibe?) *und Holzstäben* (die „Zauberstäbe", die auch auf dem Goldhorn von Gallehus und auf den Runensteinen abgebildet sind).

Dann reichten sie ihr einen Becher mit Nabid. Sie sang darüber und trank den Becher aus (rituelles Trinken des „Göttermets").

Der Übersetzer sagte zu mir: „Nun nimmt sie Abschied von ihren Freunden." Und so wurde ihr ein neuer Becher gereicht. Sie nahm ihn und trank diesen sehr langsam aus. Aber die alte Frau drängte sie, schnell auszutrinken, damit sie ins Zelt zu ihrem Herren gehen konnte. Da sah ich zu ihr und sie sah ganz verstört aus. Sie wollte in das Zelt hineingehen und steckte den Kopf ins Zelt, so daß sie zwischen dem Zelt und dem Schiff war. Aber da nahm die Frau ihren Kopf und zog ihn in das Zelt und die Frau ging ihr in das Zelt nach.

Die Männer begannen da mit den Holzstäben gegen die Schilde zu schlagen, so das der Lärm die Schreie der Sklavin überdeckte, damit die anderen Mädchen nicht verängstigt würden und nicht mehr den Tod zusammen mit ihren Herrn suchen würden wollen, wenn die Zeit dafür kommt. (Dies ist wahrscheinlich eine Deutung von Ibn Fadlan und nicht unbedingt die rituelle Bedeutung des „Trommelns".)

Da gingen sechs Männer in das Zelt und sie nahmen sie nacheinander (rituelle Wiederzeugung).

Da lag sie nun neben ihrem toten Herrn. Zwei hielten ihre Beine und zwei die Hände. Die Frau, die der Todesengel hieß, legte einen Strick um ihren Hals und knüpfte die Enden in die entgegengesetzte Richtung, sodaß zwei Männer daran ziehen konnten. So ging die Frau mit einem kleinen Dolch mit breitem Blatt und stach diesen zwischen die Rippen des Mädchens und zog ihn wieder heraus und die zwei Männer würgten sie mit dem Strick. So starb sie.

Dann kamen die vom Volk, die mit dem Toten am nächsten verwandt waren zum Platz. Der Häuptlingssohn nahm ein Holzstück und zündete es an. Er ging rückwärts mit dem Rücken zum Schiff und das Gesicht zum Volk und hielt in der einen Hand das Holzstück während er die andere Hand hinter dem Rücken auf seinem Gesäß ruhte. Er war nackt (wie die Gestalten auf dem Goldhorn von Gallehus; d.h. er war symbolisch im Jenseits).

Auf diese Weise wurde überall Feuer unter dem Gestell, das das Schiff stützte, gelegt, nachdem sie die getötete Sklavin an die Seite ihres Herrn gelegt hatten.

Nun kam das Volk zu dem Platz mit Holz und jeder hatte ein Holzstückchen mit Feuer an der Spitze. Sie warfen das Holz so unter das Schiff, das das Feuer nur so um sich griff. Erst brannte das Schiff und dann das Zelt mit dem Mann und der Sklavin darin sowie alles, was im dem Schiff war. Da kam ein starker und fürchterlicher Wind, sodaß die Flammen kräftiger wurden und das Feuer sehr weit in den Himmel emporloderte.

Zu meiner Seite stand ein Mann von den Rus und ich hörte ihn, wie er sich mit dem Übersetzer unterhielt. Ich fragte ihn dann, was er zu ihm gesagt hatte. Er antwortete: „Ihr Araber seit dumm." – *Ich frug: „Wieso das?"* – *Er sagte: „Den, den ihr am meisten unter euch Menschen liebt und ehrt, werft ihr in die Erde, wenn er tot ist, sodaß die Erde, Kriechtier und Gewürm ihn verzehren kann. Wir dagegen brennen ihn hinauf in einem Augenblick, sodaß er dann am selben Ort zur selben Stunde ins Paradies geht." Und da begann er laut zu lachen.*

Als ich ihn genauer darüber befragte, sagte er: „Sein Herr (Tyr/Odin) *hat in seiner Liebe den Wind gesendet, so daß er in einer Stunde hinweggetragen wird."*

Und dies geschah wirklich. Es dauerte nicht mehr als eine Stunde, bis das Schiff und das gesamte Holz und die Sklavin und ihr Herr und alles zu Asche und Aschestaub geworden war!

Schließlich bauten sie da, wo das Schiff stand, das sie vom Ufer hochgezogen hatten, einen Hügel auf. Mitten auf diesem Hügel errichteten sie eine schwere Holzstütze aus Birkenholz. Auf diese schrieben sie den Namen des Mannes und den Namen Rus-König (Entsprechung zu den Runensteinen) *und gingen ihres Weges.*

I 8. Zusammenfassung

Der Name dieser Asin bedeutet „Mutter". Sie wird ursprünglich vor allem die „Mutter der Wiedergeborenen" im Jenseits und speziell in der Wasserunterwelt gewesen sein.

Sie war die Frau des Baldur und die Mutter des Forseti. Ihr Vater Nepr ist wahrscheinlich einst das Urbild der Toten in der Wasserunterwelt gewesen, die aufgrund der Symbolik von Wiederzeugung und Wiedergeburt sowohl die Geliebten als auch die Kinder der Großen Mutter gewesen sind.

Der Charakter der Göttin Nanna ist zunehmend auf ihre Funktion als Geliebte der Toten und schließlich als Frau des sterbenden und wiedergeborenen Gottes Baldur eingeengt worden. Der Aspekt der Todesgöttin in der Wasserunterwelt findet sich auch bei Frigg, Ran und der Mutter des Tyr-Riesen Grendel wieder.

Der Wolf scheint in Bezug auf die Göttin Nanna der hilfreiche Jenseitsführer zu sein, während er im Zusammenhang mit Hel als der gefürchtete Jenseitswächter und sogar der Verursacher des Todes angesehen wurde.

Nanna ist möglicherweise in einer früheren Form ihrer Mythen einmal abwechselnd die Frau des Sommer/Diesseits-Gottes Baldur (ehemals Tyr) und des Winter/Jenseits-Gottes Hödur (ehemals Loki) gewesen.

Der Jenseitsaspekt der Nanna zeigt sich u.a. darin, daß sie der Fulla einen goldenen Ring, d.h. ein Symbol der erfolgreichen Jenseitsreise sendet.

II Die Göttin Nanna in der indogermanischen Überlieferung

Die Göttin Nanna hat viel zu wenig markante Eigenschaften als daß sich ihre Geschichte weiter zurückverfolgen ließe. Da sie jedoch „Mutter" genannt wurde, wird sie mit allen Muttergöttinnen verwandt gewesen sein – allerdings nur auf die sehr unspezifische Weise des gemeinsamen Namens. Es läßt sich somit nur die Geschichte der Göttin mit dem Namen „Mutter" zurückverfolgen.

Das Wort „ma" ist das einfachste und älteste Wort überhaupt, das daher auch das Wichtigste bezeichnet – die Mutter. Wenn man den Mund geschlossen hält und zu Summen beginnt, entsteht ein „m". Wenn man den Mund dann öffnet, damit der Ton lauter wird, entsteht ein „a". Das Wort „ma" bedeutet daher ganz schlicht „Komm her!" Die Bezeichnung für „Mutter" lautet in so gut wie allen Sprachen „ma" oder ähnlich.

Eine sehr alte sprachliche Methode der Substantivierung eines Adjektivs oder Verbs sowie der Betonung eines Substantivs, die schon in der Altsteinzeit üblich gewesen ist, ist die Verdopplung. So wurde aus „ma" schon sehr früh „mama". Durch das vereinfachende Fortlassen des Anfangskonsonanten entstand in einem nächsten Schritt „ama". Der dritte Entwicklungsschritt ist das Verschieben des „m" zu einem „n", wodurch die Bezeichnung „ana" entstand, der zu dem Namen „Anna" geführt hat.

Diesen Bezeichnungen für die Mutter wurde manchmal eine Feminin-Endung angehängt, ein Artikel beigefügt oder bei den Göttinnen-Namen ein Anrufungssilbe vorangestellt.

Auf diese Weise wurde aus dem indogermanischen „ma-ther" („diese eine besondere Ma" das lateinische „mater" und auch unser Wort „Mutter". Vermutlich ist auch das „D" in dem keltischen Göttinnen-Namen „Dana" ein solcher Artikel.

Im Ägyptischen entstand durch die Feminin-Endung „-t" der Göttinnen-Name „Ma'at".

Im Sumerischen wurde die Anrufungs-Silbe „I-" vorangesetzt, wodurch „Inanna", also „Oh, Mutter!" entstand.

Weitere Verwandlungen entstanden durch die Kombination mit andern Worten wie in der Sprache der Quetchua („Inkas") die Göttinnen Pachamama („Erdmutter"), Saramama („Maismutter") und Quillamana („Mondmutter").

ma	ma	\multicolumn{2}{c}{ma}	
				ma'at
				ma-ther
	mama	mama		mama
				ama
				pacha-mama
		nana, nanna		nana, nanna
				anna
				inanna

Die folgende Tabelle zeigt den Stammbaum der Indogermanen. Die Namen für die gemeinsamen Vorfahren der verschiedenen Völker wie „Tocharo-Romanen" sind künstliche Bezeichnungen, da nicht bekannt ist, wie sich die betreffenden Völker selber genannt haben. Die Differenzierung dieser Völker fand in etwa zwischen 2800 v.Chr. und 1800 v.Chr. statt.

Indogermanen	West-Indogermanen	Balto-Slawen			Balten
					Slawen
		Tocharo-Romanen	Tocharo-Romanen	Kelto-Romanen	Kelten
					Römer
					Tocharer
					Germanen
	Süd-Indogermanen				Lyder
		Hethito-Luwier	Hethito-Palaer		Hethiter
					Palaer
					Luwier
	Ost-Indogermanen	Gräco-Thraker			Thraker
					Griechen
		Indo-Skythen			Skythen
			Indo-Armenier		Armenier
				Indo-Mitanni	Mitanni
					Perser
				Indo-Perser	Inder

Im Folgenden sind nur die Völker aufgeführt, von denen etwas über die Göttin mit dem Namen „Mutter" bekannt ist.

II 1. Die Göttin „Mutter" bei den Kelten

Dana ist Muttergöttin der Kelten, wurde auch „Anu" oder Annea" genannt. Im Keltischen bedeuteten „Ana" und „Annea" beide „Mutter".

Dana ist nie bildlich dargestellt worden. Sie war der Himmel und die Flüsse, die die Kelten und ihre Vorfahren gerne nach ihr benannten: Donau, Don, Dnjestr und Dnjepr. Die Kelten benannten auch sonst die Flüsse, an denen sie wohnten, gerne nach einer ihrer Göttinnen. Vermutlich wurden die Flüsse wie die Quellen als

Symbole der Wasserunterwelt bzw. als Jenseitsflüsse angesehen.

Dana war die Göttin der Wasser des Himmelsjenseits, das anscheinend als „Großes Wasser" angesehen wurde – über das auch bei den Indogermanen einst der Sonnengott in einem Schiff gefahren ist, wie u.a. die germanischen Steinritzungen in Südschweden (1800-500 v.Chr.) zeigen.

Die Kelten sahen Dana als die Mutter aller Götter an, weshalb sie die Gesamtheit der Götter „Tuatha de Danan" nannten, was „Volk der Dana" bedeutet. Das Wort Tuatha ist eng verwandt mit dem Namen des Gottes Teutates („Volksgott") und dem Namen des Stammes der Teutonen („Volk"), von dem sich die Bezeichnung „Deutsche" ableitet.

Es ist jedoch auch denkbar, daß sich der Name „Dana" wie der griechische Göttinnen-Name „Diana" von der Bezeichnung „Dhyaus" für den indogermanischen Sonnengott-Göttervater herleitet.

Die genaueste Entsprechung zu der germanischen „Nanna" ist sicherlich die „Matronen" („Mütter") genannte germanisch-keltisch-römische Göttinnen-Dreiheit.

II 2.   Die Göttin „Mutter" bei den Römern

Die einzige römische und auch etruskische Göttin, die sicher die Bezeichnung „Mutter" in ihrem Namen trägt, ist die Erdgöttin Anna Perenna („Mutter des Jahres").

II 3.   Die Göttin „Mutter" bei den Kelto-Romanen
(die gemeinsamen Vorfahren der Kelten und Römer)

Das Wort für „Mutter" ist bei den Kelto-Romanen auch eine Bezeichnung für eine Göttin gewesen.

II 4.   Die Göttin „Mutter" bei den Tocharern

Das tocharische Wort für „Mutter" lautet „macer". Da von den Tocharer, die am Rande der Wüste Gobi lebten, hauptsächlich Texte mit buddhistischem Inhalt bekannt sind, ist nicht bekannt, ob sie einst eine Göttin mit dem Namen „Mutter" gehabt haben.

II 5. Die Göttin „Mutter" bei den Tocharo-Romanen
(die gemeinsamen Vorfahren der Kelten, Römer und Tocharer)

Das Wort für „Mutter" ist vermutlich nur aufgrund der einseitigen Überlieferung des Tocharischen nur bei den Kelto-Romanen auch als eine Bezeichnung für eine Göttin nachweisbar.

II 6. Die Göttin „Mutter" bei den Germanen

Bei den Germanen bedeutet der Name der Göttin Nanna „Mutter". Auch der Name der Erdgöttin „Mona" ist eine Variante von „Mutter". Vermutlich gehen auch die Namen der Riesinnen Mana und Ama auf „Mutter" zurück.

II 7. Die Göttin „Mutter" bei den Germano-Romanen
(die gemeinsamen Vorfahren der Kelten, Römer, Tocharer und Germanen)

Bei diesem Teil der Indogermanen hat es die Bezeichnung „Mutter" für die Göttin gegeben. Sie war die Muttergöttin (Kelten, Römer, Germanen), die Jenseitsgöttin (Germanen), die Erdgöttin (Germanen) und die Fruchtbarkeitsgöttin (Römer).

II 8. Die Göttin „Mutter" bei den Slawen

Der Name der Jenseitsgöttin Mapa bedeutet vermutlich „Mutter".
Baba Jaga („alte Jaga", „Großmutter Jaga") ist eine Jenseitsgöttin wie die germanische Hel. „Baba" ist eine seltenere Umformung von „Mama".
Wie im Deutschen Hel zu „des Teufels Großmutter" geworden ist, ist auch im slawischen aus der Jenseits-Mutter eine Jenseits-Großmutter geworden. In ähnlicher Weise werden auch die Nornen, Parzen, Moiren usw. meistens als alte Frauen angesehen. Dieses Motiv ist auch die Wurzel für die „alte Hexe".

II 9. Die Göttin „Mutter" bei den Balten

In der baltischen Religion gibt es einige Dutzend „Mates", deren Namen jeweils durch einen Ort o.ä. näher bestimmt werden.

II 10. Die Göttin „Mutter" bei den Balto-Slawen
(die gemeinsamen Vorfahren der Balten und Slawen)

Auch bei den Balto-Slawen ist die Göttin „Mutter" bekannt. Die Jenseitsgöttin wird zumindestens bei den Slawen „Großmutter" genannt.

II 11. Die Göttin „Mutter" bei den West-Indogermanen
(die gemeinsamen Vorfahren der Kelten, Römer, Tocharer, Germanen, Balten und Slawen)

Bei diesem Teil der Indogermanen hat es die Bezeichnung „Mutter" für die Göttin gegeben. Sie war die Muttergöttin (Kelten, Römer, Germanen), die Jenseitsgöttin (Germanen, Slawen), die Erdgöttin (Germanen, Balten) und die Fruchtbarkeitsgöttin (Römer).

II 12. Die Göttin „Mutter" bei den Hethitern

Die hethitische Göttermutter hieß „Hannahanna". Hier ist das bereits verdoppelte „(H)Anna" („Mama") noch einmal verdoppelt worden.

II 13. Die Göttin „Mutter" bei den Süd-Indogermanen
(die gemeinsamen Vorfahren der Hethiter, Luwier, Palaer und Lyder)

Bei den Süd-Indogermanen ist nur bei den Hethitern eine Göttin mit dem Namen „Mutter" sicher bekannt. Vermutlich ist die Göttin Hannahanna jedoch bei allen indogermanischen Völkern in Anatolien verehrt worden.

II 14. Die Göttin „Mutter" bei den Persern

Bei den Persern, genauer gesagt bei den Parthern, ist lediglich die Mondgöttin Nannaia als „Mutter" bezeichnet worden.

II 15. Die Göttin „Mutter" bei den Indern

Von den Indern ist keine Göttin bekannt, deren Name sicher „Mutter" bedeutet.

Es ist jedoch interessant, daß die Inder ihre Haupt-Meditationssilbe „Om" („Aum", „Am") als Umkehrung des Wortes „Ma" gebildet haben. „Ma" ist das lauter werden von innen nach außen hin (Mund öffnen) und „Am" ist das leiser werden nach innen hin (Mund verschließen) – „Ma" und „Am" sind somit auch Leben und Tod … und die Meditation ist im Wesentlichen eine bewußte Reise zu Lebzeiten in das Jenseits zu der eigenen Seele.

II 16. Die Göttin „Mutter" bei den Indo-Persern
(die gemeinsamen Vorfahren der Inder und Perser)

Bei den Persern gab es die Mondgöttin Nannaia.

II 17. Die Göttin „Mutter" bei den Mitanni

Von den Mitanni ist nur die sumerisch-babylonische Muttergöttin Inanna bekannt.

II 18. Die Göttin „Mutter" bei den Indo-Mitanni
(die gemeinsamen Vorfahren der Inder, Perser und Mitanni)

Die beiden bekannten Namen der mit „Mutter" gebildeten Göttinnen-Namen sind mit „Nanna" gebildet worden.

II 19.   Die Göttin „Mutter" bei den Armeniern

Die Göttin Nane („Mutter") war eine Mutter-, Kriegs- und Weisheitsgöttin, die Ähnlichkeit mit der griechischen Athene hat. „Nane" ist eine Variante von „Nanna".

II 20.   Die Göttin „Mutter" bei den Armeno-Indern
(die gemeinsamen Vorfahren der Inder, Perser, Mitanni und Armenier)

Bei den Armeno-Indern ist die Muttergöttin mit der Variante „Nanna" bezeichnet worden.

II 21.   Die Göttin „Mutter" bei den Skythen

Von den skythischen Göttern sind nur die sieben Gottheiten, die Herodot überliefert hat, bekannt. Unter ihnen befindet sich keine Göttin, die als „Mutter" bezeichnet worden ist. Es hat jedoch bei den Skythen gewiß mehr als diese sieben Gottheiten gegeben.

II 22.   Die Göttin „Mutter" bei den Skytho-Indern
(die gemeinsamen Vorfahren der Inder, Perser, Mitanni, Armenier und Skythen)

Bei den Skytho-Indern ist die Muttergöttin mit der Variante „Nanna" bezeichnet worden.

II 23.   Die Göttin „Mutter" bei den Griechen

Der Name der Göttin „Demeter" bedeutet „Erd-Mutter".

II 24. Die Göttin „Mutter" bei den Thrakern

Von den Thrakern ist keine als „Mutter" benannte Göttin bekannt.

II 25. Die Göttin „Mutter" bei den Gräko-Thrakern
(die gemeinsamen Vorfahren der Griechen und Thraker)

Bei den Gräco-Thrakern hieß die Muttergöttin „Meter" – das „a" in „mater" ist zu einem „e" verblaßt.

II 26. Die Göttin „Mutter" bei den Ost-Indogermanen
(die gemeinsamen Vorfahren der Inder, Perser, Mitanni, Armenier, Skythen, Griechen und Thraker)

Bei den Skytho-Indern ist die Muttergöttin mit der Variante „Nanna" bezeichnet worden, bei den Griechen und vermutlich auch bei den Thrakern hingegen als „meter". Auch wenn die Griechen und Thraker sprachlich und von ihrer Abstammung her zu den Süd-Indogermanen gehören, haben sie sich aufgrund ihres Lebensraumes doch an die West-Indogermanen angeglichen.

II 29. Die Göttin „Mutter" bei den Indogermanen

Die als „Mutter" bezeichnete Göttin ist von fast allen indogermanischen Völkern bekannt. Während die Mutter „meter, mater" genannt wurde, wurde die Muttergöttin eher als „Nanna" bezeichnet.

Die germanische Göttin „Nanna" hat also den alten indogermanischen Namen der Muttergöttin bewahrt.

Indogermanen: *Meter* (Mutter), *Nanna* (Muttergöttin)	West-Indogermanen: *Mates*, *(N)Anna*	Balto-Slawen: *Mates*			Balten: *Mates*	
					Slawen: *Mapa*	
		Tocharo-Romanen: *(N)Anna*	Tocharo-Romanen: *Anna*	Kelto-Romanen: *Anna*	Kelten: *Dana/Anu/Annea*, *Matronen*	
					Römer: *Anna*	
				Tocharer: (*Macer*)		
			Germanen: *Nanna*, *Mona*			
	Süd-Indogermanen: *Hannahanna*	Hethito-Luwier: *Hannahanna*	Lyder: *Hannahanna (?)*			
			Hethito-Palaer: *Hannahanna*	Hethiter: *Hannahanna*		
				Palaer: *Hannahanna (?)*		
			Luwier: *Hannahanna (?)*			
	Ost-Indogermanen: *Demeter*, *Nanna*	Gräco-Thraker: *Demeter*	Thraker: -			
			Griechen: *Demeter*			
		Indo-Skythen: *Nanna*	Skythen: -			
			Indo-Armenier: *Nanna*	Armenier: *Nane*		
				Indo-Mitanni: *Nanna*	Mitanni: *Inanna* (sumerisch)	
					Indo-Perser: *Nannaia*	Perser: *Nannaia*
						Inder: -

III Die Göttin Nanna in der übrigen Überlieferung

Der Göttinnen-Name „Mutter" ist weltweit verbreitet. Er findet sich in seiner einfachen Form z.B. bei den Ägyptern als „Mut" (Geiergöttin) und als Ma'at (Göttin der Schönheit und Richtigkeit) sowie bei den Sumerern als „Me", das dieselbe Bedeutung wie das ägyptische „Ma'at" hat.

Viele dieser Namen der Muttergöttin sind zusammengesetzten Namen wie in Sumer „Inanna" („O Mutter!"), bei den Quetchua („Inkas") Sara-Mama („Maismutter"), Pacha-Mama („Erdmutter") und Quilla-Mama („Mond-Mutter") oder in Japan „Amaterasu" (Sonnengöttin).

Die Muttergöttin ist die wichtigste Gottheit überhaupt. Ihre Entwicklung hat sich vielfältig differenziert und wieder verbunden.

IV Das Aussehen der Göttin Nanna

Über das Aussehen der Göttin Nanna ist so gut wie nichts Spezielleres bekannt – außer daß sie schön ist und evtl. Locken hat.

V Die Biographie der Göttin Nanna

Auch über die Geschichte der Göttin Nanna läßt sich nur wenig sagen – zum einen, weil die Muttergöttin ein Urbild in fast jeder Religion ist, und zum anderen, weil der einzige individuelle Anhaltspunkt bei der germanischen Göttin Nanna die Feuerbestattung ist (siehe Band 48 und Band 51).

VI   Traumreise

„Nanna, ich würde Dich gerne kennenlernen."
„Dann komm."
„Wohin?"
„Zu mir."
„Und wie?"
„Komm einfach."
Sehr tiefer Seufzer ...
Ich bin auf einmal wie ein kleines Kind ... ein ganz kleines Kind ... Nanna hält mich auf ihrem Arm ... mein Kopf lehnt an ihrer nackten Brust ...
Lange Pause ...
Nanna: „So ist es gut ..."
Ich trinke etwas von ihrer Milch ...
Ich liege da und werde gehalten.
Lange Pause ...
Sollte ich sie fragen, ob es noch mehr zu sehen gibt?
Nanna: „Es ist gut so."
Lange Pause ...
Tiefer Seufzer ...
„Danke, Nanna!"
Pause ...
„Ich kehre jetzt zurück."
„Kehre zurück und bleibe gleichzeitig hier."
„Das mache ich. Das fühlt sich gut an. Danke."
Ich kehre zurück.
„Ho!"

Das war eine der kürzesten und zugleich wohltuendsten Traumreisen, die ich bisher gemacht habe.

VII Hymnen

Wie auch die selbstverfaßten Lieder für die Göttin Frigg sind auch die folgenden Verse „Gebrauchslyrik".

Dank an Nanna

Die folgenden Verse sind nach den Regeln einer Drapa verfaßt worden:

- ein Halbreim (M<u>oo</u>r – D<u>ir</u>) in den ungeraden Zeilen
- ein Vollreim (M<u>oo</u>r – T<u>or</u>) in den geraden Zeilen
- zwei stabreimende Worte (<u>M</u>oor – <u>M</u>eer) in den ungeraden Zeilen und ein weiteres stabreimendes Wort möglichst am Anfang der geraden Zeilen
- die Zeilen haben in der Regel fünf betonte Silben, manchmal sechs
- Die Strophen bestehen aus acht Zeilen, die zu zwei Halbstrophen zu je zwei Doppelversen gegliedert sind.

Zusätzlich findet sich in einigen Zeilen noch die Galdrlag-Form („Zaubergesang-Form"):

- zwei aufeinanderfolgende Zeilen haben denselben grammatischen Aufbau und dieselbe Aussage wie z.B. in „Das Wogenroß zieht über die Schwanensee, der Wellenbär fährt über das Ägirheim" für „Das Schiff fährt über das Meer".

Jede Strophe beginnt mit dem Namen der Göttin Nanna, die hier angerufen wird.
Die Endreime zwischen den ungeraden Zeilen sind in dieser Form kein Element der Lyrik der Nordgermanen gewesen. (Sie benutzten nur Endreime in zwei aufeinander folgenden Zeilen, aber keinen Reim in der übernächsten Zeile.)

Der Inhalt der folgenden Strophen beschränkt sich wie der Inhalt der Traumreise zu der Göttin Nanna auf den Kern der Muttergöttin.

An Nanna

Nanna, meine Mutter, ohne Dich
ist mein Leben ohne warmen Schein;
Nanna meine Mutter, ich sehne mich
nach Deiner Brust: Milch trinken voller Lust!

Nanna, ich bin geborgen in Deinem Bauch,
werde gehalten und beschützt vor dem Kalten;
ich höre Dein Herz, spüre Deinen Hauch,
hier bin ich genährt und bleibe unversehrt.

Nanna, in den Wassern unter der Welt,
werde ich einst ruhen in Hel-Schuhen[214];
Wie die Sonne unter dem Winde-Zelt,
die in den Wogen liegt, bevor sie Loki besiegt.[215]

Nanna, Du reichst Deinen feinen Trank
allen, die Dich fragen, die noch klagen;
Quelle der Hilfe, Hort der Speise, Dir sei Dank!
Du bist die schützende Hülle, die nährende Fülle!

VIII Nanna heute

Da die Göttin Nanna so gut wie keine individuellen Merkmale hat, läßt sich zu ihr nichts sagen, was nicht auch schon weiter vorne in diesem Buch über die Göttin Frigg gesagt worden ist.

---

214 Hel-Schuhe = Die Toten wurden Schuhe angezogen, mit denen sie in die Hel wandern konnten.
215 Der Sonnenaufgang und der Sonnenuntergang entsprechen dem Frühjahr und dem Herbst, in dem Tyr (Tyr, Sommer) und Loki (Nacht, Winter) miteinander kämpfen.

Verzeichnis der Themen

(die Zahl ist die Nummer des Bandes, in dem sich das Thema findet)

1 47	540 47	Alius 32	Aur 55
2 47	700 47	Alraune 45	Aurboda 35
3 47	800 47	Alsvatr 5	Aurgelmir 5
4 47	900 47	Alswid 34	Aurgrimnir 5
5 47	1.200 47	Althiof 7	Aurnir 34
6 47	10.000 47	Alvor 35	Aurvandil 20
7 47	432.000 47	Alwis 7	Aurwang 7
8 47	1+8=9=8+1 47	Alwit 31	Aurwang 48
9 47	**Adler** 40	Ama 35	Austri 32
10 47	Adler auf dem	Amboß 67	Auzon => Kiste
11 47	Weltenbaum 41	Amgerdr 28	Axt 66
12 47	Adler bei der	Ampfer 45	**Bafur** 32
13 47	Einweihung 40	Andad 34	Bakrauf 35
14 47	Adlergestalt:	Andhrimnir 39	Baldrian 45
15 47	- des Franmar 40	Andvari 7	Baldur 9
16 47	- des Hraesvelgr 40	Angantyr 39	Bara 35
17 47	- des Odin 40	Angeyja 35	Bari 6
18 47	- des Thiazi 40	Angrboda 26	Bari 20
20 47	Adler-Traum der	Ann 32	Baugi 5
22 47	Kostbera 40	Annar 20	Bär 43
23 47	Aelrun 31	Arm-Wunde 63	Bärenfell 62
24 47	Affe 44	Arngrim 6	Barke 49
28 47	Agdai 39	Apfel 45	Bärlapp 45
30 47	Ägir 10	Asen 36	Basilikum 45
32 47	Agnar 39	Asgard 52	Beifuß 45
33 47	Ahnen 36	Ask 39	Beinvidr 34
36 47	Ai 32	Aslaug 31	Bekkhild 31
37 47	Aki 6	Asperan 34	Beleidigungs-
40 47	Aki 16	Astralreise 50	Wettstreit 73
41 47	Alban 32	Asvid 6	Beli 5
46 47	Alberich 7	Atem 64	Beowulf 39
48 47	Albewin 7	Atla 35	Bergdis 28
72 47	Alcis 12	Atli 37	Bergelmir 6
80 47	Alf 6	Atward 20	Bergriese 6
90 47	Alf 32	Auchoff 34	Berg-Zwerge 32
99 47	Alfarin 34	Aud 20	Berling 32
100 47	Alfen 36	Auerhahn 40	Bertha 28
120 47	Alfhild 31	Auge 63	Berserker 62
300 47	Alfrigg 32	Augenbraue 63	Bertram 45

Bertramsgarbe 45
Besen => Stab
besonderer Schrei 64
Bestattung 64
Bestla 35
Betonica 45
Beyla 39
Biber 44
Biene 40
Bifröst 49
Bifur 32
Bikki 16
Bil 29
Bild 7
Billing 5
Billing 7
Bilsenkraut 45
Birkhuhn 40
Biört 29
Björgolfr 6
Björgulfr 34
Blain 33
Blapthvari 34
Blasebalg 67
blau 46
Blau-Menschen 36
Blau-Riesen 36
blau-schwarz 46
Blick 63
Blid 29
Blidur 29
Blind 16
Blindheit 63
Blodughadda 35
Blutsbrüder 55
Bödhild 28
Bogen 66
Bömbur 32
Bölthorn 5
Borr 34
Botewart 7
Both 20

Bragi 19
Bragi-Riesin 35
Brak 16
Brana 35
Brandingi 5
braun 46
Brenner 39
Brezel-Ornament 64
Brimir 33
Brisingamen 60
Brokk 32
Brombeere 45
Brücke 49
Bruderkampf 55
Brüngerd 35
Brünhild 31
Bruni 5
Bruni 32
Brünne 66
Brunnen 49
Buri 34
Bryja 35
Bryla 34
Bryngerd 28
Buri (Zwerg) 32
Buseyra 35
Byggvir 39
Byleist 20
Bylgia 35
Comandion 7
Dag 48
Dagfinnr 32
Dain 32
Dalar 32
Dalr 32
Delling 20
Delling 48
Dellingr 32
Delphin 44
Dietwarta 29
Disen 36
Distel 45

Diurnir 7
Dofri 34
Dolgtrasir 32
Donnerrebe 45
Dori 32
Dorn => Schlafdorn 55
Drachen 41
Drachenblut => Drachen
Drachenschiff 55
Drasian 6
Draupnir (Zwerg) 32
dreifarbiger Stein 67
dreiköpfiger Riese 5
drei Riesinnen 35
drei wahre Worte 64
Drifa 35
dritter Bruder 55
Dröfn 35
Drossel 40
Drudgelmir 5
Duf 32
Dufa 35
Dufr 32
Dulin 32
Dumbr 6
Dunneir 32
Durathor 32
Durin 32
Durnir 32
Durnir 34
Düsterwald 49
Dwalin 32
Eber 42
Eberesche 45
Edda (vollständig) 77
Efeu 45
Egdir 5
Egil 39
Ei 40
Eibe 45

Eiche 53
Eicheln 45
Eichhörnchen 44
Eid 68
Eik 28
Eikinskjaldi 32
Eimer 67
Eimgeitir 35
Eimyria 35
Einäugigkeit 63
Einheer 34
Einweihung 50
Eir 29
Eir 31
Eis 52
Eisa 35
Eisen 55
Eisenkraut 45
Eisriesen 34
Eistla 35
Eisurfala 35
Eiymyria 35
Ekstase-Kieger 62
Elch 42
Eldhrimnir 57
Eldir 39
Eldr 34
Elefant 42
Elendshaut => Hel-Haut
Else 35
Erde 52
Embla 28
Embla 39
Ente 40
Erce 20
Erdbeben 55
Erste Ursache 55
Eschenholzkasten => Kiste 57
Esel 42
Estroval 39

Eugel 7
Eule 40
Eyrgjafa 35
Faden 55
Fafnir (Zwerg) 32
Fährmann 49
Fala 35
Falkenkleid:
- der Freya 40
- der Frigg 40
Falke 40
Fallar 32
Farbauti 6
Farn 45
Farseti 6
Faulheit =>
Feuersitzen 55
Feima 35
Fenchel 45
Fenja 28
Fenrir 6
Fenrir 43
Fernhypnose 64
Ferse 63
Fessel 66
Fessel-Zauber 64
Feuer 55
Feuersitzen 55
Feuerzauber 64
Fialar 32
Fid 32
Fieberkraut 45
Fili 32
Fimafeng 39
Fimbulwinter 55
Finger 63
Finnalf 5
Finnar 32
Finnmark-Riese 34
Fiölkald 34
Fiölmor 39
Fiölnir 20

Fiölvör 35
Fiörgyn 20
Fiörgyn 23
Fisch 44
Fjölverkr 34
Fjötra 29
Flachs 45
Flegda 35
Fleur-de-lys 55
Fleggr 34
Fliege 40
Fluch 68
Flügel des Wieland 40
Flügelschuhe 67
Flugschuhe des Loki 40
Fluß 49
Freya 22
frühe Skaldenlieder 78
Freyr 15
Fried 29
Friedenszauber 6
Fridr 29
Frigg 21
Folde 20
Fonn 34
Forat 35
Forelle 44
Fornjotr 6
Forseti 19
Frägr 32
Franmar 37
Frar 32
Freki 43
Frosti 32
Frosti 34
Fruchtbarkeit 64
Fuchs 43
Frauenhaarfarn 45
Frühling 54

Frühlingstagund-nachtgleiche 54
Fulla 29
Fullas Haarreif 60
Fullafle 34
Fundin 32
Fuß 63
Fylgia 50
Fynir 6
Fynir 34
Galar 32
Galarr 34
Galdr 64
Gallapfel 45
Gandalf 32
Ganglati 34
Ganglot 6
Gangr 34
Gangr 33
Gans 40
Gänsefuß 45
Garm 43
Gautan 39
Gautrek-Saga => Snotra
Geban 20
Geburts-Orakel 64
Gefäße 57
Gefion 20
Gefion-Geliebter 6
Gefiun 20
Gefjon 20
Geist 50
Geier 40
Geirahöd 31
Geiravör 31
Geirdriful 31
Geirönul 31
Geirröd 5
Geirrota 31
Geirskögul 31
Geitir 6

Geitla 35
Geitir 35
gelb 46
Geliebter der Gefion 6
Gerber-Schaber 67
Gerdr 28
Geri 43
Gespenst 50
Gestaltwandel => Verwandlung
Gesang 68
Gestilja 35
Getreide 45
Gewöhnlicher Flachbärlapp 45
Geysa 35
Gialar 32
Gift 70
Gifur 43
Gigas 6
Gilling 6
Gillings Frau 28
Ginnar 32
Ginnungagap 49
Gjalp 35
Glamr 34
Glatundshundr 43
Glaumar 34
Glaumarr 34
Glaumr 6
Glenr 48
Glitni 5
Glöd 35
Gloi 32
Glück 64
Glückstrank 70
Glumra 35
Glymra 35
Gna 29
Gneip 35
Gnepja 35

Goi 34	Grotunagard 52	Har 32	Hel-Haut 49
Gold 55	grün 46	Hära 35	Helidi 27
Goldalter 55	Gryla 35	Hardbeen 6	Hellebarde 66
Goldemar 7	Gudr 31	Hardgreip 35	Helreginn 5
golden 46	Gudrun 31	Hardgreipir 34	Helm 66
Goldhelm 66	Gudmund 5	Hardverkr 34	Hengikefta 35
Goldhörner von Gallehus 57	Gullnir 5	Harek Eisenkopf 6	Hengiköpt 6
	Gullveig 29	Harfe 57	Hengjankapta 35
Göll 31	Guma 35	Harz 45	Hepti 32
Golnir 5	Gundelrebe 45	Hase 44	Herbst 54
Göndul 31	Gunn 31	Hasel 45	Herbsttagundnachtgleiche 54
Gorr 34	Gunnlöd 28	Hastingi 34	
Görsemi 29	Gunnthinga 31	Hati 5	Herche 20
Götter 36	Gürtel 60	Hati 43	Herdentiere 42
Götterdämmerung 55	Gusir 6	Hattatal 77	Herdentierfell 42
Götterkampf 55	Gygr 35	Haudr 20	Herfjötur 31
Göttermet 69	Gylfaginning 77	Haugspori 32	Hergrim Halbtroll 5
Götter-Tiere 44	Gyllir 5	Haym 34	Hergunnur 35
Gottesurteil 64	Gyllir 34	Hecht 44	Heri 32
Gurgelbiß 55	Gyma 20	Hedin 39	Herja 31
Grab 49	Gymir 5	Hedin und Högni 79	Herkir 6
Grani 6	**Haarband** 60	Hefring 35	Herkja 35
grau 46	Haare 63	Heid 35	Hermodr 37
Grendel 5	Habicht 40	Heiddraupnir 5	Hertha 28
Grendels Mutter 35	Hafle 34	Heide 49	Hervor => Heidrek
Greppur 34	Hafli 5	Heidrek 39	Hervor und Heidrek => Heidrek
Grer 32	Hafthi 39	Heidungi 6	
Grid 28	Hagen 16	Heilige Hochzeit => Wiederzeugung 55	Herz 63
Grid 35	Hahn 40		Hexe 58
Grim 5	Hala 35	Heiliger Hain = Weltenbaum 52	Hianka 31
Grim 39	Halfdan 39		Hidde 34
Grima 35	Halfdan Brana-Ziehsohn 79	Heilung 64	Hild 31
Grimhild 31		Heilziest 45	Hildolf 5
Grimling 5	Halfdan Eisteinson 79	Heimdall 8	Hildolf 20
Grimnir 5	Hamdir 39	Heimir 39	Himingläva 35
Grim Struppig-Wange 79	Hamingja 50	Heinir 34	Himmel 52
	Hammer 66	Heith 35	Himmelsrichtungs-Mandala 54
Grip 35	Hand 63	Heithdraupnir 5	
Gripir 34	Handschuhe 60	Hel 26	Himmelsträger-Zwerge 32
Grissa 35	Hanf 45	Helblindi 20	
Groa 28	Hannar 32	Helgi 39	Hirsch 42
Grottintanna 35	Hantel-Symbol 55	Helgi Thorisson 79	Hjaltrimul 31

Hjortrimul 31
Hjötra 28
Hjuki 29
Hläwang 32
Hlebard 6
Hleidr 35
Hler 10
Hlidolf 32
Hlif 29
Hlifthursa 29
Hlin 29
Hlodyn 20
Hlödyn 20
Hloi 34
Hlöll 31
Hlora 35
Hnoss 29
Hochsitz 57
Hochsitzsäulen 57
Hoddraupnir 5
Hoddrofnir 5
Hödur 19
Hofund 19
Höggstari 32
Högni 16
Högni 39
höhere Mächte 36
Holmgang =>
Zweikampf 55
Holunder 45
Homöopathie 64
Honig 40
Honigtau 45
Hönir 18
Horn 57
Horn (Riesin) 35
Hörn 29
Hörn 35
Horn-Neb 35
Hornbori 32
Hraesvelgr 6
Hrafnhild 35

Hraudnir 6
Hraudungr 5
Hrede 29
Hreidmar 7
Hremsa 35
Hrimgerdr 28
Hrimgerdr 35
Hrimgrimnir 34
Hrimnir 34
Hrim-Riesen 34
Hrimthurs 34
Hringi 5
Hringvölnir 5
Hripstodr 34
Hrist 31
Hrist 29
Hrisungr 6
Hroarr 5
Hrod 35
Hrodwitnir 5
Hrodwitnir 43
Hrökkvir 6
Hrönn 35
Hrossthjofr 34
Hrotti 5
Hruga 28
Hrungnir 5
Hrungnir-Herz 67
Hryggda 35
Hyria 35
Hrym 34
Hrund 31
Hügelgrab 49
Hugin 40
Huhn 40
Huldar 28
Hund 43
Hundalfr 6
Hunding 16
Hvalr 6
Hvedra 35
Hvedrungr 16

Hymir 6
Hymnen an die Götter 80
Hyndla 26
Hypnose 64
Hyrrokkin 26
Idi 34
Idun 25
Igel 44
Illugi Grid-Ziehsohn 79
Ilmr 29
Ima 35
Imd 35
Imgerdr 35
Imr 6
Imsigul 34
Imth 35
In 20
Ingibjörg 29
Ingibiörg 31
Intuition 64
Inzest 51
Irmin 20
Irpa 29
Istwas 20
Itrek 5
Itreksjod 5
Itreksjod 20
Ividja 35
Iwaldi 5
Iwalt 5
Iwiedie 29
Jari 32
Jamtaland-Zwerg 7
Jarngerdr 28
Jarnglumra 35
Jarnhauss 6
Jarnnef 34
Jarnsaxa 28
Jarnvidja 35
Jenseits 49

Jenseitsbarke 49
Jenseitsberge 49
Jenseitsbrücke 49
Jenseitsfährmann 49
Jenseitsfluß 49
Jenseitsgrenzen-Landkarte 49
Jenseitshalle 49
Jenseitsinsel 49
Jenseitsleiter 49
Jenseitsmauer 49
Jenseitsreise 49
Jenseitstor 49
Jenseitstor-Gitter 49
Jenseitstor-Hund 49
Jenseitswächter 49
Jenseitswald 49
Jenseitswasser =>
Wasser 49
Jenseitsweg 49
Johanniskraut 45
Jokul 34
Jokul Eisenrücken 34
Jörd 23
Jomali 20
Jörmungandr 41
Jörmunrek 39
Jorunn 29
Jötunn 6
Jotunbjorn 6
Julnacht 54
Käfer 40
Kaldgrani 34
Kamille 45
Kampfmagie 64
Kannibalismus 55
Kara 31
Karabin 34
Kari 6
Katze 43
Kausalität 55
Keila 34

Keiler 42	**Lachanfall** 64	Luchs 43	Miötwitnir 32
Kenningar 75	Lachen 55	Lutr 34	Mjoll 34
Kerbel 45	Lachs 44	Lyngheid 35	Modgudr 29
Kessel 57	Landgeister 36	**Magni** 19	Modgudr 31
Keule 66	Lauch 45	Malseron 34	Modi 19
Kiebitz 40	Laufey 26	Mana 35	Modrädnir 32
Kili 32	Laurin 7	Managarm 43	Modsognir 7
Kisi 34	Laus 40	Mannus 20	Mögthrasir 6
Kiste 57	Leber 63	Mardalla 27	Moin 32
Kjallandi 6	Leib 63	Marder 43	Mökkurkjalfi 6
Kjallandi 35	Leidi 34	Margerdr 35	Molda 35
Klaufi 34	Leifi 6	Margerthur 35	Mona 20
Klee 45	Leifnir 6	Mangold 45	Mond 48
Kleima 35	Leikn 35	Mantel 67	Mondul 32
Knochen 67	Leimrute 66	Mantel der Nanna 67	Moosfrau von Saalfeld 32
Knoten 64	Leiter 49	Marnar 29	Moosleute von Arntschgereute 32
Kobolde 36	Leirvör 35	Märzviole 45	
Kol der Bucklige 39	Leopard 43	Maske => Helm	Mörn 35
Kolfrosta 28	Lerche 40	Maus 44	Möwe 40
Kolga 35	Lidskialf 20	Meer 49	Mühle 66
Kopf 63	Liebestrank 70	Meer der Zeit 55	Mundilfari 6
Kormoran 40	Liebeszauber 64	Meer-Menschen 36	Munin 40
Korn 45	Lif 39	Mehlbeere 45	Munnharpa 35
Körperteile 65	Lifthrasir 39	Mehltau 45	Münze 67
Köttr 34	Litr 6	Meili 9	Muspel 6
Kraftgürtel => Gürtel	Litr 32	Meise 40	Muspelheim => Feuer 52
Krähe 40	Ljod 29	Menglöd 22	
Kraka 31	Ljota 35	Menja 28	Myrkrida 35
Kranich 40	Lodin 6	Menschenopfer 64	Myrkvid 49
Kräuter 45	Lodinfingra 35	Messer 66	**Nabbi** 32
Kreppvör 35	Lodur 16	Midgard 52	Nacktheit 60
Kriegerin 62	Lofar 7	Midgardschlange 41	Nadel 55
Kreuzblume 45	Lofn 29	Midi 6	Nägel 55
Kreuzkraut 45	Lofnheid 35	Midjungr 34	Naglfar 49
Krönung 64	Logi 34	Midwitnir 6	Nain 32
Kröte 44	Loki 16	Mimir 6	Nali 32
Kuckuck 40	Loni 32	Mist 31	Namensgebung 64
Kuril 6	Lopthoena 28	Mistel 45	Nanna 21
Kult 55	Lori 35	Mistkäfer 40	Nauma (Hel) 35
Kundalini 64	Loricus 6	Mittelpfeiler => Yggdrasil	Nar 32
Kwasir 20	Löwe 43		
Kyrmir 6	Löwenmäulchen 45	Mittsommer 54	Narfi 6

Nari Loki-Sohn 19	Nyi 32	Priester 60	Ringkampf 55
Nati 6	Nyr 32	Priesterin 58	Rist 31
Naudir 36	Nyrad 32	Prolog (Edda) 77	Robbe 44
Nebel 64	**Oddrun** 31	Prophezeiung 71	Rögnir 7
Nefia 35	Odin 13/14	Pukis 36	Rose 45
Nehalennia 29	Odr 20	**Rabe** 40	Röskva 37
Neri 30	Ofoti 5	Rad 67	rot 46
Neris Schwester 30	Öflugbarda 35	Radgrid 31	rota 31
Nerthus 28	Öflugbardi 6	Radvör 35	Rotkehlchen 40
Nepr 20	Ogautan 39	Ragnar Lodenhose 39	Rücken 63
Nessel 45	Ogladnir 6	Ragnarök 55	Rud 35
Netz 67	Ogn 35	Ran 27	Rudent 6
Neuentstehung aus den Knochen 55	Ohr 63	Randalin 31	Rudi 34
neun Heimdall-Mütter 35	Oin 7	Randgnid 31	Runa 35
neun Schwestern 35	Olius 32	Randgrid 31	Runen 72
Niblung 7	Ölwaldi 5	Rangbeinn 5	Runenkästchen von Auzon => Kiste
Niblung 39	Omen 71	Rasereitrank 70	Runenstein 64
Nicor 34	Onarr 48	Raswid 32	Runenstein von Ardre 64
Nid 64	Öndudr 6	Rätsel 76	Rußland-Riese 6
Nidi 32	Onn 32	Raud 34	Rütze 35
Nidr 28	Opfer 64	Raugnir 34	Rygi 35
Nidud 16	Orakel 71	Raum 6	**Saemdill** 6
Nieswurz 45	Oregano 45	Reck 32	Saga 28
Niflheim => Eis 52	Ori 32	Regenbogenbrücke 49	Sährimnir 42
Niping 32	Örnir 6	Regin 7	Säkarsmuli 6
Nirdir 10	Ortnit 34	Reginleif 31	Salbei 45
Niola 48	Ösgrui 5	Reiher 40	Salfangr 6
Njola 48	Öskrudr 34	Rentier 42	Sam 34
Njörd 10	Ostara 29	Riesen auf der West-Insel 6	Sämingr 39
Njörun 29	Osten 54	Riesen-Baumeister 6	Sanngrid 31
Nölvi 10	Otr 32	Riesen von Feldkirchen 34	Sati 51
Norden 54	Otter 44	Riesen von Lichtenberg 35	Säule => Weltenbaum 52
Nordosten 54	Otunfaxe 39	Rifingalfa 35	Saxnot 20
Nordri 32	**Penis** 55	Rifingöflu 35	Sceaf 20
Nordwesten 54	Perchta 28	Rigingöflu 35	Schachtelhalm 45
Nori 32	persönliches Glück 64	Rind 42	Schädelschale 63
Nornen 30	Pfeil 66	Rindr 20	Schadenszauber 64
Norr 34	Pferd 42	Ring 57	Schaf 42
Norr 48	Pferdezwillinge 12		
Nott 48	Pflug 67		
	Phol 9		
	Polygamie 55		Schafgarbe 45

Schaumkraut 45
Schierling 45
Schild 66
Schlafdorn 55
Schlangen 41
Schlangenauge 63
Schlangengrube 49
Schlangenzunge 63
Schleifstein => Wetzstein
Schmetterling 40
Schmied 4
Schmied 55
Schnecke 44
Schneeweiß-Goldschöne 28
Schuh 63
Schutzgeist => Fylgja/Hamingja
Schutzzauber 64
Schwalbe 40
Schwan 40
Schwanenkleider der Walküren 40
Schweden-Riese 6
Schwein 42
Schwert 66
Schwitzhütte 64
sechsköpfiger Riese 6
Seehund 44
Seekuh 44
Seelenvogel 40
Seelenvogel 50
Segen 68
Seher 60
Seherin 58
Seidelbast 45
Seidr 64
Sel 6
seltsamer dritter Bruder 55
Sense 67

Siar 32
Sichel => Sense
sieben Schwestern 28
Siegfried 38
Sieglind 31
Siegstein 67
Sif 24
Sigdrifa 31
Sigurd 38
Sigi 39
Siglrami 39
Sigrun 31
Sigyn 28
silbern 46
Simul 31
Sinmara 28
Sindri 32
Sinthgunt 29
Sivör 35
Sjuld 31
Skadi 20
Skafid 32
Skalden 61
Skaldatal 77
Skaldenlieder 78
Skaldinnen 61
Skalli 34
Skalmöld 31
Skadskaparmal 77
Skärir 5
Skeggiöld 31
Skidbladnir 49
Skimsli 5
Skirnir 37
Skirkjar 35
Skirwir 32
Skjalf 29
Skjalv 34
Skjellinefja 29
Skjöldr 39
Skögul 31
Sköll 43

Skorpion 40
Skrati 34
Skrymir 5
Skrimnir 5
Skuld 30
Slagfid 39
Sleggja 35
Snae 34
Snotra 29
Solbiart 5
Sohn der Freya 19
Sohn des Freyr 19
Solblindi 5
Sölfn 29
Sommer 54
Somr 5
Sonne 48
Sonnengöttin 48
Sonnenhymne 64
sonstige Magie 64
Sörli 39
Spatz 40
Specht 40
Speer 66
Sperber 40
sprechende Tiere 41
Sprichworte 74
Spindel 55
Spinnerin 55
Spiritus familiaris 36
Sprettingr 5
Stab 67
Starkad 6
Starkad 39
Stärketrank 70
Statue 57
Stein 64
Steine und Edelsteine 64
Steinigung 55
Stern 48
Sternbild 48

Sternbild 55
Stigandi 5
Storch 40
Storkvid 34
Stoverkr 34
Strahlen-Breitsame 45
Strudel 49
Struthan 34
Stumi 5
stumm 63
Süden 54
Südosten 54
Sudri 32
Südwesten 54
Surtur 6
Suttung 6
Svada 5
Svadi 5
Svaf 7
Svarangr 5
Svasudr 6
Svatr 6
Sveid 31
Sveipinfalda 35
Svidi 6
Svip 5
Svipul 31
Svivör 31
Swaf 20
Swanhild 31
Swanwit 31
Swawa 31
Swior 32
Swipdag 20
Syn 29
Syr 29
Tafl 57
Tal 52
Tamfana 29
Tarn-Kappe 67
Tarn-Umhang 67

Tasche 60	Thrungva 29	Uri 20	- in Fuchs 65
Tätowierungen 55	Thrym 6	Utgard 52	- in Geier 65
Tattoo 60	Thulur 77	Utgardloki 6	- in Habicht 65
Tau 52	Thundr 6	Ungeheur 41	- in Hecht 65
Taufe 64	Thundr 29	Utiseta 50	- in Hirsch 65
Teer 45	Thurbiörd 35	**Vagnhöftdi** 34	- in Hund 65
Telemark-Riese 5	Tiere 44	Valbrandur 5	- in Krähe 65
Telepathie 64	Tiere der Götter 44	Vali Loki-Sohn 19	- in Lachs 65
Teller 57	Tierfelle 60	Valthögn 31	- in Löwe 65
Tempel 56	Tierfelle bei	Vandil 5	- in Mücke 65
Teufelsabbiß 45	Hinrichtungen 67	Vandlir 5	- in Otter 65
Thagnar 31	Tor 49	Var 29	- in Pferd 65
Theck 32	Torfa 35	Vardrun 28	- in Rabe 65
Thialfi 37	Tote wiederbeleben	Vardrun 35	- in Rind 65
Thiazi 5	64	Vardruna 35	- in Robbe 65
Thing 73	Tragestange 67	Vasad 6	- in Schlange 65
Thiodwitnir 34	Trana 35	Vatermord 55	- in Schwalbe 65
Thistilbardi 34	Traum 71	Velle 5	- in Schwan 65
Thjodrerir 7	Traumdeutung 71	Venus 48	- in Seekuh 65
Thögn 31	Traumfrau 31	Verbene 45	- in Spinne 65
Thökk 35	Trima 31	Verdandi 30	- in Tier 65
Thor 17	Trolle 36	Vervielfältigung von	- in Vogel 65
Thora 28	Trona 35	Körperteilen 65	- in Wal 65
Thorgerdr Hölgabrudr 29	Tuch 57	Vergessenheitstrank 70	- in Walroß 65
Thorin 7	Tuisto 20	Verirren auf der	- in Widder 65
Thorir 6	Tuisto 33	Hirschjagd 55	- in Wolf 65
Thorn 5	Turm 56	Verr 34	- in Ziege 65
Thorstein Haus-Macht 79	Tyr 3	<u>Verwandlung</u>:	- in Ziegenbock 65
Thrain 32	Tyr-Riesen 5	- einer Frau in einen Mann 65	Vidblindi 5
Thrasir 6	**Udr** 35	- einer Frau in eine andere Frau 65	Viddi 34
Thrigeitir 5	Uffe 39	- eines Mannes in eine Frau 65	Vidgreipr 34
Thrivaldi 5	Ulfhedinn 62	- in Adler 65	Vidgymir 5
Thröng 29	Ulfrun 35	- in Bär 65	vier Riesen-Ritter 34
Thror 7	Ullr 11	- in Drache 65	vier Stier-Riesen 34
Thror 20	Umhang => Mantel 60	- in Eber 65	viertüriges Haus 52
Thror 32	Uni 20	- in Falke 65	Vifflöd 29
Thorri 34	Unn 35	- in Fliege 65	Vignir 34
Thrud 31	Unsichtbarkeit 64	- in Floh 65	Vikarr 6
Thrudgelmir 5	Unsichtbarkeits-Stein 67		Vilja 20
Thrudr 29	Urd 30		Vindr 34
			Vingnir 6
			Vingrip 34

Vipar 34
Vogel 40
Vogelsprache 64
Volkrast 7
Vör 29
Vörnir 34
Vulkan-Riese 34
Waage 64
Waberlohe 49
Wächter 49
Wafthrudnir 6
Wagen 67
Wagnhofde 6
Wal 44
Wälder =>
Weltenbaum 52
Wald-Riesin 35
Wali 19
Wali 32
Walküren 31
Walnuß 45
Walroß 44
Waltam 20
Wandteppich => Tempel
Wanen 36
Warkald 6
Warr 20
Wasser 52
We 20
Weberin 55
Wegdrasil 20
Wegerich 45
Wegetritt 45

Wegwarte 45
Weig 32
Weihung => Segen
Weinen 55
weiß 46
Weisheiten 74
Weisheitstrank 70
Weißstern 39
Weltenbaum 53
Weltesche 53
Wespe 40
Westen 54
Westri 32
Wetter 64
Wettlauf 55
Wetttrinken 55
Wetzstein 67
Wichte 36
Widar 19
Widfinnr 5
Wiedergeburt 51
Wiederholungen 55
Wiederzeugung 51
Wieland 4
Wiesel 43
Wig 32
Wigrid 55
Wili 20
Wili (Zwerg) 32
Wind (Magie) 64
Wind 52
Windalf 32
Windloni 6
Windswal 6

Winter 54
Winteranfang 54
Wirwir 32
Witr 32
Witwen-Selbstmord 51
Wolf 43
Wolfsfell 62
Wortschatz Magie 64
Wohlstandszauber 64
Wucherblume 45
Wurzel 45
Wyrd 30
Yggdrasil 53
Ymir 33
Ymis 33
Yngvi 32
Zahlen 47
Zähne 63
Zauberer 59
Zauberin 58
Zaubersprüche 68
Zeh 63
Ziegen 42
Zisa 29
Zunge 63
Zweikampf 73
zweiköpfige Riesen 34
zwei Zwerge 32
Zwerg auf dem Felsen 32
Zwergberg zu Aachen 32

Zwerge 32
Zwerge:
- im Berg 32
- im Gebirge 32
- Kuttenberg 32
- Untersberg 32
- Blankenburg 32
- Bonikau 32
- Dardesheim 32
- Eilenburg 32
- Elbogen 32
- Glaß 32
- Hohenstein 32
- Heilingsfelsen 32
- Nünberg 32
- Osenberg 32
- Plesse 32
- Rosenberg 32
- Selbitz 32
- Sion 32
Zwerg:
- Gebirge 32
- Kyffhäuser 32
- Hohenstein 32
- Dresden 32
- Hoia 32
- Lützen 32
- Ralligen 32
- Rantzau 32
- Scherfenberg 32
- Thorgau 32
Zwillinge 55